GUSTAV SCHALK

RÖMISCHE GÖTTER- UND HELDENSAGEN

ERWEITERT UND NEUBEARBEITET
VON
GERHARD AICK

VERLAG CARL UEBERREUTER
WIEN · HEIDELBERG

54. Tausend

ISBN 3 8000 2908 1
J 179/6

Schutzumschlag von Herbert Schiefer

Papier von Matthäus Salzers Söhne, Wien
Hergestellt bei Carl Ueberreuter Druck und Verlag (M. Salzer)
und Großbuchbinderei Thomas F. Salzer KG, Wien
Printed in Austria

INHALT

DIE RÖMISCHEN GÖTTER

DIE VIER WELTALTER

ÄNEAS

DIE GRÜNDUNG ROMS

DIE RÖMISCHEN KÖNIGE

DIE RÖMISCHEN HELDEN

DIE RÖMISCHEN GÖTTER

INTROITE, NAM ET HEIC DII SUNT!

TRETET EIN, DENN AUCH HIER SIND GÖTTER!

Aulus Gellius (170 nach Chr. Geb.), nach Heraklit

Nach dem Glauben der Griechen lag vor Erschaffung der Welt der Keim alles dessen, was später geboren wurde, wirr durcheinander in einem wüsten Raum, den man Chaos nannte. Aus ihm lösten sich eines Tages Gäa, die Erde, Eros, die Liebe, Erebos, die Unterwelt, und Nisus, die Nacht. Gäa gebar Uranos, den Sternenhimmel. Mit ihm ging dann Gäa eine mythische Verbindung ein, und ihr entsprangen als erste Frucht die zwölf Titanen, sechs männliche und sechs weibliche Riesenwesen. Nach ihnen brachte Gäa die drei Zyklopen hervor, Riesen mit einem kreisrunden Auge auf der Stirn, und schließlich Kronos, den ersten und ältesten Gott.

Uranos aber haßte Titanen und Zyklopen und drängte sie wieder in den Schoß der Erde zurück. Darüber ergrimmte Gäa und stiftete ihren Sohn Kronos an, seinen Vater Uranos mit einer Sichel zu verstümmeln. Aus dem Blut, das den Wunden des Uranos entströmte, entstanden zuerst die Erinnyen, die Göttinnen der Rache, nach römischer Auffassung als Furien auch Göttinnen des Rechts. Aber noch immer war der Blutstrom des Uranos nicht versiegt, und nach den Rachegeistern formten sich furchtbare Riesen, die Giganten.

Als Uranos tot war, nahm Kronos die Göttin der Fruchtbarkeit, Rheia, zur Gemahlin, und dieser Ehe entsprang Zeus. Lange herrschte Kronos über den Erdball. Dann aber empörte sich Zeus wider ihn, um sich selbst auf den Himmelsthron zu setzen. Kronos nahm den Kampf auf. Er rief seine Brüder, die Titanen, zu Hilfe, und ihrer neun kamen. Drei hielten zu Zeus. Die Götterhelden traten zu furchtbarem Streit auf den Bergen Olympos und Othrys einander gegenüber. Zehn Jahre tobte der Kampf, und das Weltall erdröhnte von seinem furchtbaren Lärm. Schließlich befreite Zeus auf Gäas

Rat die Zyklopen aus dem Schoß der Erde und errang mit ihrer Hilfe den Sieg. So die griechische Sage.

Nach dem Glauben der Römer ließen die Riesen Kronos entkommen und in einem kleinen Landstrich am Tiberstrom, der von den Aboriginern, wilden Ureinwohnern, besiedelt wurde und später Latium hieß, Zuflucht suchen. Dabei nahm Kronos den Namen Saturnus an, während seine Gemahlin Ops im Himmel verblieb.

Sein Sohn Zeus aber trat nach der römischen Götterlehre ungezählte Jahrhunderte nach jener mythischen Urzeit als Allvater Jupiter die Herrschaft über Götter und Menschen an. Aus den Höhen des blauen italischen Himmels sandte er Regen und Sturm, Donner und Blitz, und jede Stätte, die sein Lichtstrahl berührte, galt als sein Eigentum. Sie wurde von einer brunnenähnlichen Mauer eingefaßt und die Weihe durch Opfer vollzogen. Die Menschen fürchteten und verehrten Jupiters Allmacht, denn er konnte Sieg und Niederlage verleihen. Als Jupiter Stator hemmte er die Flucht, als Jupiter Viktor brachte er den Kriegern den höchsten Triumph.

Auf der Spitze des Kapitolinischen Hügels erhob sich das Heiligtum des Jupiter Optimus Maximus, des Schutzherrn des Latinischen Bundes und später des römischen Staates. Die Sage erzählt, daß beim Bau dieses Tempels unter dem letzten römischen König sich seltsame Wunder ereigneten. Früher einmal standen dort die Heiligtümer der sabinischen Götter Terminus und Juventas. Diese beiden wollten nicht weichen, als Jupiter seinen Einzug hielt. Auch wird berichtet, man habe beim Ausheben der Fundamente ein Haupt mit unzerstörbaren Gesichtszügen gefunden. Als die Priester befragt wurden, verkündeten sie, daß Rom stets das Haupt der Welt sein werde.

Nach der Vollendung des herrlichen Tempels schritten die Triumphzüge der siegreichen Feldherren zu ihm empor. Der Kämpfer der Schlachten fuhr als Abbild des Gottes in einem goldenen Wagen, den vier schneeweiße Rosse zogen. In der Hand hielt er das elfenbeinerne Zepter mit dem Adler Jupiters, und über seinem Haupt schwebte als Triumphkrone der Eichenkranz aus Gold und Edelsteinen. Im Tempel legte der Feldherr dankbar seinen Lorbeer in Jupiters Schoß.

Als Gemahlin des Jupiter hütete Juno die eheliche Treue. Mütter und Kinder standen unter ihrem besonderen Schutz. Die Menschen weihten ihre Kühe als Opfer und hielten in den Tempeln der Himmelskönigin die heiligen Gänse. Nur Jungfrauen und unbescholtene Frauen durften sich ihrem Altar nahen.

Noch eine Beschützerin der Familie lebte im Reich der Götter. Das Feuer der Vesta brannte in den überdachten Innenhöfen der Häuser, das die Penaten und Laren beschirmten. Sie waren die guten Geister der Gemeinwesen und Städte, sie hüteten die Vorräte, von denen der Wohlstand der Familie abhing, sie beschirmten Felder und Äcker. Die Mutter der Laren hieß Akka Larentia, und ihre Pflegesöhne waren Romulus und Remus. Wie die Sage erzählt, gebar sie zwölf Knaben, und als einer von ihnen starb, trat das Zwillingspaar an seine Stelle. Ihr und ihrer Kinder zu Ehren sangen die Priester das uralte Lied, wenn sie nach der Weihe der Feldfrüchte vor dem Tempel der Akka Larentia tanzten:

Helft uns, ihr Laren!
Nicht Sterben und Verderben, Mars, laß einstürmen auf uns!
Satt sei, grausamer Mars!
Spring auf die Schwelle, steh und tritt sie!
Ruft an im Wechselgesang die Semanen* alle!
Hilf uns, Mars!
Spring, spring!

Die Penaten wohnten im Heiligtum der Vesta, wo das ewige Feuer in einem Tempel brannte, der den Staatsherd und die heilige Vorratskammer barg. In dieser wurden die Opfergaben aufbewahrt: Salzwasser, in einem irdenen Topf gekocht, und gesalzener Schrot von gedörrtem und gestampftem Spelt. Die Dienerinnen der Göttin, die Vestalinnen, mußten Liebe und Ehe entsagen. Der keuschen Göttin gleich, sollten sie völlig makellos sein. Kein Mann durfte deshalb ihre Zelle betreten. Sobald eine Jungfrau die Gelübde der Keuschheit brach oder das heilige Feuer durch ihre Schuld verlöschte, drohte ihr ein grausamer Tod. Doch wenn eine ihrer Priesterinnen schuldlos in den Verdacht geriet, die Gelübde verletzt zu haben, schritt die Göttin selbst ein. So war einst die Vestalin Amilia aus Müdigkeit eingeschlummert, nachdem sie die Wache am Herd einer Novizin aufgetragen hatte. Als der Oberste Priester den Tempel betrat, war das Feuer erloschen. Verzweifelt

* Semanen = Genien.

rief Amilia die Göttin um Schutz an. Die Priesterin riß ein Stück von ihrem Gewand ab und warf es auf die kalte Asche. Das Wunder geschah. Die Flamme loderte wieder empor, die Vestalin war gerettet.

Im wilden Feuer der Natur offenbarte sich Vulkanus, der Gott der feuerspeienden Berge, der glühenden Dämpfe, dessen Werkstatt der Ätna barg. Dort schmiedeten seine rußigen Gesellen die furchtbarsten, unbezwinglichen Waffen. In seiner Macht standen Segen und Zerstörung, die Menschen priesen den Gott und suchten ihn gleichzeitig zu versöhnen. Sie sahen in ihm den Schutzherrn, der ihre Häuser und Herde vor Feuersnot beschirmte. Sie beteten zu Vulkanus, wenn aus dem Innern der Erde die Flammen brachen und alles Eigentum zu vernichten drohten. Zu seiner Ehre verbrannten die Familienväter einmal im Jahr kleine Fische aus dem Tiber auf dem Herd des Gottes.

Furchtbarer noch als der Gott des Feuers suchte Mars, der Gott des Krieges, die Welt heim. In schweren Zeiten, wenn die Menschen wie von Sicheln gemäht dahinsanken, gelobten ihm die Überlebenden einen »Heiligen Frühling«. Alle Neugeborenen aus dieser Zeit wurden dann Eigentum des Gottes, die Tiere wurden geopfert, die Knaben aber sandte man, wenn sie herangewachsen waren, über die Landesgrenze, damit sie sich neue Wohnsitze mit dem Schwert erkämpften. Mars war daher auch der Gott des Wachstums, ein Beschützer der Herden und Felder, ja sogar ein Gott der Weissagung. Sein heiligstes Tier war der Wolf, das Wahrzeichen Roms, und sein Prophet war der Specht. Der erste Monat der damaligen Zeitrechnung, der März, war Mars als Gott des Frühlings geweiht.

Raste aber Mars mit der Kriegsfackel über das Land, dessen Wachstum er gesegnet hatte, dann stand die Göttin der Kriegsfurie, Belluna, an seiner Seite. Ihr Tempel erhob sich neben dem Altar des Mars auf dem Marsfeld, wo die römische Jugend im Spiel die Kraft ihrer jungen Leiber zeigte.

Wenn die Natur wieder erwachte, lieh ihm Anna Perenna, die Göttin des Frühlings, ihre Hilfe. Und als sich Mars einst in Minerva verliebte und es nicht wagte, der strengen Göttin seine Leidenschaft zu gestehen, bat er Anna Perenna um ihre Vermittlung. Die lustige Alte beschloß, dem Gott einen Possen zu spielen. Sie bewilligte Mars im Namen Minervas eine Zusammenkunft und nahte sich dem Liebenden mit lang herabwallendem bräutlichem Schleier. Hastig zog Mars die Hülle weg, um das ersehnte Antlitz Minervas zu schauen. Da blickte er in die Augen des alten Mütterchens, aus denen der Schalk lachte. Noch mehr aber lachten die anderen Götter und Göttinnen, vor allem Venus, als Mars beschämt und zürnend sich abwandte. Minerva jedoch, die kriegerische Tochter des Jupiter, schleuderte heftige Blitze aus den Wolken, die sonst nur aus Jupiters Hand niederfuhren. Sie war das Lieblingskind des Allvaters, und ihr Tempel lag neben dem Jupiters auf dem Kapitol zu Rom. Sie schenkte den Menschen die Weisheit und die schönen Künste, sie behütete das Handwerk und den häuslichen Fleiß der Frauen und Mädchen. Den Etruskern brachte Minerva die Flöte, die nun lieblich durch Italiens Haine und Fluren erklang, während der Göttersohn Apollo die Menschen die Freude an Kunst und Musik lehrte und sie zu allem Schönen und Edlen begeisterte. Apoll verkündete den Irdischen auch den Willen der Götter durch die Sibylle von Kumä, der Jupiter so viele Lebenstage gab, als Sandkörner am Strand lagen.

Doch die Erde brauchte noch mehr helfende Gottheiten als Mars, den Vater des Wachstums, und Apoll, den Künder der Weisheit. Venus, die Göttin der Liebe, behütete die Blumen des Lenzes, damit sie knospen und dann vergehen konnten. Wie die Boten des Frühlings sterben auch die Menschen dahin. Daher beschirmte Venus die Toten, deren Bahren aus dem Holz ihres heiligen Haines gezimmert wurden. Als Gattin des Mars und Mutter des Helden Äneas wurde sie schließlich die Stammutter des römischen Volkes.

An ihrer Seite segnete die liebliche Flora die Blüten der Bäume und die Nahrung spendenden Pflanzen. Die Menschen feierten die Göttin durch ausgelassene und lärmende Feste.

Nicht immer ist es Frühling auf der Welt, auch wenn Ceres, die mütterliche Erdgöttin, für das Wachstum des Kornes Sorge trägt. Die Jahreszeiten wechseln, und Vertumnus, der sich stets wandelt, nimmt die Sichel zur Hand. Er ist der Gott der Ernte und wirbt um Pomona, die Beschützerin der Fruchtbäume und Gärten. Mit dem Gartenmesser wehrt Pomona dem üppigen Wuchs, sie pfropft das Edelreis auf den wilden Stamm, tränkt die durstigen Wurzeln der Pflanzen und schützt sie durch eine warme Hülle vor der Kälte des Winters. Darüber vergaß Pomona alle anderen Wünsche, sogar die Liebe. Sie verschloß den zudringlichen Göttern des Waldes, unter denen auch der greise Silvanus als Freier um sie warb, den Zugang zu ihrem Garten. Nicht besser erging es Vertumnus. Umsonst nahm der Gott allerlei Gestalten an, um Pomonas sprödes Herz zu gewinnen. Er kam als Schnitter, als Mäher, als Pflüger, als Gärtner, als Winzer, als schmucker Krieger, als Fischer. Endlich trat er als altes Mütterchen mit grauem Haar und bunter Haube, das sich auf einen Krückstock stützte, in Pomonas Obsthain. Die Frau lobte ihr Obst und küßte die Göttin voll Dankbarkeit. Dann begann sie über das Glück der Ehe zu sprechen, als sie eine Ulme sah, an der sich eine Rebe emporrankte. Wohl pries sie Pomona, daß sie das Glück der Ehelosigkeit dem Umgang mit den wilden Waldgeistern vorziehe. Nur einer sei Pomonas Liebe würdig, der Gott Vertumnus, der eine zärtliche Neigung zu ihr hege. »Vertumnus ist von schönem Wuchs«, sprach die Alte weiter, »und er liebt die Gärten und das Werk der fleißigen Hände in der fruchtbaren Erde. Doch nun trauert der Gott, da ihm Pomona ihre Liebe versagt.« Lächelnd hörte die Göttin die Rede der Alten, doch sie schüttelte abweisend das Haupt. Da stand plötzlich Vertumnus in seiner wahren Gestalt vor der Göttin. Er war ein herrlicher Jüngling, strahlend wie die Sonne, die aus dem dichten Gewölk hervorbricht und ohne Verdunklung leuchtet. Heiße Röte stieg in Pomonas Wangen, und ihr Herz begann in Liebe zu glühen, als Vertumnus ihre Hand ergriff. Sie gab ihren Widerstand auf und vermählte sich mit dem Gott der wechselnden Jahreszeiten.

So mußten Faunus, Pikus und Silvanus, die wilden Gesellen des Waldes, weiterhin einsam durch die Wälder und Haine streifen und ihren tollen Schabernack mit dem Volk der Nymphen treiben. Faunus brachte den Herden der Hirten Segen und Vermehrung, indem er ihre Feinde, die Wölfe, erwürgte. Darum nannten ihn auch die Menschen Luperkus und feierten jährlich die Luperkalien. Man schlachtete ihm zu Ehren ein Böcklein und spendete beim Tanz dem heiteren, stets verliebten Dämon süßen Wein, den Bacchus, der Gott der Reben, auf den sanften Hügeln wachsen ließ. Denn so gut und freigebig Faunus war, so wurde er doch tückisch und boshaft, wenn man ihn vernachlässigte.

Durch die kühlen Haine der Wälder streifte Diana, die Göttin der Jagd. Ähnlich Luna war sie auch die Göttin des Mondes, der das Dunkel der Nacht erhellte, wenn Sol, der Sonnengott, seine Rosse über das Firmament gelenkt hatte. Das silbrige Dämmerlicht war ihr Kleid und die tiefen Schatten der Wälder ihr Heiligtum. Auf ihren Streifzügen spiegelte sich ihr Bild in dem wundervoll klaren Kratersee von Nemi, den man den »Spiegel der Diana« nannte.

Die Nymphen der Quellen liebten vielfach die Menschen mehr als die Waldgötter. Die oberste Nymphe hieß Juturna, sie lieh ihren Namen mehreren Quellen, einem Fluß und einem See in den albanischen Bergen. Die lieblichste war Egeria, die die Gattin eines Sterblichen wurde. Alle Nymphen besaßen die Gabe der Heilkunst und der reinigenden Kraft.

Unter den Flußgöttern nahm Tiberinus die höchste Stelle ein. Im meerblauen Kleid, die Haare von einem Schilfkranz beschattet, ruhte er in den Fluten des Stromes. Die Menschen fürchteten seinen Zorn und wagten es daher lange nicht, mehr als eine einzige Brücke, von einem Ufer zum andern, zu schlagen. Jede Brücke betrachtete der Gott als Fesselung, für die er stets Sühne verlangte. Die obersten Brückenbauer, die Pontifices, wurden späterhin die höchsten Priester des römischen Staates.

Das Meer beherrschte Neptunus mit seiner Gemahlin Salicia, die Salzflut. Die wilden Rosse seines Wagens peitschten die Wellen empor, die nur Portunus, der Beschützer des friedlichen Hafens, abzuwehren vermochte.

Unter den lichten Göttern des Himmels, den lieblichen, fröhlichen der Erde und den mächtigen Göttern der Gewässer herrschten die Götter der Unterwelt. Orkus hielt seine Ernte unter den Menschen. Er streckte den Tapfern zu Boden und holte den feigen Flüchtling ein. Still und schweigend pochte er an die Hütten der Armen und an die Paläste der Reichen. Er führte seine Opfer Pluto, dem Herrscher über das Schattenreich, zu. Dort gebot Mania, die Stammutter der Manen, über die Toten, die als unsterbliche, des Leibes entkleidete Geister weiterlebten, wenn ihre Taten auf Erden gut und edel gewesen waren. Starben die Menschen aber mit einer schweren Schuld auf der Seele, so irrten sie als Lemuren durch alle Häuser und schreckten die Lebenden.

So stand das Leben der Menschen im Zeichen der Götter, und die Himmlischen spendeten ihren Segen und Fluch. Urewige Gewalten waren in ihnen verkörpert, die nur durch Opfer und Buße versöhnt werden konnten. Himmel, Erde und Unterwelt waren ihnen untertan, doch über das Schicksal des Menschen allein herrschte Fortuna, die Glücksgöttin des römischen Volkes. Ihr wankelmütiges Wesen glich den Launen der Sterblichen. Wenn sie ihr Füllhorn verschwenderisch ausschüttete, dann hatte Merkurius, der Gott des erfolgreichen Handels und des Gewinnes, leichtes Spiel. Wehe aber, wenn Fortuna auf ihrer Kugel hinwegrollte und alles zum Schlechten wandte! Dann flehten die Menschen in den Tempeln der Göttin um ihre Gunst. Da aber Fortuna das römische Volk liebte, so blieb sie ihm treu, auch als das Goldene Zeitalter auf dem italischen Boden anbrach, in dem die Götter noch unter den Irdischen wandelten und Menschen zu Göttern erhoben wurden.

DIE VIER WELTALTER

AUREA PRIMA SATA EST AETAS QUAE VINDICE NULLO
SPONTE SUA SINE LEGE FIDEM RECTUMQUE COLEBAT

ZU ANFANG WAR DAS GOLDENE ZEITALTER ERBLÜHT, DAS OHNE ZWANG DURCH RICHTERSPRUCH UND GESETZ FREIWILLIG GLAUBEN UND RECHT PFLEGTE

Ovid, Metamorphosen I

JANUS UND SATURN

Es gibt Reiche auf Erden, die mit dem Ende ihrer äußeren Macht nicht untergehen, weil der große Geist, den sie hervorgebracht haben, weiterwirkt in die Zeiten. So eines ist Rom. Seine Wiege stand in einem schmalen Landstrich am unteren Tiber, der im ersten Jugendmorgen Italiens, als noch nicht einmal Jupiter seine Herrschaft angetreten hatte, keinen Namen besaß. Die älteste Kunde berichtet, daß dort ein Volk mit rauhen Sitten und ohne Kenntnisse eines besseren, höheren Lebens hauste. Es gehorchte dem König Janus, dessen Herkunft niemand kannte. Der Pflug war diesem Geschlecht fremd, aber mit dem sehnengespannten Bogen wußte es umzugehen, und reiche Jagdbeute lieferte ihm die Wildnis der tiefen Wälder, die freilich auch mit mancherlei Fährnis sein Dasein bedrohte. Tückische Sümpfe griffen mit häßlich-weichen Polypenarmen nach dem verirrten Wanderer, und in den Höhlen der Berge lauerten furchtbare Ungetüme, um die Menschen zu töten. König Janus' rohgezimmerte Burg lag auf dem »Janikulum«, einer Erhebung am rechten Ufer des Tiber, nicht weit von dessen Mündung ins Meer. Ihm gegenüber, jenseits des Stroms, erhoben sich sieben Hügel, mit uralten Eichenbeständen; nur soviel wußten die Waldbewohner, daß der eine von ihnen Palatin, der andere Aventin hieß.

Eines Tages zog ein Schifflein mit schwellendem Segel den Tiber hinauf und machte gerade im Anblick des königlichen Wehrbaues fest. Unter dem Mastbaum stand ein strahlend schöner Mann und ermunterte die scheu herumstreichenden Eingeborenen, an Bord der Arche zu kommen. Diese erschraken aber so sehr über die fremdartigen Dinge, die ihnen nun begegneten, daß sie am liebsten gleich wieder kehrtgemacht hätten. In einen Pferch gesperrt, erblickten sie Stier und Kuh, und es kostete dem Schiffsherrn Mühe, den Leuten begreiflich zu machen, daß diese Tiere ihm ohne Murren gehorchten und in nichts mehr dem tückischen Bison glichen, der auf den Lichtungen der Urwälder sein Futter suchte. In den weißbevliesten, blökenden Bockgestalten lernten sie dann die Schafe kennen und erfuhren, wie man aus ihrer Behaarung einen Stoff verfertigen könne, der weit schmiegsamer die Blößen des Leibes zu verdecken imstande sei als die Felle des Bären und Pardels.

Schon hatten sich die Waldmenschen halbwegs beruhigt und mit dem Ankömmling angefreundet, als sie zuletzt doch beinahe noch vor Angst ins Wasser gesprungen wären. Der Fremde holte nämlich aus dem Bauch des Schiffes einen Korb heraus, aus dem ein unerklärliches Summen und Brummen ertönte. Mit Erstaunen wurden die Eingeborenen schließlich gewahr, daß ein Weidengeflecht voller Bienen steckte und man sich mit seiner Hilfe die Honigmacher zu Willen zwingen könne, so daß der süße Saft nie auszugehen brauche im Haus. Was es mit den Körnern auf sich habe, die der Fremdling dann durch seine Finger rieseln ließ, und was mit der Wurzel, die er ihnen als köstliches Geschenk des Himmels pries, das freilich vermochten die Leute trotz aller Erklärungen vorerst nicht zu fassen. Denn sie kannten weder Mehl noch Brot oder etwas Ähnliches und auch nicht den Nektar des Weins.

Indes kam auch König Janus herbei. Ein Goldgelockter begrüßte ihn mit einer kurzen Rede: »Ich heiße Saturnus und bin gekommen, um dich und dein Volk die Künste des höheren Lebens zu lehren. Von euch erbitte ich aber Gastfreundschaft und Asyl. Denn ein mächtiger Herrscher verfolgt mich.« Janus versprach es, und so ließ Saturnus sich im Land am Tiber nieder.

Unter seiner Anleitung gingen die Urväter nunmehr daran, Bäume zu roden, auf den freigemachten Plätzen Felder anzulegen und feste Häuser zu bauen. Der kenntnisreiche Fremdling unterwies sie auch im Gebrauch der Ackergeräte, lehrte sie, wie man wilde Frucht tragende Bäume veredle, und mählich, in langen Geschlechterreihen, zeigte sich der Segen der neuen Kenntnisse bei Land und Volk. Es herrschte Frieden und Eintracht ohne Zwang durch Richtergewalt und Gesetz, es gab nicht Herr und Knecht, niemand neidete des anderen Besitz, das wunderbare *Goldene Zeitalter* war angebrochen, von dem die Dichter raunen. Lange herrschten Janus und Saturnus gemeinsam, jeder auf dem Janikulum, dieser in der von ihm gegründeten Stadt Saturnia.

Eines Tages sagte Saturnus voll Glück und Stolz über das Erreichte zu Janus: »Ich will diesem Land einen Namen geben. Es soll Latium, das ›bergende Land‹, heißen, weil es mich vor dem Zorn eines mächtigen Gottes geschützt und geborgen hat. Für immer auch möge es Frieden und Eintracht beherbergen zum Wohle der Menschen, die hier wohnen.« Janus schüttelte zweifelnd sein Haupt und erwiderte: »Der Friede dauert nicht ewig, und auch dieses Land wird die Menschen nicht vor den Furien des Krieges und der Not bewahren können.« Schrecken malte sich im Antlitz des Saturnus, als er dies hörte. Sein Mitkönig jedoch fuhr fort: »Ich spreche die Wahrheit, denn ich bin der Anfang und bin das Letzte, und zwischen diesen beiden ist das Leben in dauernder Verwandlung.« Trotz dieser unheilverkündenden Prophezeiung blieb dem kleinen Flecken der italischen Erde der Name, den ihm Saturnus gegeben hatte. Er hieß fortan Latium.

Da Saturnus solcherart erfahren mußte, daß alles vergänglich sei, auch die Götter, das Glück und die Goldene Zeit, entzog er sich voll Trauer dem Anblick der Menschen. Diese aber hörten jetzt von ihrem König Janus, daß Saturnus der Vater des höchsten Himmelsherrn war, der ihn von seinem Thron gestoßen hatte. Janus ließ dem Entschwundenen einen Tempel errichten, und die Menschen erwiesen ihm göttliche Ehren. Große Feierlichkeiten, die Saturnalien, erinnerten im späten Rom an Saturnus, der Acker- und Obstbau und so viel ungetrübtes Glück auf die Erde brachte. Wenn das Jahr sich dem Ende zuneigte, tobte dann der saturnalische Maskenzug durch die Straßen, und um Mitternacht wechselten Herr und Diener ihre Rollen als letztes Gedächtnis an die Zeit, in der es keine Ränge und Stände gab.

Bald darauf war auch die Sendung des Janus als irdischer König erfüllt. Wie es zugegangen, daß Janus entrückt wurde, wußte niemand zu sagen. Eines Tages stand sein Palast auf dem Hügel leer. Und auch ihn hat man fortan als Gott verehrt, als den geheimnisvollsten, unergründlichsten aller Überirdischen, den von allen Völkern nur die Italiker kannten. Janus besaß die Macht schon vor Saturnus, denn er ist das Beginnen, der Eingang und Anfang. Saturnus verlor die Macht, doch Janus wird sie noch einmal ausüben dürfen, wenn auch Jupiter gestürzt wird. Denn er ist gleichzeitig der Ausgang und das Ende, er bewacht alle Tore und Pforten, heißt auch der »Hüter aller Tore«. So gewöhnte man sich an, sein Abbild mit zwei Gesichtern zu versehen, und heute noch spricht man vom »doppelköpfigen Janus«. Dieser aber ist letztlich das Symbol für alle Gegensätzlichkeit im Weltgeschehen, denn wie das Ende dem Beginn gegenübersteht, so gehört zum Tage die Nacht, zur Sonne der Mond, zum Himmel die Unterwelt, zum Frieden der Krieg, zum Guten das Böse. Das Gegenteil erst rundet das Ding und jegliche Erscheinung zum Ganzen.

SATURNS GESCHLECHT

Saturnus war während seines Erdenwallens mit einer irdischen Gattin vermählt. Dieser Ehe entsprang ein Sohn, der Pikus hieß. Er war schön wie sein Vater, ein stolzer Rossebändiger, fleißiger Ackerbauer und kühner Jäger. Auch König Janus besaß eine Tochter, die mit herrlichem Gesang die belebte und unbelebte Natur zu berücken wußte. Wenn sie die Stimme erhob, dann standen Menschen und Tiere still, um ihr zu lauschen, und die Wasser hörten auf zu plätschern. Diese Jungfrau wurde Pikus' Gemahlin, und ihren Bund segnete der Himmel mit einem Knaben und einem Mädchen, Faunus und Fauna.

Lange herrschte König Pikus über Latium. Er erbaute sich an der Tibermündung einen herrlichen Palast, der, weil ihn ein Lorbeerhain umhegte, Laurentum genannt wurde, denn »laurus« bedeutet in der lateinischen Sprache »Lorbeer«. Rings um die Burg wuchs eine Stadt, und ihre Bewohner nannten sich Laurenter. Eines Tages geschah es nun, daß sich Pikus auf einem Jagdzug in das Reich der gewaltigen Zauberin Circe verirrte. Das gefährliche Weib entbrannte in rasender Liebe zu dem edlen Mann. Mit allen Lockungen versuchte es, den stolzen Waidmann zum Bleiben zu bewegen. Als die Bitten nichts fruchteten, begann Circe zu drohen. Denn ihre schrecklichste Kunst bestand darin, Menschen in Tiere verwandeln zu können. Vielerlei Bestien hausten im Wald der Zauberin, und jeder von ihnen klopfte ein menschliches Herz unter dem zottigen Fell. Sie drängten sich nun am Eingang der Höhle, in der Circe hauste, und suchten mit Gefauche und Brüllen den Unglückseligen zu warnen, der sich in die Netze des Weibes verstrickt hatte. Aber Pikus wußte göttliches Blut in seinen Adern rinnen und meinte, daß dieses nicht so leicht durch einen Tierkörper pulsen werde.

Pikus unterschätzte jedoch die Macht der Zauberin. Im Zorn verschmähter Liebe wandte sie sich zweimal gegen Sonnenaufgang und zweimal gegen Sonnenuntergang und sprach zweimal die Zauberformeln. Der königliche Jäger fühlte ein furchtbares Brennen seinen ganzen Leib durchglühen, und die Sinne vergingen ihm. Als er wieder zu sich kam, merkte er, daß er nicht mehr ordentlich auszuschreiten vermochte. Er blickte um sich, doch das Weib und die Höhle waren verschwunden. Er befand sich allein in dem tiefen Wald. In der Nähe hörte er einen Quell murmeln. Er hüpfte zu dem Wässerlein hin, und als er sich in dessen Spiegel betrachtete, mußte er entdecken, daß ihm Circe in einen Specht verwandelt hatte. Unsäglicher Jammer befiel ihn. In seiner tiefen Not hörte er auf einmal eine mächtige Stimme an sein Ohr dringen: »Schwing dich auf in den Himmel, Pikus. Der zu dir spricht, ist Mars, der Gott des Krieges, und er will, daß du von nun ab sein heiliger Vogel bist.« Also flog Pikus hinauf in den Äther und setzte sich auf die Schulter des Gottes. Manchmal freilich erhielt er von seinem Gebieter Urlaub, und dann durfte er in Menschengestalt die Wälder Latiums durchstreifen.

In den Palast am Meer zog nun Faunus, des Pikus Sohn, ein. Unter König Faunus begannen sich die Zeichen zu mehren, daß die Goldene Zeit ihrem Ende zuginge. Auf dem Aventinischen Hügel erwachte, der furchtbare Riese Kakus, der nach des Saturnus Ankunft nicht mehr gesehen worden war. Dieses entartete Kind des Götterschmiedes Vulkanus vermochte allein schon durch sein Aussehen Menschen so sehr zu erschrecken, daß sie wie tot umfielen. Denn Flammen schlugen aus seinem unförmigen Leib, und sein geiferndes Maul spie unaufhörlich giftige Schwefeldämpfe aus. Kakus trug seine ohnmächtigen Opfer dann in eine Höhle des Berges, wo er sie gierig verzehrte. Faunus gelang es nicht, sein Land von dieser Plage zu befreien, da es das Ungeheuer verstand, den Eingang zu dem Schacht so dicht mit Felsklötzen zu verrammeln, daß sich dieser auch nicht durch die leiseste Ritze dem Vorbeikommenden verriet.

Ein Zufall brachte Rettung. Herkules, der göttergleiche Held, kam auf seinem Heimweg aus der Gegend der »Zwei Säulen«* in das Tibertal. Die kostbaren Rinder, für die er einen Riesen und einen zweiköpfigen Hund hatte erschlagen müssen, trieb er vor sich her. Müde von der Reise und von einem Schluck jenes kräftigen Weins, den die Laurenter zu ziehen wußten, legte er sich ins Gras und schlief ein. Da trollte Kakus an, neuen Menschenfraß witternd. Er erkannte in dem Schlummernden den gewaltigen Göttersohn, und es schien ihm geraten, ihn nicht zu stören. Dafür gedachte er, sich an den wohlgenährten Rindern schadlos zu halten, doch die Spuren seines Raubes sorgsam zu verwischen. Er zog die Rinder, eines nach dem anderen, an den Schwänzen in seine Höhle, damit solcherart ihre Fußstapfen in die verkehrte Richtung wiesen und den Erwachten auf eine falsche Spur führten. Nachdem die Herde schließlich in dem finsteren Schacht zusammengetrieben war, erhob sie ein so entsetzliches Gebrüll, daß der Heros davon erwachte und auf der Suche nach der Ursache des Lärms zu der Höhle gelangte. Was bisher noch keinem geglückt war, für Herkules bedeutete es ein leichtes: er wälzte die Felsen von dem Eingang fort und erschlug mit einem einzigen Streich seiner Keule den Unhold. Mit einem feierlichen Opferschmaus zu Ehren des Gottes Jupiter feierte der Held seinen Sieg.

Nunmehr trat die Zeit in das *zweite Weltalter*, das *Silberne*, ein. Mit ihm kam die Sünde auf die Welt, und das ging so zu:

Die Schwester des Faunus, Fauna, lebte in solcher Keuschheit, daß sie nicht nur ihren Leib den Blicken entzog, sondern sogar ihren Namen verborgen hielt. Wohl wußten die Menschen, daß in des Königs Palast eine sittsame Jungfrau wohne, niemand aber vermochte zu künden, wie sie hieße. Als Faunus eines Tages seine Schwester besuchen wollte und ihre Gemächer betrat, bot sich ihm ein entsetzenerregender Anblick dar. Fauna kam ihm mit aufgelöstem Haar torkelnd entgegen. Voll Schrecken rief der König aus: »Was ist mit dir geschehen? Haben die Furien des Wahnsinns von deinem Leib Besitz ergriffen?« Fauna antwortete ihm mit einem wilden, bacchantischen Lied. Da fiel der Blick des Herrschers auf den Marmortisch, über den aus einem umgestürzten Becher ein Strom roten

* Die »Zwei Säulen« hießen im Altertum die Felsen von Gibraltar und Ceuta. Näheres siehe im Sachregister unter »Herkules«.

Weines rann. Nun bestand kein Zweifel mehr, daß Fauna, die Liebliche, Reine, trunken war. Der Bruder drang in die Unglückselige: »Wer hat dir von dem Trank der Sünde gegeben, wer hat dich mit dem Rausch befleckt, wer, sag es mir!« Doch die Jungfrau schwieg.

Nun kam furchtbarer Zorn über den König. Er stürzte auf die Schwester zu und riß ihr die Kleider vom Leib. Als sie schließlich nackt vor ihm stand, ergriff er Zweige des Myrthenbaums und schlug mit ihnen solange auf die Sünderin ein, bis sie tot zu Boden sank. Kaum war die Tat vollbracht, bereute sie Faunus sehr. Er ordnete an, daß der geliebten Schwester göttliche Ehren zu erweisen seien und daß sie fortan »bona dea«, das heißt »die gute Göttin«, genannt werden solle.

Doch konnte Faunus' Reue seine und seiner Schwester Sünden nicht ungeschehen machen. In der Welt der Reinheit hatte die Schuld Einzug gehalten, um nicht mehr aus ihr zu weichen. Viele Jahre verstrichen. Es können Jahrzehnte gewesen sein, auch Jahrhunderte, niemand weiß es. Lange nach dem Tod seiner Schwester Fauna nahm König Faunus die Waldnymphe Marika zur Frau. Dieser Ehe entsproß ein Knabe, der Latinus geheißen wurde.

Der Zorn der Götter trifft die Schuldigen oft spät, aber er trifft immer. So geschah es auch an Faunus. Zur Strafe für die Tötung seiner Schwester wurde er von der Erde fortgenommen. Da sich aber bisweilen der große Göttergrimm in ein boshaftes Götterlachen auflöst, so gefiel es einer Laune Jupiters, just jenen Faunus, der einst zur Ehre der Keuschheit die Seele aus dem Leib der Fauna peitschte, nunmehr mit Bocksfuß und Bockshorn durch die Wälder ziehen und lüstern jeder Nymphe nachspringen zu lassen; nie freilich wird seinem Werben Erhörung zuteil, immer entwischen ihm die ephebischen Wesen der Quellen und Bäume. Mit der Entrückung des Faunus endete das Silberne Weltalter und es begann *das dritte*, *das Eherne*, in dem große Helden in männermordenden Schlachten eine lange Zeit des Friedens begründeten. Der Trojanerfürst Äneas wurde vom Himmel dazu ausersehen, die Eherne Zeit nach Latium zu bringen.

ÄNEAS NAHT!

Nach der Entrückung des Königs Faunus trat sein Sohn Latinus die Herrschaft über Latium an. Vorerst lag noch Glück und Glanz über ihm. Leitete doch Latinus seine Abkunft mütterlicherseits vom Sonnengott her, und es nahm daher nicht wunder, daß Sol, der Sonnengott, die Bündel seiner fruchtbringendsten Strahlen über Latium ausgoß, wenn er im Goldwagen mit dem milchweißen Gespann über den Himmelsbogen fuhr. Die Beliebtheit des Herrschers war so groß, daß sich seine Untertanen nach seinem Namen auch das »Latinervolk« zu nennen pflegten. In späten Jahren nahm König Latinus die stolze, heißgeliebte Amata zur Frau. Damals erlosch das Geschlecht des Saturnus im Mannesstamm, denn der Himmel verweigerte dem Herrscherpaar einen Sohn. Auf seine einzige Tochter Lavinia ging nun das Erbe des Reiches über.

Als das Mädchen zu einer überaus holden und anmutigen Jungfrau erblüht war, sah sich die Königin Amata um einen Freier für sie um. Die Kunde von dem schönen Königskind im Palast von Laurentum hatte ganz Italien durchflogen. So bewarben sich viele Söhne edler Häuser um die Hand Lavinias.

Südwärts von Latium, in der Stadt Ardea, lebte ein Jüngling namens Turnus. Als Sproß des Königs Danaus geboren, gebot er über das Reich der Rutuler, und trotz seiner jungen Jahre ging ihm der Ruf großer Tapferkeit voraus. Ihn bevorzugte Königin Amata vor allen anderen Bewerbern. Es ist nicht bezeugt, ob Turnus seine Abstammung rechtens ebenfalls von Saturnus ableiten durfte, wie er es tat, und vielleicht ist sein späteres jammervolles Ende die Strafe für diese Anmaßung gewesen. Doch was immer für ein Blut in seinen Adern gekreist haben mag, es war edles Blut, und so stand einer Verbindung Lavinias mit Turnus nichts im Wege.

Eines Tages traf in Laurentum eine Gesandtschaft der Rutulerfürsten ein, um sich das endgültige Jawort der schönen Jungfrau für ihren Gebieter zu holen. Diese beschied die vornehmen Männer an den Altar des Palastes. Dort drückte sie sich die Krone des Laurenterreiches ins Haar. Ehe sie dazukam, etwas zu sagen, geschah ein Wunder. Die Opferflamme schlug plötzlich hoch auf, sprang dann auf das Haar Lavinias über, das nun in hellen Flammen zu stehen schien. Das Licht des brennenden Haares wurde aber noch überstrahlt von magischen Blitzen, die aus der Krone hervorbrachen und den ganzen Palast, ja das ganze Land mit überirdischer Glut übergossen. Orakeldeuter eilten herbei und verkündeten:

»Der Brand des Haares sagt einen furchtbaren Krieg an, der eine Krone vernichten wird. Lavinia wird mit ihrem Gatten ein Reich begründen, das über den Erdkreis gebietet.«

Lavinia seufzte tief auf vor Erregung, und in diesem Augenblick erlosch die Glut. Noch dachte die Jungfrau, es wäre Turnus bestimmt, an ihrer Seite den Willen der Götter zu vollstrecken, als schon andere Zeichendeuter atemlos angelaufen kamen, um von einem neuen Ereignis zu berichten:

»Auf dem heiligen Lorbeerbaum im Garten hat sich ein Bienenvolk niedergelassen, und wir sehen einen Helden aus fernem Land über das Meer her kreuzen und an Latiums Küste landen. Er wird Lavinias Gatte sein und mit ihr ein Reich begründen, das dereinst über die Welt herrscht.«

Nun trug König Latinus den Boten des Rutulerfürsten auf, sie möchten nach Hause zurückkehren und ihrem Herrn verkünden, daß die Götter einen anderen zum Gatten Lavinias bestimmt hätten. Monde vergingen. Da eilten eines Tages Fischer vom Strand herauf, um zu melden: »Über das Meer her kreuzen Schiffe. Hart arbeiten die Männer an den Rudern, geschwellt vom günstigen Wind sind die Segel.« Es kamen andere, und einer schrie: »Ich sah einen Nachen mit dem Tiger am Bug.« Und wieder welche berichteten aufgeregt: »Mich erschreckte der steinschleudernde Kentaure auf dem hochbordigen Sitz . . ., mich der Chimäre dreiköpfiges Antlitz . . . und mich die bläuliche Fratze der Skylla.«

König Latinus lächelte: »Habt keine Angst, ihr Guten. Nicht wirkliche Ungeheuer habt ihr ausgemacht, sondern nur ihre Abbilder, Symbole der Schiffsnamen.« Nun stürzte ein Jüngling herbei und verkündete: »Ein Hundertruderer schob sich an die Spitze des Geschwaders. Am Schnabel führt er den Löwen. Mittschiffs ist ein Berg aufgetürmt, und auf ihm steht der Schiffsherr in strahlender Rüstung.« König Latinus erhob sich vom Thron. »Dieses Schiff ist berühmt auf den Meeren«, sagte er, »und jeder kennt die Barke, deren Kommandoturm man die Gestalt des Berges Ida gegeben hat. So naht uns denn Äneas, der seine Flotte auf seinem Schiff ›Berg Ida‹ anführt.«

Wie von der Seherin angerührt, sprach der Herrscher dann die Worte: »Vier Weltalter erblicke ich. Es gab eine Goldene Zeit des Friedens, der Neidlosigkeit und der Reinheit. Sie starb mit Saturnus. Es kam dann die Silberne Zeit, in der mit dem Sündenfall von Faunus und Fauna die Reinheit aus der Welt verschwand. Vor uns liegt die Eherne Epoche, die den Frieden vom Antlitz der Erde verbannt. Sie hält auf der Flotte des Äneas ihren Einzug in Latium. In fernster Zukunft aber steigt das *Eiserne Weltalter* herauf, ohne Unterlaß besprüht vom Geifer des Neides und der Machtgier, überglüht von nie erlöschenden Fackeln des Krieges, beschienen aber auch von der Sonne unvergänglichen Ruhmes!«

ÄNEAS

ARMA VIRUMQUE CANO, TROIAE QUI PRIMUS AB ORIS
ITALIAM FATO PRO FUGUS LAVINIAQUE VENIT
LITORA, MULTUM ILLE ET TERRIS LACTATUS ET ALTO
VI SUPERUM SAEVAE MEMOREM JUNONIS OB IRAM.
MULTA QUOQUE ET BELLA PASSUS, DUM CONDERET URBEM
INFERRETQUE DEOS LATIO, GENUS UNDE LATINUM
ALBANIQUE PATRES ATQUE ALTAE MOENIA ROMAE

KAMPF SING ICH UND DEN MANN, DER EINST VOM TROJERGESTADE
SCHICKSALHAFT IM ITALIERLAND LAVINIUMS KÜSTE
ANLIEF, FLÜCHTIG UND WEIT ZUR SEE UND ZU LANDE VERSCHLAGEN
DURCH DER GÖTTER GEWALT UND DEN GROLL, DEN JUNO IHM NACHTRUG.
VIEL AUCH LITT ER IM KRIEGE, BEVOR DIE STADT ER GEGRÜNDET
UND DEN PENATEN EIN HEIM IN LATIUM GAB, DEM DIE VÄTER
ALBAS, LATIUMS VOLK UND ROMS MAUERN ENTSPROSSEN
Vergil, Äneis

DIE TROER LANDEN IN ITALIEN

Auf dem hohen Kommandoturm der hundertrudrigen »Berg Ida« stand Äneas, der große Held*. Scharf spähten seine Augen über das Meer, und er sah einen feinen Küstenstrich in der unendlichen Wasserflut sich abzeichnen. »Was birgt dieses Land wohl«, so fragte er sich, »wird es endlich die Heimat sein, die mir von freundlichen Göttern verheißen wurde?« Wie lange seine Irrfahrt schon dauerte, seit er mit seinen Gefährten und dem greisen Vater Anchises das von den Griechen eroberte und in Brand gesteckte Troja verlassen hatte, vermochte er kaum zu sagen. Jahre um Jahre durchpflügten seine Schiffe die Salzflut, gingen da vor Anker und dort, aber fanden nirgends einen dauernden Hafen; sie wurden von Stürmen geschüttelt und von den Ungeheuern des Meeres bedroht, in die Hölle geschleudert und zum Himmel gehoben.

Äneas blätterte zurück im Buch der Erinnerung. Das brennende Troja tauchte vor ihm auf, das sich neun Jahre gegen das griechische Heer gewehrt hatte. Wohl hatten die Griechen zuerst eine Gesandt-

* Die vollständige Äneas-Sage ist enthalten in:
GUSTAV SCHWAB, DIE SCHÖNSTEN SAGEN DES KLASSISCHEN ALTERTUMS
VERLAG CARL UEBERREUTER, WIEN-HEIDELBERG

schaft geschickt, um Helena, die Gemahlin König Menelaus', welche Priamos' Sohn Paris frevelhaft geraubt hatte, zurückzubringen. Doch die Troer trotzten den berühmten Helden Agamemnon und Achilles, Odysseus und Patroklos und wie sie alle hießen, bis nach dem Fall ihres tapferen Anführers Hektor sie das berühmte hölzerne Pferd, in dessen Bauch sich die griechischen Kämpfer verbargen, in die Stadt zogen und damit Troja dem Untergang weihten. Äneas dachte an die grauenvolle Nacht, da ihm bei der Flucht aus dem Flammenmeer sein geliebtes Weib Kreusa von der Seite gerissen und getötet ward. Nur noch das Unterpfand dieser hohen Liebe war ihm geblieben, Askanius, das Söhnlein. Am Strand von Antander sah er sich dann mit den letzten Überlebenden von Priamos' Feste versammeln; die felsengesäumte Bucht schien sicher vor den Augen der griechischen Späher. Die ganze Flotte, die jetzt Kiel hinter Kiel dem unbekannten Land zustrebte, wurde dort in einem einzigen Winter gezimmert. Man stach mit schwellenden Segeln und kräftig gerührten Rudern bei Frühjahrsbeginn in See. Wie lange lag das schon zurück! Die Weissagung der gräßlichen Harpyien, halb Mädchen-, halb Vogelleiber, fiel Äneas nun ein. Er begegnete ihnen auf Kreta, der ersten Station seiner Irrfahrt. Mit dem Sturmwind herangebraust, verkündigten sie, daß Äneas und seine Männer erst dann das neue Troja bauen würden, wenn sie vor Hunger das Brot samt den Tischen verzehrten. Ei, was seinen knurrenden Magen betreffe, ging es dem Helden weiter durch den Kopf, so deute er wohl auf der Harpyien Wort, aber schwerer sei es zu glauben, daß ein freundliches Völkchen ihn zu Tafelfreuden an gedeckten Tischen dort am Ufer erwarte.

Äneas preßte seine Hand fest auf das heftig klopfende Herz und ermahnte sich: »Geduld, Geduld! Sollte ich wieder genarrt werden wie schon so oft, einmal muß es ja doch vor meinen Augen erscheinen, das Land, das mir die freundlichen Hausgötter, die mich auf dieser Fahrt begleiten, im Traume zeigten. In Kreta, das mich so ungastlich behandelte, trösteten mich die Laren, indem sie mir das Ziel meiner Sehnsucht vorgaukelten: weite Ebenen, und dort, wo die Sonne versinkt, ferne Berge, darum Hesperien, das Abendland, geheißen oder auch, nach ihrem König Italus, Italien genannt.

Aus diesem uralten Boden der etruskischen Stadt Kortona entsprossen einst Dardanos und Jasion als Söhne des Zeus und der Plejade Elektra. Jasion wurde wegen seiner Liebe zu Demeter von seinem Vater durch einen Blitz getötet, doch sein Bruder Dardanos fand bei König Teukros freundliche Aufnahme, der ihm Land zur Gründung der Stadt Dardania, am Fuß des Idagebirges, schenkte. Mit Teukros' Tochter vermählt, wurde er der Ahnherr der Trojaner. Der eine Urenkel Ilos gründete Ilias oder Troja, der andere, Assarakos, wurde der Stammvater meiner Sippe. Mich, den Sohn des Anchises, riefen die Götter zurück in die alte Heimat. Nun will ich dich fassen, Traum, und zu lebendiger Gestalt zwingen. Sei mir gegrüßt, Italien!«

Mächtig rauschten die Ruder. Noch strich die frische Brise des Morgens über das Meer, und alle Kraft der jungen Frühe lag in den sehnigen Armen der Männer an den Riemen. Näher und näher rückte die Küste. Von seinem hochbordigen Sitz neigte sich der Schiffsherr jetzt hinab auf das Deck und rief: »Schneller den Schlag, Gefährten! Land ist in Sicht. Herrlich grünen seine Wälder, und ich erblicke einen mächtigen Fluß, der sich ins Meer ergießt.« Ein brausender Jubelruf stieg da zu ihm empor, und die inbrünstige Frage lautete: »Was für ein Land, Held Äneas?« Doch dieser schwieg, denn noch wagte er nicht zu hoffen, daß es wirklich Italien sei, worauf sein Bug zuhielt.

Wieder versenkte sich der Troer in das Leid vergangener Tage. Es war allein der Göttin Juno Haß gegen Troja und seine einzigen Überlebenden, der so viel Unheil über Äneas und alle, die ihm begegneten, ausgoß. Und wäre nicht Venus, seine Mutter und göttliche Walterin der Liebe, ihm mit hilfreicher Tat zur Seite gestanden, niemals hätten er und seine Gefährten all den Mühsalen und Leiden zu trotzen vermocht. Viele Opfer freilich wurden dennoch von ihnen gefordert. Der greise Vater Anchises starb bei der Landung auf Sizilien dahin, dreizehn Schiffe von zwanzig ruhten, von einem rasenden Wirbelsturm durch Neptuns Hände in die Tiefe gerissen, am Grunde der Tyrrhenersee, der Steuermann der Kommandobark fand sein Grab in den Wellen beim Kap Misenum. Oh, ein kleines Häuflein war nur mehr geblieben von der großen Schar der trojanischen Helden. Der Sturm verschlug die Schiffe nach Karthago, wo die Königin Dido ihn und die Seinen huldreich aufnahm. Heiße Liebe verband ihn mit der unglückseligen Herrscherin. Doch Jupiters Befehl war hart, er mahnte Äneas zum Aufbruch. Dido aber versuchte ihn vergebens zurückzuhalten. Sie gab sich mit eigener

Hand den Tod, da sie das Leben mit ihrem Geliebten nicht teilen durfte.

Äneas strich sich mit der Hand über die Stirn, gleichsam als wolle er die düsteren Schatten der Erinnerung bannen, und abermals wandte er sich zu den Männern an den Riemen: »Schneller den Schlag und immer schneller! Bald seid ihr am Ziel, ihr Ruderer der ›Berg Ida‹ und ihr der ›Skylla‹ und ihr auch des pferdefüßigen ›Kentauren‹!«

Nun trat die Küste immer deutlicher hervor, und Äneas erspähte dicht neben der Mündung des Stroms eine kleine Bucht, die ihm wohl geeignet schien, als Ankerplatz für seine Flotte zu dienen. Ruhig und sicher gab er die Befehle und manövrierte die Schiffe glücklich dorthin. Bald knirschten die Kiele auf dem Sand. Die Männer sprangen in die seichte See und wateten ans Ufer, wo sie der kühle Waldesschatten aufnahm. Sie verhielten sich ganz still und lauschten, aber nichts regte sich im weiten Umkreis, und so beschlossen sie, sich erst einmal gehörig zu stärken, bevor sie das Land weiter auskundschafteten.

Aus Weizenmehl, das man in den Schiffen mitführte, wurden auf heißen Steinen flache Brote gebacken. Indes brachten andere Männer Obst herbei und legten es flugs auf die Kuchen, die man, um sie auskühlen zu lassen, auf der Erde ausgebreitet hatte. Die Helden setzten sich rings um den Berg leckerer Genüsse und langten ordentlich zu. Schließlich verzehrte man auch noch die als Unterlage dienenden Brote. Da lachte Askanius, des Äneas Sohn, bisweilen auch Julus genannt, laut und rief aus: »Seht doch, wir haben unsere Tische aufgegessen.«

Der Troerfürst erhob sich. Sein Auge glänzte. Dann winkte er die Männer in dichten Kreis um sich und sprach: »Es ist in Erfüllung gegangen, was die Harpyien krächzten. Wir haben unsere Tische aufgegessen, wir sind am Ziel. Das Land, das uns nach der Weissagung zur neuen Heimat bestimmt ist, heißt Italien. Von hier aus zogen einst die Brüder Dardanos und Jasion aus und begründeten fern über dem Meer das Geschlecht der Troer. Nun kehren wir an die Stätte der Urväter zurück, nach Italien, dem Rinderland, das uns den Segen fetter Herden, ährenwogender Felder, den Schatten weiter Wälder und den Anblick ragender Gebirge verheißt.« Nachdem er dieses gesagt hatte, befahl Äneas seinen Gefährten, niederzuknien und die heilige Erde zu küssen. Als sich alle wieder erhoben hatten, fuhr er fort: »Es ist uns unbekannt, an welchem Küstenstrich des großen Landes Italien wir vor Anker gingen. Wir wollen nun erkunden, ob das Gebiet vor uns menschenleer ist oder wenn nicht, wie seine Bewohner heißen und welcher Sinnesart sie sind.«

ÄNEAS' BOTEN BEI KÖNIG LATINUS

Äneas sandte nun tüchtige Späher aus. Bei Einbruch der Nacht kehrten diese zurück und meldeten freudig bewegt: »Wir bringen frohe Botschaft. Denn es verhält sich genau so, wie Äneas gesagt hat. Dieses Land ist Italien, das in vielerlei Reiche zerfällt. Die Gegend, in der wir uns befinden, heißt Latium, hier gebietet König Latinus, und seine Untertanen nennen sich Laurenter oder auch Latiner.« Äneas nahm mit heißem Dank an die Götter die Kunde entgegen und forschte dann weiter: »Zweierlei Namen führt das Volk, wie ihr berichtet. Das scheint mir seltsam. Habt ihr darüber nichts in Erfahrung gebracht?«

»Doch, Herr«, fiel der Anführer der Späher seinem Fürsten ins Wort, »höre nur, wie es uns ergangen ist. Als wir den Eichenwald durchschritten hatten und in eine freie Ebene an dem großen Strom gelangten, bot sich uns ein herrlicher Anblick dar. Ein hundertsäuliger Palast erhebt sich auf einem lorbeerbestandenen Hügel, und rings um ihn schmiegt sich eine große, prächtige Stadt. Wir näherten uns vorsichtig ihren Mauern. Plötzlich sprang aus dem weit geöffneten Tor eine Jünglingsschar auf den Anger, um sich mit Speerwurf und Pfeilschuß, mit Laufen und Pferderennen in fröhlichem Spiel zu ergehen. Einige der Knaben wurden unsrer ansichtig, und sie winkten uns, als wir uns scheu zurückziehen wollten, zu sich. Wir erfuhren, daß in diesem Land niemand von Mord und durch Krieg bedroht sei, hörten von König Latinus, der in dem Palast Laurentum regiere, wovon sich sein Volk manchmal nach jenem, manchmal nach diesem nenne. Wir erhielten auch die Mitteilung, daß der Name des Flusses Tiber sei, Aufenthalt eines gütigen Gottes.«

Äneas, hochbefriedigt über die Kunde, wählte eine Gesandtschaft edler Jünglinge aus, die unter Führung des tapferen Ilioneus sich am nächsten Tag zu König Latinus begeben sollten, um ihn zu bitten, den Flüchtlingen aus Troja eine neue Heimstätte anzuweisen. In prächtigen Rüstungen, Ölzweige als Sinnbild des Friedens in Händen, zogen Ilioneus und seine Schar in Laurentum ein. Als Gastgeschenk für König Latinus trug einer der Männer ein goldenes Gefäß, in dem einst Äneas' Vater Anchises seinen Opferwein zu mischen pflegte. Von überallher strömte das Volk zusammen, um den Einzug der Fremdlinge zu bestaunen.

Im laurentischen Palast, auf dem purpurnen Thron sitzend, empfing König Latinus die Boten des Troerfürsten. Zu seiner Rechten saß die Königin Amata, zu seiner Linken aber die schöne Lavinia. Indes die Begleitung ehrerbietig in der Mitte des Saales stehenblieb, trat Ilioneus vor und sprach: »Heil dem hohen Herrscher über Latium! Wir bringen den Gruß unseres Fürsten und Anführers Äneas, der aus göttlichem Blut stammt, denn Venus nennt er seine Mutter und Enkel sich des mächtigen Zeus, hier Jupiter geheißen. Flüchtlinge aus Troja sind wir, und die Trauerkunde vom Fall der berühmten Stadt ist über die ganze Erde und gewiß auch an dein Ohr, großer König, gedrungen. Dies aber ist die Bitte des Helden Äneas an König Faunus' Sohn: Er möge ihm nach der langen Irrfahrt eine Heimat geben, denn es ist geweissagt, daß in Italiens Fluren die Ruhelosen Ruhe finden sollen.« Nach diesen Worten ließ sich Ilioneus den Goldbecher reichen und legte ihn zu Füßen des Königs Latinus.

Tief in Gedanken versunken, hatte der Herrscher den Worten des Fremdlings gelauscht. Er dachte des Orakelspruchs, und es wurde ihm offenbar, daß jener Äneas niemand anderer sei als der für seine Tochter vom Schicksal bestimmte Gatte, der zukünftige König von Latium. So erhob er sich und sprach feierlich zu Ilioneus: »Bestelle deinem Fürsten, daß mir seine Ankunft geweissagt ist, und ich ihn hochwillkommen heiße in Latium. Leitet Äneas sein Geschlecht von Jupiter her, so ist meines vielleicht weniger mächtig, doch älter. Ich stamme von Saturnus, Jupiters Vater, dem uralten Gott, den sein Sproß vom Thron stieß. Über Pikus und Faunus kam das Zepter an mich, und es ist meine Aufgabe, es dem Troerfürsten weiterzureichen, wenn die Zeit erfüllt sein wird. Hier, an meiner Seite, harrt Lavinia ihres Gatten.«

Sodann ließ der König hundert prächtig aufgezäumte Pferde vor die Burg bringen als Geschenk für die Boten des Troerfürsten.

Äneas aber sandte er einen goldbeschlagenen Wagen mit einem Doppelgespann feuriger Rosse. Frohgemut kehrte Ilioneus mit seiner Schar in das Lager am Meeresstrand zurück. Dort herrschte am nächtlichen Feuer Jubel und Freude. Endlich schienen Friede und Ruhe, Wohlergehen und eine herrliche Zukunft gesichert. Alle Herzen schlugen höher bei dem Gedanken an den glanzvollen Einzug in Laurentum und die bevorstehende Verbindung des Troerstamms mit dem Geschlecht Saturns. Der kommende Tag solle, so dachten die Männer, der Instandsetzung des Geräts und der Rüstungen gewidmet sein, der übernächste aber die glückliche Erreichung des Endzieles bringen. Doch die Götter beschlossen anders. Sie rückten abermals in endlose Fernen, was bereits zum Greifen nahe schien . . .

FEINDLICHE MÄCHTE STÖREN DEN FRIEDEN

Als die Göttin Juno, die alte Feindin Trojas, von dem Glück erfuhr, das Äneas und seinen Helden bevorstand, ergrimmte sie in fürchterlichem Zorn. »Soll mir die Beute meines Hasses nun doch noch entgehen?« so tobte sie. »Ich werde es nicht dulden, daß Venus zu guter Letzt den Sieg davonträgt. Oh, ich will nicht zum Gespött der Götter werden!« So sprach sie und rief aus den Tiefen der Unterwelt die Furie Alekto vor ihr Angesicht. »Du wirst Krieg, Haß und Zwietracht über Latium aussäen«, befahl Juno dem Weib mit dem Schlangenhaar, und die Vipern, die sich um das Haupt der Rächerin ringelten, zischten vor Lust, ihr Gift wieder einmal verspritzen zu dürfen. Hoch loderte die Fackel in der Hand Alektos auf, ihr gräßliches Gesicht verzerrte sich zu einem scheußlichen Lachen, und dann fuhr sie in einer Wolke schwefligen Dampfes zur Erde nieder.

Da es aber in der sanften und stillen Abendstunde war, zu der Venus sich am rosenroten Schein der sinkenden Sonne zu erfreuen pflegte, so geschah es, daß die Liebesgöttin die Erdenfahrt der Furie beobachten konnte. Flugs eilte sie zu Jupiter. Der Göttervater empfing die Walterin der sehnsüchtigen Herzen mit Wohlwollen und Gnade. »Erhabenster Gebieter«, begann Venus ihre schmeichlerische Rede, »ich sah eben das grausige Weib Alekto aus dem Haus der Juno zur Erdentiefe stürmen. Gewiß gönnt es die höchste Himmelsgöttin meinem Sohn, dem Helden Äneas, nicht, daß er nun endlich, nach jahrelanger Irrfahrt, einen glückhaften Hafen finden soll. Kaum wird er die Leuchttürme des Friedens erblickt haben, so wird, fürchte ich, angetrieben von Juno, der Krieg über ihn herfallen. Ich bitte dich, hoher Vater, schütze mein Kind.«

Jupiter erhob sich vom güldenen Thronstuhl. Seine Stirne furchte sich in Unmut. »Der ewige Streit«, seufzte er. Doch dann zog er die liebliche Venus an sich, küßte sie und fuhr fort: »Sei guten Muts, Töchterchen. Das Los deiner Schützlinge bleibt unverrückt. Was ich versprach, werde ich halten. Äneas wird noch harte Kämpfe zu bestehen haben, aber er wird siegen. Dann wird er die Mauern von Lavinium, einer neuen Stadt in der Ebene Latiums, aufrichten. Nach ihm aber wird sein Sohn Askanius die Herrschaft übernehmen, und dieser wird seinen Sitz auf den Berg verlegen, der aus Latiums Fluren wie eine trotzig ausgestreckte Faust frei aufragt. Ja, dort auf dem Albanerberg, am Rande eines geheimnisvollen Sees, wird die Stadt Alba Longa erblühen. Durch viele Jahrhunderte werden hier die Könige des latinischen Volkes wohnen. Aber endlich wird auch für diese Stätte die letzte Stunde gekommen sein. Denn Albas Sohn Romulus wird eine neue Siedlung zwischen den sieben Hügeln am Tiber gründen. Rom wird die Stadt heißen, die aus Trojas Samen wächst, und ihr ist es bestimmt, bis ans Ende der Tage über die Welt zu herrschen!« Jupiter hielt inne. Sein Blick schweifte durch den wolkigen Dunst hinab zur Erde, die seinem Willen untertan war. Er liebte die Welt vielleicht gerade deshalb so sehr, weil er fühlte, daß sie sich ihm dereinst entziehen würde. Und so zitterte sein Arm, der glühend das All umschlang, in der Furcht, es einmal zu verlieren.

Alekto, die gräßliche Göttin, schwebte zuerst nach Latium und schlich sich unsichtbar in den laurentischen Palast. Dort warf sie der in tiefem Schlaf liegenden Königin Amata eine Natter aus ihrem Haar auf die Brust. Sofort verwandelte sich die züngelnde Schlange in güldenes Geschmeide und ringelte sich über alle Glieder des Weibes hin. Aus dem Metall der Armreifen und Halsbehänge sickerte aber das Gift der Viper, es fraß sich in die Haut ein, tropfte in die Adern und gelangte bis in das Herz der Königin. Also vom Haß der Furie erfüllt, überschüttete Amata erst ihren Gatten mit dem

Vorwurf, daß es nicht ehrenhaft wäre, dem rutulischen Herrscher die Hand Lavinias noch länger zu verweigern. Ihm habe sich die Jungfrau angelobt, denn wie sie an den Altar trat, seien ihre Gedanken nur auf Turnus gerichtet gewesen. Darum sei es Schande und Spott, den edlen Jüngling um eines landfremden Abenteurers willen zurückzusetzen. Doch Latinus, von tiefem Glauben an die Wahrheit des Orakelspruches erfüllt, schenkte diesen Einflüsterungen kein Gehör und bedeutete seiner Gattin: »Zu mächtig offenbarte sich der göttliche Wille, und wir Menschen haben kein Recht, daran zu rütteln.« Da begann das Natterngift in dem Blut der Königin zu sieden. Aus ihren Augen brach ein böser Glanz, und sie höhnte: »O Sohn des Faunus, wie schlecht weißt du, was edlen Herzen ziemt. So muß ich mich an deine Untertanen wenden, damit dem Bräutigam meiner Tochter sein Recht werde.« Mit diesen Worten eilte die Königin aus dem Palast.

Nun wirkte das Gift der Furie Alekto immer stärker. Amata raste durch die Straßen Laurentums und rief die Menschen zum Widerstand gegen die trojanischen Eindringlinge auf. Diese vernahmen voll Staunen die bösartigen Reden. Noch nie hatten sie etwas von Kampf und Krieg gehört, doch allmählich sickerte nun das durch die Zunge des Weibes auf sie gespritzte Gift auch in ihre Leiber ein, und ihre kindlich-fromme Denkungsart wurde von bösen Gefühlen überwältigt.

Indes schwang sich die Furie Alekto nach Ardea, der Hauptstadt des Rutulerlandes, und erschien dort dem Jüngling Turnus als Traumgesicht. »Erkenne in mir die Rachegöttin, die Not und Tod auf die Erde bringt«, so zischte sie dem Königssohn schauerlich ins Ohr. Und da dieser sich, von dem fürchterlichen Alpdruck gepeinigt, auf seinem Lager hin und her wälzte, stieß das entsetzliche Weib ihm die Fackel auf die Brust. Der glühende Brand fraß sich allsogleich in das Fleisch des Schläfers, und wie wahnsinnig brüllte er auf: »Waffen! Waffen! Auf meinem schäumenden Streithengst will ich über die Lande hinrasen, die Hütten und Häuser zerstampfen, das Blut aus den Adern der Helden fließen lassen. Waffen! Waffen!«

Am nächsten Morgen schon rief Turnus die rutulischen Jünglinge zu einem Heerbann zusammen und hieß sie, sich zu rüsten und ihm zu folgen. Alekto aber wandte sich, befriedigt von dem Gelingen ihres Werkes, wieder nach Latium.

An dem Morgen, da in Ardea sich das Unheil zusammenbraute, erwachten die Troer in ihrem Lager friedvoll und heiteren Gemüts. Askanius erbot sich, ein Wild zur Mahlzeit zu erjagen, ehe man nach Laurentum aufbräche. In Begleitung seiner Gefährten und eine Meute Rüden am Koppel durchstreifte der Äneassohn das nahe Gehölz. Die Göttin Juno fügte es nun, daß die Troer auf die Fährte eines zahmen Hirsches gerieten, der einer Tochter des latinischen Oberhirten gehörte. Unter Horrido! und Hussassa! hetzten die Hunde das edle Wild, bis dieses in tiefer Not zum Ufer des Tiberstromes hinlief und in die Fluten sprang. Askanius wurde vom Jagdfieber gepackt. Obgleich er nun nicht mehr hoffen konnte, der Beute habhaft zu werden, schnellte er einen seiner nie fehlenden Pfeile von der Sehne des Bogens. Tief in das Gedärm des in den Wellen rudernden Hirsches schlug die Eisenspitze des Geschosses. Das Tier gewann mit letzter Kraft die Böschung und schleppte sich dann nach Hause. Jammernd umhalste das Mädchen seinen Liebling. Sein Geschrei lockte die Bauern der Umgegend herbei. Drohend schwangen die Männer ihre Keulen und riefen voll Unmut: »Jedermann in Latium kennt das zahme Wild, und nur einer der bösen Fremdlinge, die mit den Schiffen angekommen sind, kann diesen Frevel verübt haben.« Doch schon flog die Furie Alekto auf das Dach der Behausung des Obergärtners. Sie setzte ihr Horn an den Mund, und gellend scholl es über das Land: »Hilfe, es gehen Mörder um, die der heiligen Tiere nicht achten und auch das Menschenblut erbarmungslos verspritzen werden! Herbei herbei, mit Knüppeln, Lanzen und Schwertern! Herbei, herbei, und treibt die Gesellen ins Meer und hinab in den Orkus, wohin sie gehören!« Und wirklich, von überallher strömten die Landleute zusammen, und sie schwangen in Händen, was sie gerade zu fassen bekamen: Dreschflegel und Spieße, feuergehärtete Keulen, Dolche und Messer.

Mit Entsetzen gewahrten Askanius und seine Gefährten, wie sich ein schreiender und wild gestikulierender Haufe auf sie zuwälzte. Der Äneassproß war nicht aus dem Holze jener geschnitzt, die ängstlich vor der Gefahr zurückweichen. Er legte einen neuen Pfeil auf die Sehne und rief: »Bleibt stehen und sagt, was ihr von mir begehrt. So ihr aber weiter vorrückt, macht euch gefaßt, daß ihr auf Widerstand stoßt.« Angefeuert von Almo, dem Sohn des Oberhirten, verloren die Bauern Überlegung und Besinnung. Immer drohender wurden ihre Rufe, immer schneller ihr Schritt. Da hob Askanius den Bogen. Die Sehne gab einen schwirrenden Laut, und das Geschoß sauste dahin! Es blieb Almo mitten im Halse stecken. Röchelnd sank der Jüngling zu Boden und starb in den Armen der sich um ihn scharenden Helfer. Almo hatte noch keine Heldentaten vollbracht, kein Ruhm bedeckte seinen Namen, und dennoch ist er unsterblich geworden! Almo – der erste Tote des ersten Krieges auf latinischem Boden, der noch von dem Blut und den Tränen vieler Tausender getränkt werden sollte.

Doch dann geschah das Furchtbare. Auch die Freunde des Askanius griffen jetzt zu den Waffen, und ein Hagel von Pfeilen ergoß sich über die wild anstürmenden Bauern. Da sprang der Älteste vor, der reichste Bauer in Latium, auf dessen Wiesen fünf Rinder- und fünf Schafherden weideten und der hundert Pflüge über seine Äcker ziehen ließ. Keiner durfte sich eines friedlicheren Gemütes rühmen als er, keiner sich sanftmütiger nennen. Und gerade ihn raffte das zweite Geschoß des Askanius dahin. Jetzt brachen die Latiner den Kampf ab, luden unter lauten Wehklagen ihre Toten auf die Schultern und zogen sich nach der Stadt Laurentum zurück. Unsägliches Jammern und Klagen drang dort zum Himmel, als man die Leichen in einem feierlichen Zug durch die Straßen trug.

Da langte an der Spitze seiner in erzenen Panzern schimmernden Streiterschar Turnus in der Stadt an. »Krieg, Krieg«, gellte sein herausfordernder Ruf, und das Volk nahm ihn begierig auf. Die Menge zog zum Palast hin, und ein vieltausendstimmiger Schrei drang zu König Latinus empor: »Schließ auf den Janustempel, wir wollen den Krieg!«

Verzweifelt rang der Herrscher die Hände: »Laßt ab von diesem frevelhaften Begehren!« Denn Janus wurde als Gott des Anfangs und Ausgangs verehrt, und damit das Glück des Friedens keinen Ausgang finde, hatte Latinus einst befohlen, die Doppeltüren des Janustempels mit hundert ehernen Riegeln zu sperren. »Schließ auf, schließ auf!« wiederholte der Chor der Menschen, in deren Augen schon furienhafter Wahnsinn funkelte. Doch wer vermag den Sturm, wenn er einmal entfesselt ist, zu bannen, wer das bittere Ende alles Irdischen zu versiegeln? Und Janus, der doppelköpfige Gott, erwies sich schließlich auch stärker als in späteren Zeiten der weise König Numa Pompilius, dessen Gebot um des Friedens willen umgekehrt lautete: den Janustempel nur im Krieg zu verschließen. Und siehe, in tausend Jahren stand er keine hundert mehr offen!

Immer dringlicher wurde das Rufen. Doch Latinus weigerte sich, es zu hören. Er verhüllte sein Haupt, er wollte es nicht sein, der die Erlaubnis gab, die Fackel des ersten Krieges in Latium zu entzünden. Da fuhr die Göttin Juno selbst herab vom Himmel, stieß mit eigener Hand an die Pforten des Tempels, und donnernd öffneten sich die ehernen Tore. Die Fackel des Krieges brannte!

ÄNEAS SUCHT BEI EVANDER HILFE

Ganz Italien, so ruhig und friedsam es vorher gewesen war, geriet nun in kriegerische Bewegung. Der Schall der Kriegstrompeten schmetterte über die Lande. In allen Häusern wurden Schwerter geschärft, Schilde gehämmert und Pfeilspitzen geglüht. Es sausten die Schleifsteine, es sprühten die Essen, und die Blasebalge zischten. Von überall her kamen Heerhaufen nach Laurentum gezogen, Staub wirbelte auf den Landstraßen, in der latinischen Ebene blitzte es von Waffen, vom Erzbeschlag der Streitwagen, von schimmernden Panzern und goldgetriebenen Helmen. Stolze Helden aus ruhmreichen Geschlechtern stiegen aus ihren Burgen nieder, und der herrlichste unter ihnen war Turnus, des Danaus Sohn aus Rutulien. Auf seinem Schild prangte kunstvolles Bildwerk. Ein dreifacher Federbusch überwehte die glutatmende Chimära, die als Helmzier auf der Stahlhaube saß.

Fußvolk und Reiter strömten mit ihren Führern aus den Sabinerbergen, aus den Wäldern Latiums, aus Sikaniens Fluren. Doch wie gaffte die Menge, als an der Spitze der volskischen Reiterei die Fürstin Kamilla auf ihrem milchweißen Hengst trabte. Nie hatte die erzgepanzerte Amazone am Webstuhl gesessen, nie ihr jungfräulicher Mund in Liebe einen Mann geküßt, fremd waren ihr Frauenart und Frauensitte. Sie liebte es, mit den Winden um die Wette zu rennen, über die Äcker zu sprengen, ohne den Halm zu knicken, über die Meereswogen zu fliegen, ohne die Sohlen zu netzen. Wie herrlich sah sie aus, gekleidet in den königlichen Purpur, das üppige Haar mit der goldenen Nadel aufgesteckt, Köcher und Bogen am goldenen Gurt und die Lanze gebieterisch in der Rechten!

Äneas erfüllte die Nachricht von der Versammlung der italischen Kriegsvölker in Latium mit tiefer Sorge. Wie sollte er mit seinem kleinen Häuflein Trojaner den zu erwartenden Sturm bestehen? Wohl wies er seine Männer an, in aller Eile Verschanzungen aufzuwerfen und Wachtürme zu errichten. Wohl war auch die kleine Festung ans Meer angelehnt, und die Schiffe im Rücken boten eine Zufluchtsmöglichkeit für den Augenblick der höchsten Gefahr. Doch nicht im Zurückweichen lag sein Auftrag, sondern im Behaupten des Bodens und in der Gründung einer neuen Heimat. Wollte Äneas seine Sendung erfüllen, so brauchte er Hilfe, das schien gewiß.

Äneas liebte es, auf langen Wanderungen entlang des Tiberufers seinen Gedanken nachzuhängen. Eines Tages schlief er, ermüdet vom Marsch und den quälenden Sorgen, in einem Pappelhain ein. Da erschien ihm der Flußgott Tiberinus im Traum. Geisterhaft tauchte er zwischen den Baumstämmen auf und wehte auf und ab wie ein nebliger Schleier. Ein meerblaues Gewand floß um seine Glieder, das Greisenhaupt beschattete ein Kranz aus Schilfrohr, und sanft wie das Rauschen der Wellen perlten ihm die Worte von den Lippen, als er sprach: »Fürchte dich nicht, Held Äneas. Der Götterwille entschied sich für dich. Damit du nun nicht wähnst, ein nichtiges Traumbild zu schauen, so vernimm, daß ich dir ein Zeichen geben werde. Auf deinem Weg wirst du in einem Eichenhain ein Mutterschwein finden, das dreißig Frischlinge geboren hat. Es ist die Stelle, wo nach dreißig Jahren dein Sohn Askanius die Stadt Alba, Roms Mutter, gründen wird. Opfre die Tiere Jupiter und dann ziehe weiter, bis du in ein hügeliges Land gelangst. Dort hat sich der fromme Evander mit arkadischen Pilgern angesiedelt und die Stadt Pallanteum erbaut. Bei ihm wirst du Hilfe finden.«

Äneas erwachte und tat, wie ihm Tiberinus geheißen hatte. Und wirklich – am Saum eines Waldes, unter einer mächtigen Eiche, sah er etwas Weißes schimmern. Äneas trat näher und entdeckte ein Schwein, das dreißig Junge säugte. Der Held befolgte den Rat des Flußgottes und opferte die Sau mit ihrer Zucht dem Göttervater. Nun kehrte er in das Lager zurück, um ein Schiff auszuwählen und in Begleitung einer kleinen Schar von Helden den Tiber stromaufwärts zu fahren. Der Fluß lag ruhig und glatt da, wie der Spiegel eines Landsees, und schnell glitt das Schiff mit einer günstigen Brise in den Segeln dahin. Vorbei an grünenden Uferhainen und an Dörfern ging die Reise, und die Menschen wunderten sich, wie schnell die Barke vorüberzog, da sie selbst doch kein Lüftchen spürten und nicht der leiseste Windhauch die Wellen kräuselte. Einen Tag und eine Nacht währte die zauberhafte Fahrt. Dann, am zweiten Morgen, wurde auf einem hohen Berg eine Burg sichtbar und zu ihren Füßen geschmiegt Häuser und Hütten. Äneas ließ den Schiffsschnabel dem Lande zuwenden, man war am Ziel – in Pallanteum.

Zu der Stunde, da die trojanischen Helden an das Ufer stiegen, brachte der Arkadierkönig Evander gemeinsam mit seinem Sohn Pallas das alljährliche Opfer für Herkules dar, der einst die Gegend von dem furchtbaren Unhold Kakus befreit hatte. Als nun die vor dem Altar versammelte Gemeinde der Fremdlinge ansichtig wurde, bemächtigte sich ihrer Unruhe und Angst. Pallas jedoch, ein mutiger und tapferer Jüngling, verbot das Fest zu unterbrechen und lief, nur mit einer Lanze bewaffnet, allein den Ankömmling entgegen. Von weitem schon rief er ihnen zu: »Wer seid ihr? Bringt ihr etwa den Krieg, für den man jetzt in Latium rüstet?« Äneas, einen Olivenzweig als Zeichen des Friedens in Händen haltend, antwortete: »Trojaner sind es, die den Arkadiern nahen. Gegen uns sind die latinischen Waffen gerichtet. Wir sind allein zu schwach, um ihnen standzuhalten, und so sind wir ausgezogen, König Evander um Hilfe zu bitten.« Da Pallas dieses hörte, fiel er in freudige Erregung. Auch an sein Ohr war die Kunde von dem Heldenkampf Trojas gedrungen, und er betrachtete es als hohe Auszeichnung, den berühmten Männern begegnen zu dürfen. »Willkommen denn«, sagte er mit bewegter Stimme, »ich bitte euch, in die Wohnung meines Vaters einzutreten.«

Im Hause Evanders, das mehr einer Hütte als einem Palast glich, empfing der arkadische König seine Gäste. Auf einer bärenfellbedeckten Bank nahmen die Helden Platz, und ehe Äneas seine Wünsche vorbringen konnte, wurden er und die Seinen erst einmal zu einem ordentlichen Schmaus genötigt. Auserlesene Jünglinge brachten geschmorte Stücke vom Rind, dazu reichten sie Brot, und aus Schläuchen gossen sie Wein in die Becher. Nachdem man sich gütlich getan hatte, begann Evander: »Mein Sohn Pallas berichtete mir schon von eurem Begehr, edle Männer. Ach, daß mir Jupiter die vergangenen Lebensjahre zurückgäbe und ich an eure Seite treten könnte. Ach, daß ich Schätze genug besäße, um euch so herrliche Waffen schmieden zu lassen, wie sie keiner besitzt. So alt und so arm wie ich bin, vermag ich euch mit nichts zu dienen als einem guten Rat. Aber er kommt aus ehrlichem Herzen, denn mein Hirtenvolk ist den Trojanern wohlgesinnt. In dir, Held Äneas, finde ich deinen großen Vater Anchises wieder, den ich einst als junger Krieger erblickte, als er an Priamus' Seite durch Arkadien zog. Priamus befand sich damals auf der Fahrt gegen Salamis, dem Reich seiner Schwester Hesione. Zum Abschied verehrte mir dein Vater Köcher und Pfeile, ein golddurchwirktes Kriegsgewand und zwei vergoldete Zäume. Diese Gaben besitzt jetzt mein Sohn Pallas und hält sie hoch in Ehren. Niemals habe ich diesen edlen Gast vergessen, und darum biete ich dir meine Freundschaft an. Begib dich nach der etruskischen Stadt Agylla. Deren Bewohner vertrieben vor kurzem den grausamen König Mezentius, und da der Verjagte bei Turnus freundliche Aufnahme fand, herrscht nun Todfeindschaft zwischen Tuskern und Rutulern. Man wird dir in Agylla ein mächtiges Heer zur Verfügung stellen, und du wirst deine Sendung erfüllen dürfen, Äneas.« Hier hielt der Greis inne, und seine Blicke schienen sich in unendliche Fernen zu verlieren. Leise, mit seherischem Klang in der Stimme, fuhr er dann fort: »Diese Hütten werden mit den Jahren verschwinden, Wald wird über sie wachsen. Aus Pallanteum wird wieder Berg Palatinus, und hier, auf dieser Stelle, wird dann Rom emporwachsen, die Herrin der Welt.« Feierliches Schweigen folgte dieser Weissagung. Evander erhob sich und verließ wortlos die Hütte. Äneas und die Seinen streckten ihre müden Glieder auf den Fellagern zur Ruhe aus.

In dieser Nacht nun stieg der Gott Vulkanus, von den Bitten der Venus getrieben, in die Ätnakluft der Zyklopen, um selbst die Waffen für Äneas zu schmieden. Da er die donnernde Höhle betrat, die ganz von dem Widerschein der Feueressen flammte, schmiedeten die rußigen Zyklopen eben mit Hilfe ihrer unzähligen Knechte den Blitzstrahl; er war mit zwölf Zacken geziert, den drei Hagelspitzen, den drei Regenspitzen, den drei Glutspitzen und den drei Sturmwindspitzen, und die Gesellen mischten Donnergrollen und Entsetzen darunter. Anderwärts waren Schmiede dabei, für den Marswagen neue Räder zu fertigen und das Medusenhaupt auf dem Ägisschild der Minerva blank zu polieren.

»Weg mit allem«, rief Vulkanus, als er in die Höhle trat. »Wichtigeres gibt es jetzt zu tun. Für den tapfersten Mann wollen wir ein Kriegswerkzeug schmieden. Frisch an die Arbeit, ihr Zyklopen!« Bald floß das Erz in Bächen, in den Öfen zerschmolz der Stahl. Dort schoß der glühende Strom in runde Form; sieben Scheiben wurden so gemodelt, und diese abermals zur Weißglut gebracht und dann aufeinandergeschmiedet. So entstand der Schild des Äneas, berühmt über die Zeiten und von den Dichtern verherrlicht, denn die letzte Scheibe war mit kunstvollem Bildwerk verziert. Es stellte die Geschichte Roms dar, die damals noch im Schoße der Zukunft lag und nur den Göttern erschaubar war.

Am nächsten Morgen brach der Troerfürst auf, um nach Tuskien weiterzureisen. Welche Überraschung aber bereitete es ihm, als plötzlich vierhundert arkadische Reiter unter Führung des jugendlichen Helden Pallas einhersprengten, um sich der trojanischen Schar anzuschließen. Dies geschah auf Geheiß des Königs Evander, und Tränen standen Äneas in den Augen, als er, zum Dank für diese Unterstützung, seine Rechte in die Hand des Arkadierfürsten legte.

Auf einer Rast während der Marsches ruhte einmal Äneas abseits im Schatten eines Tannenbaumes. Diesen Augenblick benützte Venus, um zur Erde herniederzuschweben und sich ihrem Sohn in menschlicher Gestalt zu nahen. Sie legte ihm den Schild, Schwert und Helm zu Füßen, alles von Vulkanus und seinen riesenhaften Gehilfen geschmiedet. »Kind«, flüsterte die liebliche Göttin, »dies alles ist dein. Unzerbrechlich sind die Waffen, und mit ihnen wirst du Laurentum erobern.« Da aber Äneas sehnsüchtig die Arme ausstreckte, um seine Mutter zu umarmen, löste sich diese in Nebel auf und entschwand. Äneas betrachtete nun staunend die Bilder, deren Schönheit ihn berückte, deren Sinn er aber nicht begriff. Doch ahnte er wohl, daß hier die Geschichte des Reiches, das er gründen sollte, aufgeblättert war. Er nahm die Wehr mit heiligem Schauder auf und schloß sich wieder der Schar seiner Krieger an.

FEINDE VOR DEM LAGER

Während sich Äneas nun der Stadt Agylla näherte, erschien Juno dem Helden Turnus heimlich in der Nacht und flüsterte ihm ins Ohr, daß die Stunde des Handelns gekommen sei. Da Äneas sich nur mit einer kleinen Schar auf den Weg gemacht habe, würden die

Trojaner ohne ihren Anführer leicht überwältigt werden können. Turnus gab dem Heer Befehl, unverzüglich aufzubrechen. Er selbst eilte in heldischem Ungestüm, nur von einigen Freunden begleitet, seinen Kriegern zum trojanischen Lager voraus. Doch die Troer, von den Wächtern gewarnt, hatten sich rechtzeitig hinter die Mauern ihres Lagers zurückgezogen. Turnus ritt wutentbrannt rund um die Verschanzungen, um zu entdecken, ob es nicht doch einen versteckten und unbewachten Zugang in das Innere der Festung gäbe. So schnaubt ein Wolf die halbe Nacht vor dem Schafstall, ergrimmt von dem Blöken der Lämmer, die drinnen in Sicherheit sitzen! Endlich fiel sein Blick auf die Flotte, die vertäut in der Meeresbucht lag. »Ha«, schrie Turnus, »ich will euch Trojanern die Hoffnung versalzen, daß ihr zu guter Letzt doch noch Zuflucht auf euren Schiffen finden könnt.« Und da indes auch das Heer beim Lager eintraf, ließ Turnus allsogleich Feuerbrände auf die Barken schleudern. Unfehlbar wäre nun die Flotte der Trojaner verbrannt, wenn nicht ein Wunder die Zerstörung von ihr abgewandt hätte. Einst schon, als man aus den Ahorn- und Kiefernstämmen des Idagebirges die Flotte zimmerte, versprach Jupiter, die ausgedienten Schiffe, wenn sie Hesperiens Strand erreichten, von der sterblichen Form zu entbinden und als Meerjungfrauen weiterleben zu lassen. Dieses Wort ging jetzt in Erfüllung. Kaum waren die ersten Fackeln vom Ufer auf die Barken hinübergeflogen, verbreitete sich am Himmel ein Strahlengewölk, aus dem eine mächtige Stimme hervordrang. »Eher«, so rief der überirdische Mund, »wird Turnus das Meer in Flammen setzen als die Schiffe des Äneas. Darum, ihr herrlichen Fahrzeuge, schwimmt dahin als Nereiden, die lieblichen Nymphen des Meeres.« Nun wurde es auf den Planken plötzlich lebendig, unsichtbare Hände zerrissen die Haltetaue, und die Schiffe tauchten wie Delphine hinunter in die Flut. Da sie wieder an die Oberfläche des Wassers kamen, hatten sie die Gestalt schöner Jungfrauen angenommen. Bei dem Anblick des Wunders ergriff die Rutuler ein furchtbares Entsetzen. Doch Turnus beschwichtigte sie und versuchte ihnen weiszumachen, daß dieses Ereignis nicht für, sondern gegen die Troer zeuge. Denn nunmehr seien die Feinde des Rückwegs beraubt und endgültig zum Tode verurteilt.

Der Feldherr erwählte vierzehn Hauptleute und teilte jedem hundert Mann zu, die nachts die Wache halten sollten. Die andern lagerten sich an den Feuerstätten und ließen die Weinkrüge fröhlich kreisen. Von ihren Wällen aber blickten bewaffnete Trojaner in das feindliche Lager; Männer und Jünglinge wetteiferten im Wachdienst, die Sorge ließ keinen schlafen, und jedermann wünschte, Äneas möchte bald zurückkehren.

NISUS UND EURYALUS

Unter den scharfäugigen Wächtern der Umwallung befanden sich auch die beiden unzertrennlichen Freunde Nisus und Euryalus. Wo immer etwas geschah, was Mut und Tapferkeit erheischte, da standen die beiden allzeit in der vordersten Reihe: Sie waren tüchtige Speerwerfer und Pfeilschützen, windschnelle Läufer, verwegene Reiter und Schwimmer und erprobte Helden in jedem ernsten Männerkampf. Euryalus war noch sehr jung, kaum sproßte ihm der Bart um die Lippen; von allen Jünglingen im trojanischen Lager war er der schönste. Weit älter war Nisus, aber nie gab es eine innigere Freundschaft als zwischen den beiden. Sie teilten Freude und Leid, Brot und Wein miteinander, schliefen nachts auf einem Lager und stritten, wenn es zum Kampf kam, stets Seite an Seite.

So standen sie auch in dieser ersten Nacht der Belagerung beisammen als Wächter an einem der Tore, spähten in das Lager des Feindes und tauschten in flüsternder Rede ihre Gedanken aus.

»Sieh nur«, sagte Nisus, auf die sorglos ruhenden Rutuler deutend, »wie sie da, von Wein und Schlaf bezwungen, an den erloschenen Feuern liegen und friedlich schlummern! Es scheint, sie hegen nicht die mindeste Furcht vor uns, da wir ihnen doch so nahe sind. Wie, mein Freund? Mich empört diese Sorglosigkeit – halten diese übermütigen Rutuler uns denn für schwache Knaben oder für Feiglinge? Lange harre ich im Lager nicht mehr aus; mich treibt der Geist, etwas Großes zu unternehmen. Und weißt du, was ich tun möchte, Euryalus? Mir mitten durch die Feinde einen Weg bahnen und gegen Pallanteum ziehen, um unsern Fürsten Äneas, nach welchem alle Herzen verlangen, herbeizurufen. Du staunst, mein Freund? Oh, der Wunsch in mir drängt mit Macht zur Tat; Ich werde hingehen zu den Ältesten, die noch im Rat beisammensitzen, und ihnen mein Vorhaben melden.«

Sogleich wollte Nisus aufbrechen, aber sein junger Freund hielt ihn zurück und erklärte aufgebracht: »Wie, mein Getreuer, du wolltest in die Nacht hinausziehen und mich hier zurücklassen? Hältst du mich denn auf einmal für zu jung, um ein solches Wagnis mit dir zu teilen? Haben wir nicht bisher in jeder Not und Gefahr treu zusammengestanden? Du weißt, auch ich achte das Leben gering und gebe es gern dahin, wenn ich damit hohen Heldenruhm und unseres Volkes Heil und Glück erkaufen kann.«

Beide Hände des feurigen Jünglings ergriff da Nisus, drückte sie herzlich und sprach: »Wie magst du mich nur so mißverstehen! Wer kennt besser den hohen Sinn und die Tapferkeit meines Euryalus als ich? Und doch wünschte ich, du bliebest zurück. Wenn mich ein Unfall auf dem Wege träfe, der Tod mich dahinraffte, so würdest du meinen Leichnam zur Erde bestatten und an meinem Hügel das Totenopfer darbringen, auf daß meine Seele den Frieden in den dunkeln Gefilden am stygischen Strome fände. Und dann, mein Euryalus, wie könnte ich deiner treuen Mutter, die dich so liebt, den Schmerz bereiten und dich, den warmen Sonnenstrahl ihres Alters, der Einsamen entreißen? Habe ich nicht recht, mein Freund?«

»Nein!« rief der Jüngling mit Heftigkeit, »nein und tausendmal nein! Glaubst du, ich hielte es hier aus, wenn ich dich in der ungewissen Fremde, in Not und Gefahren wüßte? Der einzelne kann leicht unterliegen, stehen aber zwei Freunde treu beieinander, so schlägt wohl einer den andern heraus; auch ist jede Sorgenlast nur halb so schwer, wenn sie auf zwei Schultern verteilt wird. Ich gehe mit dir, sei es zum Ruhm, sei es in den Tod!«

»Mein Euryalus!« rief Nisus und umarmte und küßte den edlen Jüngling. Darauf vertrauten sie die Hut am Tore andern Kriegern an und begaben sich zur Ratsversammlung der Ältesten.

In der Mitte des Lagers standen, auf ihre Schilde gelehnt und gestützt auf ihre Speere, die Väter des Volkes mit Askanius und berieten über die Frage, auf welche Weise man dem Fürsten Äneas Botschaft senden könne. Da kamen Nisus und Euryalus herzu und ließen um Zutritt und Gehör bei der Versammlung bitten.

Askanius selbst eilte den beiden, vom ganzen Volke geliebten Freunden entgegen, führte sie in den Kreis der ehrwürdigen Männer und hieß Nisus, als den Älteren, reden. Mit Feuer und Klarheit trug der Tapfere seinen Plan vor, wie sie sich durch die schlafenden Feinde schleichen und dann durch Wälder, Täler und Berge ihren Weg verfolgen wollten nach Pallanteum, wo sie den Fürsten Äneas zu finden hofften.

Alle staunten ob der Treue und Kühnheit der jungen Männer, und der Greis Aletes legte beiden seine Hände auf die Schultern und sprach freudig bewegt: »Noch leben die alten Götter Trojas und wollen ihr Volk nicht verderben lassen! Die Zeugen dafür seid ihre, meine tapfern jungen Freunde! Dank gebührt euch im Namen dieser Versammlung und des ganzen Volkes! Unser Fürst Äneas wird dereinst eure Tat nach Verdienst belohnen, und sein Sohn Askanius, dessen Augen mit Wohlgefallen auf euch ruhen, wird euch selbst sagen, wie hoch er euer Vorhaben zu schätzen weiß.«

»Ja, wahrlich«, fiel nun Askanius glühenden Antlitzes ein, »euer Vorhaben, Freunde, erfüllt mein ganzes Herz mit Freude und inniger Dankbarkeit. Zieht hin und ruft meinen Vater herbei, uns alle verlangt herzlich, ihn wieder in unserer Mitte zu sehen. Ist er nur wieder unter uns, so schwinden Sorge und Angst, wie die Morgenwolken vergehen, wenn die Sonne strahlend emporsteigt. Reichen Lohn verheiße ich euch: Zwei silberne Becher, zwei eherne Dreifüße, zwei Talente Goldes und den schönen alten Krug, den einst die Königin Dido meinem Vater geschenkt hat, sollt ihr sogleich erhalten, viel mehr aber noch, wenn ihr wiederkehrt. Hast du den edlen thrakischen Schimmel gesehen, den Turnus reitet, Nisus? Der Hengst und die strahlende Rüstung des Rutulerfürsten seien dein, sobald wir die Feinde niedergeworfen haben. Du aber, Euryalus«, wandte er sich an den schönen Jüngling, »an Jahren und Mut mir gleich, sollst von nun an mein bester Freund sein.«

Er umarmte den kühnen jungen Helden, und Euryalus sprach: »Du wirst dich meiner Freundschaft nimmer zu schämen haben, Askanius. Nun weißt du, ich lasse hier im Lager meine Mutter zurück, die mich mehr liebt als ihr Leben. Sie stammt wie du aus dem Königshause des Priamus und hat um meinetwillen all die bittern Leiden jahrelanger Irrfahrten geduldig ertragen. Jetzt gehe ich von ihr – ohne Abschied, denn ihren Tränen und Bitten könnte ich nicht wiederstehen! Nimm du dich der Verlassenen an, Askanius! Führt unser Weg in den Tod, so tröste die Trauernde, sei eine Stütze ihres Alters und sorge für sie in solcher Treue und Liebe, daß sie ihren verlorenen Sohn niemals vermisse und beweine. Gelobst du mir solches, mein Freund?«

»Ja«, antwortete Askanius, »sie sei fortan auch *meine* Mutter, und alle Trojaner werden sie um ihres hochherzigen Sohnes willen lieben und ehren. Da, nimm dies Schwert, das mit seltener Kunst Meister Lykaon geschmiedet; es ist wert, von deiner Heldenhand geführt zu werden.«

Nisus erhielt ein kostbares Löwenfell um die Schultern, und der alte Aletes setzte ihm seinen goldenen Helm auf das Haupt. Darauf geleiteten alle die beiden Helden bis ans Tor, schüttelten ihnen zum Abschied die Hände und wünschten ihnen Glück auf den Weg.

Hinein ins Dunkel der Nacht gingen die Freunde und standen bald vor dem Lager des Feindes. Die Wachen schliefen, es schlief, wie es schien, das ganze feindliche Heer. Im Grase, auf und unter den Streitwagen, zwischen Pferdegeschirren, Rüstungen, Waffen aller Art und Weinkrügen lagen die Mannen, einzeln und in Gruppen, Herren und Knechte, weinberauscht in tiefem Schlaf, während die angekoppelten Rosse, mäßiger als die Reiter, munter im Grase weideten.

Nisus, der voranschritt, wandte sich um und sagte leise zu seinem jungen Freund: »Mitten hindurch geht unser Weg; bleib ein wenig zurück und gib acht, daß man uns nicht in den Rücken fällt, ich will indessen mit dem Schwert freie Bahn schaffen.« Vorne lag auf weichen Decken der stolze Rhamnes, als Seher von den Rutulern hochgeehrt und Freund des Turnus. Diesen mächtigen Mann erwählte Nisus zu seinem ersten Opfer, und ihm folgten alsbald seine drei Knechte, die bei dem Rüstzeug lagen, in den Tod. Immer weiter drang Nisus vor, würgend wie ein hungriger Löwe, der in eine Schafhürde eingebrochen ist.

Auch Euryalus stand nicht müßig: Hieb auf Hieb sauste herab, und jeder Streich tötete einen Mann. Alle fanden den Tod im Schlaf, nur einer nicht: der wackere Zecher Rhötus. Dieser erwachte, richtete sich halb auf und sah mit Grauen, was da geschah. Sprachlos, starr vor Schrecken, wollte er sich hinter einem Mischkrug verbergen, ehe er aber seine Absicht ausführen konnte, traf ihn die tödliche Klinge, und purpurrot verströmte der Quell seines Lebens.

Bis nahe an das Lager des Feldherrn Messapus drang der feurige Euryalus vor; da hielt Nisus ihn zurück und flüsterte ihm zu: »Genug, mein Freund! Schon dämmert das Zwielicht, die Schläfer fangen an sich zu regen, komm, laß uns eilen, solange es noch Zeit ist!«

Euryalus gehorchte nur widerwillig. Bevor er sich umwandte, hob er den blinkenden Helm des Feldherrn vom Boden auf und setzte das goldene Kleinod auf sein Haupt, nicht ahnend, daß dieser Raub ihm zum Verderben gereichen sollte. Leise schlichen die beiden darauf durch das Lager und gelangten unbemerkt ins Freie. Schon wähnten sie sich sicher und gingen plaudernd ihres Weges, als plötzlich eine Reiterschar ihnen entgegenkam. Unheimlich blinkten die Rüstungen im Morgengrauen, und den beiden Wanderern schlug das Herz in leisem Bangen, denn sie wußten nicht, was sie von dem Troß halten sollten – waren es Feinde oder Freunde? – Kam dort vielleicht Äneas mit einem Hilfsheer geritten? Dann wehe den Rutulern! –

Es waren aber nicht Freunde, sondern Latiner, von dem Feldherrn Volszens geführt, die sich zu Turnus begeben wollten. Der goldene Helm auf Euryalus' Haupt gab lichten Schein; die vordersten Reiter stutzten bei seinem Gefunkel, spähten scharf aus und wurden dann auch der beiden bewaffneten Wanderer gewahr.

»Heda!« rief Volszens mit lauter Stimme, »ihr Männer unter Helmen, wohin eilet ihr in der dämmernden Morgenfrühe?«

Aber die beiden antworteten nicht, sondern schlugen sich hastig in den Wald. »Verdächtige Schleicher!« stieß der Latiner unwirsch hervor und gab seinen Reitern alsbald den Befehl, das Gehölz zu umzingeln. Nächtiges Dunkel herrschte unter den dichten Eichen, kein Pfad war zu finden, und die Freunde verloren einander aus den Augen. Nisus gelangte glücklich ins Freie. Da fiel ihm plötzlich der Gedanke an seinen jungen Freund schwer aufs Herz; er blieb stehen, blickte um sich und rief wehklagend: »Euryalus, wo bleibst du nur, warum kommst du nicht, um mit mir den Feinden zu entfliehen? Ohne dich kann ich nicht von hinnen eilen, wenngleich Tod und Leben auf dem Spiele stehen.«

Nisus kehrte zurück in den Wald, um den Freund zu suchen. Da vernahm er Geschrei und Rossegestampfe. Ein Reiterhaufen kam heran, den gefangenen Euryalus mit sich führend. Nisus stockte das Herz vor Schrecken; kaum vermochte er in das Dickicht zu treten, um sich den Augen der Feinde zu entziehen. Was konnte er tun, um den Freund zu retten? – Zu den Göttern flehte er um Rat und Hilfe in der schweren Not; dann hob er seinen Speer, hielt ihn einen Augenblick in der Schwebe und schleuderte hierauf das Geschoß mit solcher Kraft, daß es dem Mann, der Euryalus festhielt, tief in den Rükken drang.

Ein Wutgeschrei erscholl, und erschrocken blickten die Feinde in die Runde. »Woher kam der Wurf?« fragte Volszens und suchte mit den Augen den unsichtbaren Speerschleuderer. Da sauste wieder eine Lanze durch die Luft heran und traf mit zerschmetternder Wucht einen anderen Krieger an der Schläfe, daß er lautlos zu Boden sank.

Außer sich geriet nun Volszens, er hob sein Schwert, drang auf den gefesselten Euryalus ein und knirschte: »Mit deinem Blute sollst du für beide büßen!«

Ein Schrei des Entsetzens scholl aus dem Dickicht, die Gebüsche teilten sich. Hervor aus seinem Versteck stürzte Nisus und schrie: »Halt ein! Halt ein! Hier ist der Täter! Auf mich richte dein Schwert! Jener ist unschuldig! Ich habe ihn verführt! Bei den ewigen Göttern, ich allein bin der Schuldige!«

Es war zu spät. Das Schwert des Volszens hatte schon sein blutiges Werk vollbracht: zu Tode getroffen, sank Euryalus zu Boden, wie eine Purpurblume, vom scharfen Pfluge durchschnitten, dahinsinkt oder wie der Mohn, vom Wettersturm geknickt, sein blühendes Haupt zur Erde neigt.

Als Nisus das sah, bahnte er sich wie ein Rasender seinen Weg, stürzte sich mit einem wilden Schrei auf den Feldherrn, der sterbend vom Pferd fiel. Dann warf sich Nisus weinend über den Leichnam seines geliebten Freundes und empfing, von zehn Speeren durchbohrt, wehrlos den Tod. – –

Bald verbreitete sich im Lager der Trojaner die Schreckenskunde von dem Fall der beiden Freunde. Man wollte dem schlimmen Gerücht keinen Glauben schenken, weil es aus Feindesmund stammte, aber bald konnte sich jeder, der Augen hatte zu sehen, von der furchtbaren Wahrheit überzeugen. Denn was taten die Rutuler in ihrer grausamen Rachsucht? Sie steckten die abgeschlagenen Häupter der beiden Unglücklichen auf hohe Stangen, richteten diese nahe vor dem Wall auf und riefen voll Spott und Hohn:

»Seht da eure Kundschafter, Trojaner! So wird es jedem von euch ergehen, der seinen Fuß auf latinischen Boden setzt!«

Da erhob sich ein lautes Weinen und Klagen um die beiden Erschlagenen, und die Namen Nisus und Euryalus waren in aller Munde. Auch an das Ohr der Mutter des schönen toten Jünglings klang der Name ihres Sohnes, und die alte Frau, die vor dem Webstuhl saß, zitterte so heftig, daß ihrer Hand das Schiffchen entfiel und alles Blut aus ihrem Angesicht entfloh. »Euryalus tot?« stöhnte sie aufschluchzend und verfiel in ein Weinen und Jammern und Wehklagen, daß alle, die es hörten, tief erschüttert wurden. Dann raffte sie sich auf, schwankte durch das Lager nach dem Wall, drängte sich durch die Haufen der Krieger und starrte eine Weile in sprachlosem Entsetzen in das schrecklich entstellte Antlitz ihres Sohnes. Endlich fand sie die Sprache wieder und fragte mit Schaudern: »So sehe ich dich wieder, mein Euryalus? O du, wie konntest du doch deine Mutter ohne ein Abschiedswort verlassen und in solche Gefahr gehen? Wehe! Wehe! Wehe! – Den latinischen Hunden und Vögeln zum Raube liegt nun dein junger Leib da draußen in der Sonne! Wo soll ich ihn suchen, wer geleitet mich durch die Speere der Feinde, daß ich meinen Sohn begrabe? O habt Erbarmen, ihr Männer, und durchbohret mein blutendes Herz mit euern Schwertern! Ihr grimmen Feinde da draußen, auf mich richtet eure Geschosse, auf mich! – Oder du, unsterblicher Vater droben, erbarme dich meiner, schleudere deinen Blitz und zerschmettere mir das Haupt, wie soll ich denn die Qual dieses Lebens länger ertragen!«

Freunde und Feinde standen erschüttert bei dem Wehklagen der unglücklichen Mutter; Askanius weinte und fand keine Worte, die Ärmste zu trösten. Endlich nahten sich ihr zwei alte Krieger, faßten sie an den Armen und führten sie von dem Walle hinunter in ihre Behausung. –

STURM AUF DIE SCHANZEN

Schmetternd ertönten jetzt die Trompeten der Rutuler. Die Trojaner aber sandten ein Gebet hinauf zur Göttin Luna, der milden Regentin der nächtlichen Wälder und des freundlichen Mondes, dessen blasse Sichel eben über die im Abenddämmer versinkenden Haine emporstieg. Von allen Seiten nun stürmten die Feinde an und versuchten, gedeckt unter den Schilddächern, da die Mauern einzureißen, dort die Wälle zu erklimmen. Doch die Troer, vom zehntägigen Ringen um ihre Heimatstadt im Belagerungskampf wohlgeübt, wußten sich der Angreifer zu erwehren. Sie schleuderten Steine von den Zinnen der Türme und den Mauerkränzen herab, darunter mischten sie die Hagelwolken der Pfeile. Turnus sah ein, daß er so nicht ans Ziel gelangen würde; er vereinigte alle seine Kräfte zum Ansturm auf einen Turm, der durch eine freischwebende Brücke in Verbindung mit den Hauptanlagen stand. Brandfackeln flogen hinauf zu den Bohlen des Steges, und schnell züngelte das Feuer am Turmgebälk hoch. Im wüsten Kampflärm merkten die Verteidiger nicht, wie die Brücke in ihrem Rücken krachend in die Tiefe sank. Askanius schrie in großer Herzensnot auf, als er seine Freunde auf dem Vorwerk verlorengeben mußte. Bald darauf brach der Turm auch wirklich zusammen, die Rutuler schwangen sich auf den Trümmerhaufen und machten die Helden aus Ilion, die sich aus dem Gewirr der Gesteinsbrocken und Balken befreien wollten, allesamt nieder.

Der Erfolg steigerte die Mordlust der Rutuler. Sie rasten wieder das große Lagertor an, und da faßten Pandarus und Bitias, zwei riesige Brüder aus des Teukros Geschlecht, den unheilvollen Entschluß, die Türflügel zu öffnen, um Gelegenheit zu einem Zweikampf Mann gegen Mann zu bekommen. Als das Tor knarrend aufging, dachten die Rutuler an eine List und drängten nur vorsichtig in das Lager. So sanken ihrer ein halbes Dutzend unter den Hieben der Riesen dahin. Aber angestachelt vom Tod ihrer Freunde, schwärmten dann Rutuler zuhauf durch die aufklaffende Pforte. Turnus, der an einer anderen Stelle focht, gewahrte die Wendung, die der Kampf nahm, und stürzte herbei.

Die beiden Jünglinge begannen unter dem übermächtigen Druck der in das Lager eindringenden Scharen zurückzuweichen. Ihre Freunde kamen ihnen zu Hilfe, doch vergebens. Denn Turnus schleuderte nun mit nie fehlender Hand seine erste Lanze. Sie durchbohrte den unglückseligen Bitias, und das Blut sprudelte gleich einem Springquell aus der Todeswunde hervor. Über der Leiche schloß sich die trojanische Kampflinie, doch gräßlich wütete jetzt Turnus unter den Troern. Er hieb sich mit Lanze und Schwert durch die feindliche Phalanx eine Gasse, durch die er mit den Seinen bis in die Mitte des Lagers stürmte. Neue rutulische Scharen aber stauten sich bereits vor dem Tor, um sich durch die Pforte in die

Festung zu zwängen und den Kampf zu entscheiden. Ilion schien zum zweitenmal dem Untergang geweiht. In dieser höchsten Not vollbrachte Panduras die rettende Tat. Er warf sich mit unwiderstehlicher Gewalt durch die Masse der Feinde zum Tor hin, riß es zurück in den Angeln, stemmte seinen Hünenleib gegen die Bohlen und drückte die außen anstürmenden Rutuler mit einem einzigen Schwung in den Graben. Dann wandte sich der Riese mit schweißüberströmtem Antlitz wieder zu Turnus' Schar hin. Da er die Rutuler nun von dem Hauptheer abgeschnitten hatte, wollte er sie vernichten. Er schleuderte einen vom Boden aufgenommenen Speer auf den rutulischen Fürsten, und Turnus wäre des Todes gewesen, wenn nicht Juno das Geschoß abgelenkt hätte. So mußte Panduras seinem Bruder ins Totenreich folgen. Turnus bäumte sich wütend auf und schwang drohend sein Schwert. »Diesem Streich wirst du nicht entfliehen«, schrie er und spaltete dem Heldenjüngling das Haupt.

Turnus raste weiter. Noch erkannte er nicht, daß er von seinen Männern, die vor der Festung standen, getrennt war. Sein Stahl veranstaltete ein blutiges Gemetzel unter den Trojanern, und so entzogen sich diese dem Schwertkampf. Sie versuchten jetzt aus der Entfernung den Königssproß aus Ardea mit Lanzenwürfen zu überwältigen. Doch Junos Hand lag schützend über Turnus. Endlich ermaß er die Gefahr, in der er schwebte. »Ich danke dir, hehre Göttermutter«, so flüsterte er, »aber ich will nun deine Gunst nicht mehr länger mißbrauchen. Es wird Zeit, daß ich das Gefecht beende. Der Rückweg ist mir versperrt, doch vor mir liegt der Tiberstrom, ihm will ich mir anvertrauen.« Dort, wo sich das trojanische Lager nämlich an den Fluß anlehnte, hatte man auf den Bau von Verschanzungen verzichtet, und so vermochte sich Turnus mit wuchtigen Schwertstreichen bis zu den Sandbänken des Stromes durchzuarbeiten. Unaufhörlich flogen ihm die Geschosse nach, und sein Schild hing ihm, beschwert von den Spießen, die darin steckten, wie eine Bleilast von der Linken. Der Rutuler warf sich in voller Rüstung in die Wogen, diese nahmen ihn willig auf und trugen ihn bis zum Lager der Seinen. Die Nacht brach vollends herein, und der Mond schien auf die Toten der ersten Schlacht in Latium ...

ÄNEAS KEHRT ZURÜCK

Indes erging es Äneas in der tuskischen Stadt Agylla, so wie es König Evander geweissagt hatte. Der Troerfürst wurde von den Etruskern in Ehren aufgenommen und ihm alle nur erdenkliche Hilfe zugesagt. Die zwölf Bundesstädte Etruriens stellten Streitscharen, und jene von ihnen, die am Meer lagen, fügten eine Flotte von dreißig Schiffen hinzu, auf der alle Verstärkungen für die Trojaner in See stachen mit Ausnahme der Reiter, die den Landweg einschlugen.

Als Äneas in der Nacht am Steuer der Kommandobark saß, umringte diese mit einemmal eine Schar auf den Wellen tanzender Nymphen. Die Beredtste von ihnen rief dem Helden zu: »Wir sind die Bäume vom Idagebirge, deine treuen Schiffe, jetzt durch der Götter Erbarmen den Feuerbränden der Rutuler entzogen und in Nereiden verwandelt.« Der Held am Steuer erschrak, denn er ahnte, daß der Kampf eröffnet sei und seine Gefährten in großer Gefahr schwebten. Voll banger Sorge fragte er: »Sagt, meine treuen Schiffe, ist auch das zweite Troja bereits verloren?« Die Nereiden schwammen dicht an die Barken heran und beschleunigten ihre Fahrt mit kräftigen Stößen. Dann ergriff jene, die schon vorhin gesprochen hatte, wieder das Wort: »Noch ist es nicht zu spät. Doch eile, Held Äneas! Wenn der Tag anbricht, sollst du in der Tibermündung stehen. Dann strecke den Goldschild, den dir Vulkanus verfertigt hat, dem Lager entgegen. Das wird dir den Sieg verleihn.«

Als hätten sie Flügel, so jagten die Schiffe nun dahin, und mit dem ersten Morgenlicht fuhren sie wirklich in die Tibermündung ein. Äneas befolgte den Rat der Nymphe und hielt, auf dem Verdeck stehend, den flammenden Schild hoch in die Lüfte. Wie eine Sonne, die aus den Fluten taucht, erschien Äneas den Trojanern, die am Ufer zusammenliefen und ein lautes Jubelgeschrei erhoben. Furchtbar erschraken aber die Rutuler, als sie die Meeresbucht und die breite Mündung von schwellenden Segeln erfüllt sahen. Ihnen dünkte der strahlende Held auf dem hochbordigen Schiff wie ein blutigroter Komet des Untergangs. Dennoch – der Mut verließ den tollkühnen Turnus nicht. »Schlagt sie zusammen, während sie sich ausschiffen«, so rief er, »dann werden ihre im Wasser watenden Beine schwanken und ihre Waffen nicht bereit sein.« Die Rutuler gehorchten dem Befehl und liefen zum Strand hin. Die etruskischen Schiffspatrone taten nun freilich Turnus nicht den Gefallen, im knietiefen Brackwasser zu landen, wie es sonst wohl der Brauch war. Sie sagten: »Wenn die Krieger sofort aufs Trockene gelangen und sich zum Kampf bereit machen können, lassen wir die Barken dafür gerne in Brüche gehen.« Sie erspähten mit geübtem Blick eine Stelle, wo die Kiele im Küstengeröll weit hineinzufurchen vermochten. Darauf hielten sie das Steuer zu, indes sie die Ruder auf höchsten Schlag bringen ließen. Das Manöver gelang. Kaum fuhren die Schiffe auf Grund, schwangen sich auch schon die Troer und ihre Bundesgenossen dicht gedrängt von Bord und ordneten sich am Ufer zum Streit.

Nun keuchten die durch die plötzliche Wendung der Flotte genarrten Rutuler herbei, und der Kampf entbrannte. Mann drängte gegen Mann, und lange schwankte die Schlacht. Seitwärts vom Hauptschauplatz des Gefechts kämpften die Arkader unter Führung des jungen Pallas, König Evanders Sohn. Plötzlich erspähte der kühne Streiter im dichten Schlachtengewühl Lausus, den Sproß des verjagten Etruskerherrschers Mezentius und ein Heldenjüngling wie er. Pallas forderte Lausus zum Einzelkampf auf. Keiner der beiden jungen Männer sollte jedoch von des anderen Hand fallen, sie wurden vom Schicksal zur Beute Größerer bestimmt: des Turnus und des Äneas.

Turnus, der das Heer mit seinem Streitwagen durchflog, erblickte das Paar, wie es eben mit wildem Grimm aufeinander losging. »Halt«, donnerte er, »Pallas ist mir verfallen. Oh, möchte doch jetzt Evander zusehen, wie es seinem Söhnchen ergeht.« Der Arkader nahm furchtlos die Herausforderung an. Er rannte, den Speer in der Faust, auf den eben vom Streitwagen springenden Turnus zu und schleuderte die Waffe, als er in Wurfnähe heran war. Die gut gezielte Lanze durchschlug den Schild, wurde aber von der Kraft des Erzes abgelenkt und strich am Leib des Turnus vorbei. Jetzt kam die Reihe an den riesenhaften Rutuler. Er wog den mächtigen Spieß lange in der Hand und sprach: »Nun will ich sehen, ob mein Geschoß nicht besser trifft.« Nach diesen Worten bog er sich weit zurück, schnellte dann vorwärts und entließ den Speer seiner Hand. Mit ungestümer Wucht brach dieser durch Schild und Panzer des Pallas und blieb mitten in dessen Herzen stecken.

Der Jüngling vermochte nur noch das Eisen aus der warmen Wunde zu ziehen; kurz darauf hauchte er sein Leben aus. Die Arkader stöhnten in lautem Wehklagen auf. Turnus wandte sich ihnen, die wie gelähmt umherstanden, zu und sagte: »Ich verweigere dem Jüngling das Grab nicht. Tragt ihn hinweg, und ich will Befehl geben, daß der Trauerzug unbehelligt bleibt.«

Die Kunde von den furchtbaren Ereignissen weitab am Flügel des Heeres drang nun an Äneas' Ohr. Der Schmerz um Pallas verdoppelte seine Kraft. Und mit größerer Erbitterung als zuvor drang er auf seine Feinde ein.

MEZENTIUS UND LAUSUS FINDEN DEN TOD

Nun endlich schien sich das Schlachtenglück zu wenden. Einzelne Haufen der Rutuler lösten sich schon da und dort auf, und drohend zog sich das Gewölk der Vernichtung über dem Haupt von Junos Liebling zusammen. Die Göttermutter vermochte das nicht zu ertragen, und sie erbat sich von Jupiter die Erlaubnis, Turnus aus der Gewalt Äneas zu erretten. Nachdem diese gewährt war, griff sie aus dem Himmelsgewölk einen Nebelstreif heraus und formte ihn zu einem Schattenbild des trojanischen Führers das zwar zu schreiten und auch zu kämpfen vermochte, aber keine Seele und keine Stimme besaß. Dann sandte sie den Trug-Äneas zur Tiefe, wo er sich sofort unter die Kämpfenden mischte. Juno fügte es weiter, daß Turnus dem Schatten gegenübertrat. Das Herz des Rutulerfürsten schlug in wildem Grimm. Er schwang die Lanze über dem Kopf und warf sie mit der ganzen geballten Kraft seines Riesenleibes auf den vermeintlichen Feind. Sie flog haarscharf an dem Wesenlosen vorbei. Da wandte sich dieser zur Flucht, dem Helden aus Ardea den Rücken kehrend. Eine Flut von Hohn und Beschimpfungen sprudelte über Turnus' Lippen, und unverzüglich begann er die Verfolgung. Die Jagd ging gegen den Strand zu, der Schatten eilte hurtig voraus wie eine vom Sturmwind gepeitschte Wolke, der Rutuler kam mit gezücktem Schwert hinterdrein. Der Trug-Äneas huschte über den Laufsteg hinweg und verbarg sich im äußersten Winkel eines der Schiffe. Turnus sprang ihm mit einem riesigen Satz an Bord nach, doch in diesem Augenblick riß die

Vertäuung, und die Barke schaukelte hinaus auf die offene See. Turnus tobte fluchend über die Planken, doch er vermochte den Flüchtling nicht aufzufinden: längst hatte sich dieser nämlich wieder zu einer Wolke verflüchtigt, die als Wasserdampf zum Himmel aufstieg, von wo sie gekommen war. Turnus aber, da seine Suche vergeblich blieb, sprang in die Flut, um auf den Kampfschauplatz zurückzukehren. Doch die Wogen widersetzten sich dem Schwimmer und rissen ihn hinab bis nach dem Hafen von Ardea, der Hauptstadt Rutuliens. Also gelang es der Göttermutter, ihren Liebling dem sicheren Verderben zu entziehen.

Indes befand sich der Äneas aus Fleisch und Blut mitten im Kampfgewühl und forderte seinen Todfeind vor die Klinge. Doch Turnus ließ sich nicht blicken. Schon schien die Niederlage der Rutuler besiegelt, als ihnen unverhoffte Hilfe wurde. Mezentius, der vertriebene Tuskerkönig von Agylla, sprengte mit einem Heerhaufen heran und warf sich in die Schlacht. Die vom langen Streit schon ermüdeten Scharen des Äneas begannen schrittweise zu weichen. Mezentius erkannte seinen Vorteil und drang in die Reihen der Trojaner ein. Tot sanken die Krieger vor ihm nach rechts und nach links, und durch die leichengesäumte Straße schritt der tuskische Tyrann einher, furchtbar anzuschauen in seiner mächtigen Gestalt, seinem wutverzerrten Gesicht, seinen erzschimmernden Waffen. Da ward Äneas, der inzwischen auf einer anderen Seite der Schlacht gekämpft hatte, des neuen Gegners gewahr und wandte sich gegen ihn. Mezentius aber winkte nun seinen Sohn Lausus heran und rief: »Ich werde jetzt, bei den Göttern, Äneas zum Orkus schicken, du aber sollst seine Rüstung bekommen.« Damit warf er den zischenden Wurfspieß nach dem Troerfürsten, doch des Vulkanus Wunderschild wehrte ihn ab, wie ein Rind durch ein Zucken seiner Hautfalten eine lästige Fliege wegzuscheuchen vermag. In raschem Lauf ließ nun Äneas seine Lanze durch die Luft sausen, sie durchschlug spielend die Wehr des Tuskerkönigs, die freilich nur aus drei aufeinandergeschmiedeten Scheiben bestand. Die eisengespitzte Stange durchbohrte die Hüfte, und Mezentius sank laut ächzend zu Boden. Seinem Sohn Lausus rollten die Tränen über die Wangen, als er den Vater so schwerverwundet niederbrechen sah, und er warf sich mit gezogenem Schwert auf Äneas. Seine Genossen folgten ihm mit wildem Geschrei und schleuderten ihre Lanzen, so daß

Äneas von Mezentius ablassen und sich mit seiner Wehr decken mußte. »Wahnsinniger«, schrie der Troer seinem heranstürmenden Gegner zu, »willst du so jung schon sterben? Ich achte deine Vaterliebe, doch ich warne dich: sie übersteigt deine Kräfte!« Der verblendete Lausus hörte nicht und rannte in blinder Wut in das vorgestreckte Schwert des Äneas. Der Stahl bohrte sich in seine Brust, und der hervorbrechende Blutstrahl verwandelte in dunkles Rot die goldenen Fäden, die eine zärtliche Mutter in das Wams des Jünglings gewoben hatte. Als Lausus tot vor ihm lag, flüsterte Äneas, von tiefer Rührung überwältigt: »Wie du bist, in Rüstung und Goldhemd, so soll man dich bestatten, armes Kind.«

Der verwundete Mezentius schleppte sich indes zum Tiberstrom. Er lagerte sich erschöpft unter einer Weide und jammerte um seinen Sohn. »Oh«, klagte er, »ich fürchte, daß mein Kind den furchtbaren Feind nicht bestehen wird. O armer Lausus, und Weh über dich, unglückselige Mutter!« Da nahte sich auch schon eine trauernde Schar, die den entseelten Jüngling auf ihren Schilden einhertrug. Der König seufzte in tiefer Qual auf und bat, auf ein Streitroß gehoben zu werden. Ungeachtet der Schmerzen zwängte er seinen wunden Leib in die Rüstung, und so trugen ihn Rachedurst, Mut und Wahnsinn noch einmal in die Schlacht.

»Dank sei Jupiter«, rief Äneas, als er sah, daß Mezentius den Zweikampf wieder aufnahm. Die Größe der Stunde gab dem Tusker die alten Kräfte zurück. Wurfspeer um Wurfspeer – wenn der eine verschleudert war, ließ er sich den nächsten von den Knechten reichen – sandte er dem anreitenden Äneas entgegen. Doch der Goldschild spottete aller Geschosse. Der Verwundete ließ nicht locker. Er spornte seinen Renner und umkreiste dreimal seinen Gegner, jetzt aus allen Lagen die Lanzen auf Äneas schleudernd. Alles vergeblich! Der Troerfürst folgte blitzschnell den Bewegungen seines Feindes, und immer lag des Vulkanus Wehr schützend vor seiner Brust, wenn ein neues Geschoß herankam. Dann, im ersten Gegenangriff schon, gelang es dem Troerfürsten, seinen Speer dem tuskischen Streitroß in den Leib zu bohren. Hoch bäumte sich das Tier auf, schüttelte den Reiter ab und brach dann verendend in den Fesseln zusammen. Äneas stürmte auf den am Rücken liegenden Mezentius zu, um ihm den Gnadenstoß zu geben. Da reckte dieser die Hände flehend empor und bat: »Ehe ich sterbe, gewähre mir eine Gnade, du stolzer Sieger. Versprich mir, daß du mich auf latinischem Boden neben meinem Sohn begräbst. Hier können wir in Ruhe schlafen, daheim in Agylla würden die Tusker noch die Gebeine des Tyrannen ausscharren und in die Winde zerstreuen.«

WAFFENSTILLSTAND

Nun räumten die Rutuler und ihre Hilfsscharen endgültig das Feld. Äneas hatte einen gewaltigen Sieg errungen. Über dem weithin mit den Leichen der Gefallenen bedeckten Schlachtfeld ging die Sonne unter. Die Trojaner warfen sich auf den Boden, um im Schlaf ihre Glieder zu stärken. Mit der ersten Morgenfrühe aber schickten sie sich an, ihren Sieg zu feiern. Auf einem aus Feldsteinen geschlichteten Altar weihte Äneas im Brandrauch eines großen Dankopfers die Rüstung des Mezentius den Göttern. Darnach begab er sich zu der Totenbahre, auf die man den unglückseligen Jüngling Pallas gebettet hatte. Tränen strömten aus den Augen des Troerfürsten, der den Helden beklagte: »Armer Knabe, daß ich dir keine bessere Gabe für dein ruhmvolles Kämpfen bringen durfte als den Tod! Wie du daliegst, gleich einer welken Blume, mit dem letzten Schimmer von Schönheit und Jugend auf den Wangen! Nun sollst du in das Vaterhaus heimkehren!« Dann befahl Äneas, die Leiche des Knaben durch ein Ehrengeleit von tuskischen und arkadischen Kriegern nach Pallanteum zu bringen.

Indes erschienen Gesandte aus der Stadt des Latinus und baten um die Erlaubnis, die Leiber der Ihren bestatten zu dürfen. Äneas erwiderte ihnen huldvoll: »Welche Verblendung, ihr Latiner, hat euch unsere Freundschaft verschmähen lassen und euch in den großen Krieg verwickelt? Frieden wollt ihr für die Toten? Wie gerne gewährte ich ihn den Lebenden! Und so biete ich, um weiteres Gemetzel zu verhindern, Turnus den Einzelkampf an. Dieser möge entscheiden, ob wir Trojaner in Latium bleiben dürfen oder weiter ruhelos über Länder und Meere wandern müssen.«

Gerührt von diesen Worten, versprachen die Gesandten alles aufzubieten, um König Latinus mit Äneas zu versöhnen.

Tiefste Betrübnis aber erfaßte Laurentum. Trauernde Mütter, Witwen, vaterlose Kinder irrten in der Stadt umher und verwünschten den Krieg und das Ehegelöbnis des Turnus. Der stolze Rutuler allein ließ sich vom Unglück nicht beugen. Aus Ardea, wo ihn die Meereswoge an Land gespült hatte, brachte er neue Streiter nach Laurentum und verstärkte ihre Reihen durch latinische Männer. Zudem waren seine Boten nach dem südlichen Italien unterwegs, wo der Griechenkönig Diomedes regierte. Bei ihm nämlich hoffte er Hilfe zu finden.

Mitten hinein in die neuen Kriegsvorbereitungen kam die Nachricht, daß Diomedes es ablehne, Turnus wider die Troer zu unterstützen. Dies löste großes Entsetzen im Volk der Latiner aus. Die Menge drängte sich auf dem Markt, wo König Latinus Platz auf dem hohen Thronstuhl nahm, um sich dem Begehren der Versammlung zu stellen. Wie das Tosen des Gießbaches schlug das Murren des Volkes an des Herrschers Ohr. Was habe man von der Fortsetzung des Kampfes, so begehrte es auf, nachdem nun die erwartete Hilfe der Griechen ausgeblieben sei? Da schwang sich Turnus auf einen steinernen Sockel, und im Anblick der herrlichen Heldengestalt verstummten die Klagen und der Ruf nach dem Frieden. »Was sollen die Worte«, so rief er, »wenn die Zeit nach Waffen verlangt. Äneas hat mich herausgefordert, ihm werde ich mich stellen. Bis zu dieser Entscheidung bitte ich um unserer aller Ehre willen: schart euch um mich!«

Von des Turnus Zunge sprang der Feuerfunke in die Herzen der Latiner und ihrer Bundesgenossen. Doch nun erhob sich der greise König, und warnend ertönte seine Stimme: »Wir rüsten uns zu einem Kampf gegen unbezwingliche Männer, gegen ein Göttergeschlecht. Darum beherzigt, was ich euch sage. Nicht fern vom Tiber besitze ich ein liebliches und fruchtbares Land, von dunklen Fichtenwäldern umschlossen. Dies will ich den Trojanern überlassen, damit sie sich dort ihre zweite Heimat erbauen.«

Widerspruch brandete auf. Da meldeten sich die einen und meinten, man müsse zu diesem Land noch die Hand der Jungfrau Lavinia dareingeben, auf daß man Frieden mit den Troern bekomme; da begehrten die andern nach der blutigen Entscheidung. Wie es in der Volksversammlung so brodelte und kochte, stürzten plötzlich Boten durch das Stadttor und kündeten, daß Äneas von seinem Lager aufgebrochen sei und sich auf dem Weg nach Laurentum befinde. Da stoben die Menschen auseinander, die Befehle des

Turnus jagten die Verteidiger auf die Mauern, die Drommeten dröhnten, und der Krieg begann abermals sein furchtbar-gewaltiges Lied zu singen.

DIE SCHLACHT VOR DER STADT

Während die Königin Amata und ihre schöne Tochter Lavinia, die Ursache so vielen Leides, sich nach dem Tempel der Minerva begaben, um den Segen des Himmels für die Waffen der Ihren zu erflehen, gürtete sich Turnus eilends zum Kampf. Bald starrte er im schuppigen Erzpanzer, dazu legte er sich die goldenen Beinschienen an, und auf das Haupt drückte er den schimmernden, federbuschüberwehten Helm. Dann stürmte er hinaus zu den Verschanzungen. Unter der Mauer traf er auf die Königin Kamilla, die an der Spitze einer volskischen Reiterschar einhertrabte. Als sie den Helden erblickte, schwang sich die jungfräuliche Herrscherin aus dem Sattel, und ihr folgten alle Krieger. Dann sprach sie zu dem Rutulerfürsten: »Sei gegrüßt, edler Held, und vernimm die Nachricht: Späher erkundeten, daß Äneas mit einem großen Heerhaufen über ein Gebirge gegen Laurentum marschiert. Dort findest du Gelegenheit, den Troerfürsten in einem Hohlweg zu umstellen. Ich will indes allein mich dem Ansturm der Reiterei entgegenwerfen, die Äneas aus trojanischen Männern und ihrer tuskischen Genossen gebildet hat.« Turnus verneigte sich ehrfürchtig und erwiderte: »Solcher Rat und solcher Mut erheben dich hoch über dein Geschlecht. Frohen Herzens vertraue ich dir den Oberbefehl über die Stadt an, während ich selbst mich nach den Bergen wende, um endlich den verhaßten Anführer der Feinde vor mein Schwert zu bekommen.«

Nach diesen Anordnungen zog Turnus mit dem Fußvolk ab. Durch das Tor aber brausten unter Kamillas Führung die volskischen Reiterscharen. Ferne Staubwolken kündeten das Nahen der Gegner. Wie ein Sturmwind rasten nun die beiden Heere aufeinander zu. Furchtbar war der Zusammenprall. Mitten in dem Morden frohlockte, einer Amazone gleich, leichtgekleidet und aufgeschürzt, die Volskerin Kamilla, sandte bald Pfeile vom Bogen, bald schlanke Lanzen mit der Hand, dann wieder griff sie zur Streitaxt, und auf ihrer Schulter klirrte der goldene Köcher. Ein auserlesenes Gefolge von Begleiterinnen umgab sie, und die streitbaren Mädchen wüteten gleich düsteren Botinnen des Todes unter den Feinden. Die Schlacht wogte hin und wider. Auf den höhnischen Zuruf eines Tuskers an die volskische Reiterführerin, sie möge doch einmal des flüchtigen Renners entsagen und sich auf festem Boden zum Zweikampf stellen, schwang sich Kamilla vom Rücken ihres Pferdes. Der zweifelhafte Held, der vorsichtshalber nicht abgesessen war, suchte sein Heil in der Flucht. Kamilla setzte ihm mit schnellen Sohlen nach, griff kühn in die Zügel des dahinrasenden Rosses und stieß dem Herausforderer von vorne das Schwert in die Brust. Siegesjubel aus den Kehlen der Volsker belohnte diese mutige Tat.

Doch auch Kamilla fand ihren Bezwinger. Der etruskische Held Arruns schwärmte mit seinem Speer um die Amazone herum und wich ihr nicht von der Seite, nach welcher Stelle des Gefechts sie ihre Kampfeswut auch führte. Die Jungfrau achtete nicht darauf, sondern suchte sich neue Opfer im Gewühl. Unberechenbar wie die Zacken eines Blitzes waren ihre Bewegungen, so daß der Verfolger lange nicht zum Lanzenwurf kam. Da erblickte Kamilla das Waffengeschmeide eines Troers. Sie wollte es haben, sei es, um die Wehr in einem heimatlichen Tempel aufzuhängen, sei es, weil sie sich selbst damit zu schmücken gedachte. Sie parierte ihr Roß, um einen zielsicheren Schuß von ihrem Bogen abgeben zu können. Weh aber, das ward ihr zum Todesverhängnis! Arruns hob den Speer und flehte zu Apollo, er möge ihn und seine Gefährten nicht einem Weibe unterliegen lassen. Dann schleuderte er die Waffe gegen die Feindin. Die ihre Königin umringenden Volsker hörten das Sausen der Lanze, und ein Angstschrei drängte sich über ihre Lippen. Die Amazone aber hatte nur Auge und Ohr für die Schönheit der Rüstung, die sie besitzen wollte, bis ihr das Geschoß in der Brust haftete und ihr jungfräuliches Blut aus der Wunde verströmte. Sie sank vom Pferd und hauchte sterbend ihrer liebsten Gefährtin, die sich schmerzlich bewegt über Kamilla beugte, zu: »Fliehe, du Liebe, und bringe Turnus die Nachricht von meinem Tode. Er soll zurückkehren und die Stadt vor den Trojanern schützen.«

Die Volsker erhoben verzweifelte Klage und rissen, bis ins tiefste Herz erschüttert, ihre Renner zur Flucht herum. Sie suchten die bergenden Mauern von Laurentum zu erreichen, unerbittlich verfolgt von den verbündeten Trojanern und Tuskern. Eine dunkle Staubwolke wälzte sich über das Blachfeld hin. Jammernde Weiber erschienen auf den Wällen der Stadt und erfüllten mit ihren Wehlauten die Lüfte. Da holte sich die Göttin Diana mitten aus dem Geschwader der gegen Laurentum hinstürmenden Reiter Kamillas Mörder als Beute. Sie sandte einen gefiederten Goldpfeil aus einer Wolke hernieder, und durch den Hals geschossen, verfiel Arruns der hehren Frau, die auf diese Weise den Tod ihrer geliebten Kamilla rächte.

Unterdessen hatte Turnus, von dem Fall der volskischen Führerin benachrichtigt, eilends kehrtgemacht. Aus dem Waldtal warf er seinen Heerhaufen nach Laurentum und kam gerade noch zurecht, durch sein Erscheinen die feindliche Reiterei vom Eindringen in die Stadt abzuschrecken. Auf diese Weise entging Äneas der ihm zugedachten Falle. Wie er vom Gebirge nun in die Ebene hinabstieg, sah er diese von den Kriegern des Turnus überflutet, und sofort ließ er seine Männer anhalten. Er allein wollte in einem Einzelkampf, wenn Turnus zu seinem Wort stand, die Entscheidung herbeiführen. Er schickte Boten nach Laurentum, die sein Anbot erneuerten. Turnus nahm es heldenmütig und ohne Wanken an. Weder die Bitten seiner Rutuler noch die Tränen der schönen Lavinia vermochten ihn umzustimmen. Der stolze Held warf einen schmerzvollen Blick auf das in heißer Röte erglühende Antlitz der Jungfrau und sagte: »Verfolge mich nicht mit Klagen und banger Ahnung, geliebte Lavinia. Turnus hat keine andere Wahl mehr.« Der Zweikampf ward nunmehr für den nächsten Morgen festgesetzt.

ÄNEAS WIRD MEUCHLERISCH VERWUNDET

Dicht vor den Mauern der mächtigen Latinerstadt wurde der Platz für den Zweikampf abgesteckt. Hierauf stellte man einen Altar auf und brachte Wasser, Feuer und Kränze für die Opfer der Priester herbei. Nach Beendigung der Zeremonien rückten die beiden Heere ganz dicht an die Stätte heran. Dann nahte König Latinus auf einem vierspännigen Prunkwagen. Das Diadem mit den zwölf Sternen, das er nur zu den wichtigsten Staatshandlungen zu tragen pflegte, blitzte von seiner Stirn, und in Demut vor dem erhabenen

Anblick neigten sich die Krieger hüben und drüben. Turnus erschien mit einem Doppelgespann milchweißer Pferde, einen Wurfspieß in jeder seiner beiden Hände schüttelnd. Von der anderen Seite eilte Äneas aus dem trojanischen Lager herbei, und seine Rüstung und sein Schild strahlten in überirdischem Glanz. Neben ihm schritt Askanius, der blühende jüngste Sproß aus des Teukros Geschlecht. Mit kurzem Kopfnicken begrüßten die Helden einander. Dann beschworen hier Äneas und dort Latinus mit feierlichen Gebeten den Vertrag: Falle der Troer, so sollte sein Volk unter Führung von Askanius unverzüglich das Land räumen, siegte er jedoch, dann wäre die Hand der schönen Lavinia sein, und Trojaner und Latiner sollten zu einem einzigen Stamm verschmelzen.

In diesem Augenblick begab sich ein erstaunliches Wunder. Ein goldener Adler stieß aus dem blauen Äther herab, scheuchte die Ufervögel des Stromes auf und packte mit seinen Klauen den schönsten Schwan. Da schlossen sich die erst wirr und planlos umherflatternden Tiere, große wie kleine, zu einem Schwarm zusammen, und dieser stieg, den Himmel verdunkelnd, pfeilgerade in die Luft und jagte unter wahnsinnigem Geschrei dem Räuber nach. Und siehe - von der Übermacht bedroht, ließ der Adler seine Beute fahren, und mit zerzaustem Gefieder, aber unverletzt, flatterte der Schwan auf die Wellen des Stromes hernieder.

Kaum hatte sich die Erregung der staunenden Menge gelegt, verkündete der am Altar stehende höchste latinische Seher, daß dieses Zeichen der Stadt Laurentum Glück verheiße; die Männer des Königs Latinus sollten nur getrost wieder zu den Waffen greifen. Zugleich warf er selbst einen Speer auf die ihm gegenüberstehenden Feinde. Das Geschoß streckte den ältesten von neun arkadischen Brüdern tot in den Sand. Die acht Geschwister des Gefallenen ergrimmten in wahnsinniger Wut und stürzten mit gezückten Schwertern auf die Rutuler los. Ein furchtbarer Aufruhr entstand. Bald hagelten die Geschosse durch die Luft, die Altäre wurden zerstampft, und mit vieler Not vermochte Latinus gerade noch die Götterbilder in Sicherheit zu bringen.

Äneas aber streckte die unbewehrte Rechte gegen den Himmel und warf sich schutzlosen Hauptes dem Andrängen der Seinen entgegen. »Haltet doch Frieden«, rief er, »der Bund ist geschlossen, es muß sich ja alles noch zum Guten wenden.« Während er sprach, schwirrte, von unbekannter Hand abgesandt, ein Pfeil daher, und verwundet mußte der Held den Kampfplatz verlassen. Kaum erspähte Turnus, daß der trojanische Führer weggebracht wurde, schwang er sich auf seinen Wagen und fachte mit herrischen Befehlen die Schlacht an. Furchtbar wütete das rutulische Schwert unter Troern und Truskern. Und wiederum schien sich das Geschick der letzten Söhne von Priamos' Feste blutig und grausam zu verwirren. Indes über das Blachfeld hin das entsetzliche Morden tobte, wurde Äneas von seinem Sohn Askanius in das Lager zurückgeleitet. Eine Blutspur zeichnete ihren Weg. Vergebens mühte sich der Anführer der Troer den Pfeil selbst aus der Wunde zu ziehen und verlangte schließlich nach einem Arzt, damit er ihm das Geschoß aus dem Fleisch schneide. Ein der Heilkunde mächtiger Mann erschien. Er legte zuerst Medizinen auf, die den Stahl in der Wunde lockern sollten, dann faßte er mit einer Zange das abgeknickte Rohr des Pfeilschafts und versuchte den widergehakten Bolzen mit einem einzigen Ruck zu entfernen. Doch all seine Kunst versagte. Da erbarmte sich Venus ihres gefährdeten Sohnes. Sie pflückte auf dem Idagebirge das herrliche Kraut Diktamnum mit seinen saftigen Blättern und purpurnen Blüten und brachte es, in eine dichte Wolke gehüllt, heimlich ins Lager. Dort träufelte sie von seinem Saft in den Kessel, in dem die Heilkräuter des Arztes brodelten. Dazu mischte sie noch Tropfen von Ambrosia und das duftende Panazeenkraut. Der Arzt ahnte nichts von der göttlichen Hilfe, schöpfte aus dem Topf und goß die Medizin auf die Wunde. Diese begann sich allsogleich zu schließen, und das zuwachsende Fleisch stieß von selbst den darin steckenden Fremdkörper ab. Äneas sprang empor, er fühlte die alten Kräfte zurückkehren und begehrte stürmisch nach seinen Waffen. Der Heilkünstler aber machte ein verwundertes Gesicht und bekannte: »Dich hat nicht menschliches Können gesund gemacht, Äneas, ein Größerer war da am Werk, und zu Großem noch bist du berufen.«

NEUE SCHLACHT UND STURM AUF DIE STADT

Froh der wiedererlangten Kraft und Gesundheit, legte Äneas seine goldene Rüstung an, setzte den funkelnden Helm auf das Haupt und schwang in frischem Kampfesmut mit nervigen Händen den Speer. Alle seine Gefährten blickten mit Wohlgefallen auf seine strahlende Heldenschönheit und vermeinten, jetzt sei das Ende des Turnus nahe herbeigekommen.

Äneas umarmte in voller Waffenrüstung seinen Sohn Askanius, küßte ihn und sprach in Freude und tiefem Ernst: »Die hohen Götter haben mich wieder gesund und stark gemacht, des bin ich froh und eile flugs in den Streit. Du aber lerne von mir Beharrlichkeit in der Not und Tapferkeit im Kampf, das Glück aber lerne von anderen! Frisch auf, meine Freunde, fort in die tosende Schlacht!«

Der Held stürmte dahin in seiner schimmernden Wehr wie der Kriegsgott Mars, alle andern überstrahlend. Mit Jubelgeschrei begrüßten ihren Fürsten und seine Helden Trojaner, Etrusker und Arkadier; die Feinde aber befiel tiefer Schrecken, da sie den gewaltigen Äneas erblickten. Auch der tapfere Turnus hielt im Kampf ein, maß mit glühenden Augen seinen Todfeind, und ein Grauen durchlief ihm Mark und Bein.

»Laß uns fliehen!« rief seine Schwester Juturna, die Turnus in die Schlacht geleitet hatte, erbleichend dem Grimmigen zu.

»Fliehen?« erwiderte Turnus wild auflachend, reckte sich hoch auf seinem Streitwagen und schüttelte trotzig drohend seinen Speer, daß die feurigen Rosse bebten und sich aufbäumten.

Äneas erblickte seinen Gegner und rief mit Löwenstimme: »Halt, Turnus! Steh mir zum Zweikampf! Wir beide haben den Krieg zu entscheiden!« Dann warf er sich auf die Rutuler, streckte den Seher Tolumnus, der den verhängnisvollen Speer geworfen hatte, und viele andere zu Boden und brach sich durch die dichtesten Haufen Bahn, um an den starr auf ihn hinblickenden Turnus heranzukommen.

»Laß uns fliehen!« rief Juturna wiederum mit angstbleicher Gebärde.

Aber der Bruder hörte nicht; wie zaubergebannt stand er auf seinem Wagen und starrte mit großen, bewundernden Augen unverwandt auf die herrlichen Waffentaten seines Todfeindes.

Da sprang Juturna entschlossen zu dem Zauderer auf den Hochsitz, entriß dem Rosselenker Metiskus die Zügel, stieß ihn kopfüber vom Wagen hinab, pfiff den Rennern und jagte in wilder Flucht von dannen.

»Ha«, rief Äneas, grimmig seinen Speer schüttelnd, »entfliehst du mir, Feigling? Wahrlich, die Mühe ist vergebens, ich werde dich doch ereilen und dir deinen Lohn geben!«

Auf allen Wegen, in alle Wendungen und Windungen folgte er dem staubaufwirbelnden Gefährt. Wer sich dem Rasenden entgegenstellte, der wurde niedergehauen, und bald hielt die Furcht jeden zurück, ihm den Lauf zu hemmen. Aber Juturna war eine treffliche Rosselenkerin; sooft der Verfolger nahe war, riß sie die Renner zur Seite, bald nach rechts, bald nach links, und dann wieder ließ sie die Pferde vorwärts stürmen wie der Wind, den kein Sterblicher erjagen kann – so ermüdete sie allmählich den grimmen Helden. Messapus, der Unterfeldherr, sah, daß dem schrecklichen Trojaner die Kräfte erlahmten. Da gedachte er, ihn niederzustrecken, sprang ihm in den Weg, hob den Speer und schleuderte ihn mit gewaltigem Schwung dem Heraneilenden entgegen. Aber Äneas duckte sich blitzschnell zu Boden, das Geschoß flog dicht über seinem Scheitel hinweg und riß ihm nur den Helmbusch herunter.

»Der Streich gelang dir nicht, Messapus, jetzt aber ist an mir die Reihe!« sprach Äneas zornbebend und hob den Speer zum Wurf. Der Rutuler aber hielt nicht stand, sondern ergriff die Flucht und mischte sich unter die Schar seiner Krieger. Ergrimmt folgte ihm Äneas und hieb um ihres Feldherrn willen viele seiner Getreuen zu Boden.

Endlich stand er allein da. Auf seinen Speer gestützt, schöpfte er eine Weile tief Atem und hielt dann Umschau auf dem Schlachtfeld. Der Sieg war sein, aber noch lebte Turnus, und dort stand die Stadt des Latinus im Schutz ihrer Mauern und Tore unversehrt.

»Wie«, fragte sich da der siegreiche Held, »käme ich nicht eher zum Ziel, wenn ich von der Verfolgung des Feindes abließe und die Stadt angriffe? Der Verteidiger ist nur eine kleine Zahl, König Latinus ist längst des Krieges müde, und die Rutuler werden es kaum wagen, uns in den Rücken zu fallen. Das Werk muß gelingen, und sogleich soll es begonnen werden.«

So sprach Äneas bei sich, erstieg einen Hügel, der zwischen dem feindlichen Heer und der Stadt sich erhob, ließ die Trompete blasen und sammelte die Seinen um sich. In Scharen kamen die tapfern Krieger herbei, stellten die Schilde zu ihren Füßen, stützten sich auf ihre Speere und blickten in erwartungsvollem Schweigen zu ihrem Fürsten empor. Die hochstehende Sonne brannte auf Helme, Panzer und Speerspitzen, und es sah aus, als stünden der Hügel und seine Umgebung in loderndem Feuer.

Hochaufragend, wie ein erzgegossenes Heldenbild, stand Äneas in der Mitte, musterte mit scharfem Blick seine Scharen. Dann erhob er seine Stimme, die weithin ertönte: »Jupiter, der erhabene Vater der Götter und Menschen, hat die meineidigen Vertragsbrecher durch unsere Waffen hart gestraft und den Sieg in unsere Hand gegeben. Nun hört, was ich beschlossen habe, und zögert nicht, meine Befehle zu erfüllen! Ihr habt gesehen, wie Turnus rastlos und unaufhaltsam vor mir flieht – soll ich nun warten, bis es ihm endlich gefällt, sich mir zum Kampf zu stellen? Nein, ich bin der erfolglosen Jagd müde und will nun die Waffen gegen die Latiner kehren. Seht ihr dort die Hauptstadt friedlich emporragen, als stünde kein Feind im Lande? Latium gilt von nun an unser Angriff, und wenn König Latinus sich nicht sogleich unterwirft, so stürmen wir die Mauern, sprengen die Tore, werfen Feuer in die Häuser und machen all die ragenden Giebel dem Boden gleich. Das ist mein Beschluß, und nun vorwärts zum Sturm gegen die Mauern!«

Äneas stellte sich an die Spitze seines Heeres und führte die streitbaren Scharen gegen die Stadt heran. Die Tore waren verschlossen und wurden auch auf den Anruf des mächtigen Äneas und seiner Helden nicht geöffnet. Da befahl der Feldherr die Bestürmung der Mauern, und mit donnerndem Beifall folgten die Krieger seinem Befehl. In langer Kette geschah zu gleicher Zeit der Angriff: wuchtige Axthiebe krachten gegen die verrammelten Tore, an die Mauern wurden Sturmleitern gestellt, tapfere Männer klommen empor und griffen todesmutig die Wachen an. Wohl wurden viele kopfüber hinuntergestürzt, aber andere sprangen mutig in die Bresche, und endlich gelang es, die Mauern zu stürmen und brennende Fackeln in die Türme zu werfen.

Bald schlugen die Flammen hoch empor, von den Mauern flogen Geschosse in die Stadt: Pfeile, Lanzen, Speere und Steine; vom Wind getrieben, wirbelten Feuerfunken von den brennenden Türmen in die nahen Gassen und entzündeten mehrere Giebel. Da und dort schlugen die Flammen empor und verbreiteten Schrecken in der ganzen Stadt. Unter den tapfern Bürgern, die bisher mannhaft Tore und Mauern verteidigt hatten, entstand heftige Zwietracht: die einen verlangten, man solle die Stadt dem Feind übergeben, ohne Verzug die Tore entriegeln, den König aus der Burg herbeiholen und ihn zum Abschluß des Friedens zwingen; die andern dagegen verwarfen den schnöden Rat, riefen alle streitbaren Männer und Jünglinge, ja selbst Frauen und Mädchen zu den Waffen, ließen Geschosse aller Art herbeischleppen und verteidigten ihre geliebte Vaterstadt mit todesmutiger Heldenkraft.

Vom Söller ihres Palastes sah die Königin Amata die furchtbare Gefahr, sah die Feinde auf der Mauer, brennende Häuser, Getümmel des Kampfes und vernahm mit Grauen des Volkes Angst- und Jammergeschrei. Ihr Auge spähte nach Turnus und seinen Scharen sehnsuchtsvoll aus; aber nirgends konnte es ihn erschauen, nirgends erblickte sie Hilfe in der schrecklichen Not. Da rang sich aus ihrem bisher so stolzen Herzen der Schrei der Verzweiflung; sie schlug an ihre Brust, zerriß ihr kostbares Gewand, klagte sich laut als die alleinige Urheberin all dieses Unheils an. Unter den Schlangenbissen ihres bösen Gewissens erhängte sie sich mit eigener Hand.

Als die königlichen Frauen ihre Herrin so grausigen Todes gestorben fanden, zerrauften sie sich die Haare und schrien so laut, daß der ganze weite Palast von ihrem Jammergeheul erfüllt wurde. Ach, und wie schrecklich traf die Trauerkunde die arme Lavinia! Einen einzigen gellenden Schrei stieß sie aus der Tiefe ihres Herzens heraus, dann sank sie ohnmächtig zu Boden. Ihr Vater stand wie verstört vor der Toten und ihrem unglückseligen Kinde – war er nicht schuld an diesem unsäglichen Jammer? Wehe! Wehe ihm und seinem unglücklichen Volk!

DER LETZTE KAMPF

Noch immer focht Turnus draußen auf dem Blachfeld unerbittlich weiter. Da erschien auf einem schäumenden Roß ein Rutuler und meldete dem Heerführer: »Äneas ist in der Stadt. Feuerbrände fliegen in die Häuser. Amata wählte den Tod von eigener Hand. Latinus schwankt, ob er nicht doch dem Troerfürsten

Lavinias Hand geben soll. Komm, Turnus, und rette, wenn noch etwas zu retten ist!« Als der riesige Rutulerfürst diese Kunde vernahm, blickte er zurück, und da mußte er, dem Scham, Kummer und rasende Liebe das Herz zernagten, sehen, wie eben die Flammen an einem hölzernen Wehrturm, den er selbst hatte zimmern und auf Räder setzen lassen, emporzüngelten. »Jetzt«, schrie er auf, »verläßt mich das Glück. Nun muß ich mit Äneas kämpfen, komme, was da will. Denn ruhmlos mag ich nicht untergehn!« Damit sprang er von dem Streitwagen, ließ seine Schwester Juturna allein und stürmte durch die Reihen der Feinde gegen Laurentum zu. Wie ein Felsblock, vom Gipfel des Berges losgerissen, in die Tiefe hinabrollt und Wälder, Herden und Menschen im Sturze mit sich fortnimmt, so jagte Turnus durch die zersprengten Reitergeschwader dahin. Als er endlich die Stadtmauer erreicht hatte, begann er laut zu rufen: »Hört auf zu fechten, Rutuler. Senkt eure Waffen, Latiner. Ihr auch, Trojaner und Tusker, haltet ein! Mir allein gebührt es, um die Entscheidung zu kämpfen!«

Als die Streitenden dies hörten, entstand eine Gasse, Äneas ließ vom Angriff auf die Stadt ab und wandte sich Turnus zu. In wildem Lauf stürmte nun der riesenhafte Rutuler dem Troerfürsten entgegen; wie die Schilde aufeinanderkrachten, bebte die Erde, als wollte sie dröhnend verkünden, daß die gewaltigsten Helden des Menschengeschlechts um ihren Verbleib im Licht der Sonne stritten. Nun folgte Hieb auf Hieb, und ein Funkenstrom brach aus den Panzern. Jetzt richtete sich Turnus in voller Größe hinter dem Schild auf und holte zu dem entscheidenden Schwertstreich aus. Ein Aufschrei löste sich von den Lippen der Latiner und Rutuler, die in fiebernder Erregung dem Verlauf des Kampfes folgten: der Stahl zersprang bei der Berührung mit dem Panzer des Troers in Stücke. Schrecken durchbebte auch das Herz des Königssohns aus Ardea. Nun fiel ihm ein, daß er in der Hast, mit der er vom Streitwagen gesprungen war, statt des vom Vater ererbten Wunderschwerts die Klinge seines Rosselenkers ergriffen hatte. Dies dünkte ihn ein schlechtes Vorzeichen, und mit schwankenden Knien wandte er sich zur Flucht. Die Kampfbahn mit unsicher gewordenen Schritten umkreisend, rief er verzweifelt, man möge ihm den richtigen Stahl reichen. Doch Verwirrung herrschte überall, angstvolles Geschrei scholl über den Platz. Von dem mit weiten Sätzen folgenden Äneas bedrängt, brach Turnus von der Bahn aus und strebte einem Gehölz zu. Unerbittlich hing der Troer an seinen Fersen, und der Flüchtende hörte den Schritt des Verfolgers schon hinter sich. Die wilde Jagd führte in einen Olivenhain. Dort sah Äneas den Schaft einer Lanze aus einem Ölbaum ragen. Sie war bei einem früheren Gefecht in den Stamm gefahren und haftengeblieben. Doch als Turnus erspähte, wie sein Gegner sich mühte, den Speer dem Holz zu entreißen, flehte er: »O Faunus und alle ihr guten Götter des italischen Bodens, wenn je ich euch immer die schuldigen Ehren erwiesen habe, erbarmt euch meiner und haltet den Speer in dem Stamm fest.«

Die einheimischen Gottheiten erhörten die Bitte, und vergeblich quälte sich der Fremdling aus Troja ab, die Waffe in seine Hand zu bekommen, mit der er in fernhin treffendem Wurf den Flüchtling zu ereilen vermocht hätte. Doch da nahte sich Turnus noch ein freundlicher Helfer in Gestalt der Nymphe Juturna. In das Aussehen von Turnus Wagenlenker gehüllt, flog sie über das Blachfeld bis in den Olivenhain und händigte dem Rutulerfürsten sein angestammtes Schwert ein. Mit der neuen Waffe und frischem Mut gestählt, wandte sich Turnus wieder seinem Feind zu, bereit, nun seinerseits den tödlichen Schlag zu führen; denn bei seinem Versuch, sich der Lanze zu bemächtigen, hatte Äneas sein Schwert seitab ins Gras gelegt. Venus aber, voll Zorn darüber, was sich eine gewöhnliche Nymphe erlaubte, half ihrem Liebling, den Speer aus dem zähen Holze freizubekommen. Als schon das Keuchen des heranstürmenden Gegners an sein Ohr drang, stellte sich der Troerfürst wurfbereit zum Gefecht. Turnus hielt einen Augenblick inne, denn abermals sah er sich eines wichtigen Vorteils beraubt.

Zugleich aber sprach oben in den wolkigen Höhen des Olymps Jupiter, der Göttervater, zu seiner Gemahlin Juno: »Wär' es nicht an der Zeit, den unseligen Streit zu begraben? Du hast die Trojaner über Meer und Länder gejagt, mit Tod, Gift und Brand verfolgt, nun laß sie endlich in Frieden. Erfüllst du meinen Wunsch nicht, müßte ich ernstlich um meine Liebe zu dir fürchten.« Die Göttermutter erkannte, daß sie Jupiter nicht mehr länger reizen durfte. Gesenkten Hauptes sagte sie: »So gebe ich also Turnus deinem Zorn preis, Vater. Nur eines mache ich zur Bedingung: Latium soll Namen, Sprache und Sitte behalten. Die Troer mögen im latinischen Volk aufgehen. Trojas Name aber sei mir verfallen!« Ein befreiter

Seufzer entrang sich Jupiters Brust, und er erwiderte: »Der Vergleich, den du vorschlägst, möge gelten. Turnus sterbe, dafür lebe Äneas. Doch sterbe Trojas Sprache und Sitte, und dafür lebe in alle Zukunft die latinische Zunge und das römische Gesetz!« Nach diesen Worten rief der Göttervater eine Furie zu sich und gebot ihr, mit Windesflügeln hinab auf die Erde zu eilen und durch ihr Erscheinen Turnus auf den Tod zu erschrecken.

Im Nu vollzog die furchtbarste der drei schrecklichen Geschwister den Befehl. Sie sauste so schnell wie ein fallender Stern auf das Kampffeld in Latium. Dort angekommen, zog sie sich zur Gestalt eines Käuzchens zusammen, das um das Haupt des Rutulerfürsten flatterte. Dem Helden sträubte sich das Haar, und er spürte, wie eine tödliche Lähmung durch seine Glieder kroch. Äneas schüttelte den Speer und rief: »Was zögerst du, näher zu kommen? Nicht zum Wettlauf, sondern zum Zweikampf haben wir uns verabredet.« Der riesige Rutuler erwiderte mit erstickter Stimme: »Dich fürchte ich nicht, Troer, aber Götterzeichen schwirren um mich, die mir mein nahes Ende künden. Hörst du nicht, wie der Totenvogel flattert, hörst du nicht, wie das Käuzchen krächzt? Es ist aus mit Turnus.« Damit faßte er einen schweren Feldstein, um ihn nach Äneas zu schleudern, aber der Fels entsank seinen kraftlos gewordenen Händen. Turnus wandte sich unwillkürlich zur Flucht. Die Beine aber versagten dem Unglückseligen den Dienst, sein Blut erstarrte zu Eis, und so drehte er sich wieder um, damit er dem Feinde im Fallen die Brust zeige. Und da rauschte auch schon die Todeslanze heran, durchschlug den Panzer und drang zwischen den Rippen in das bebende Herz. »Lavinia sei dein«, hauchte er sterbend dem mit wilden Sätzen daherstürmenden Äneas zu. Dann flog seine Seele zur Unterwelt.

LAVINIUM UND ALBA LONGA

Nach dem Fall des herrlichen Helden Turnus wandten sich die rutulischen Scharen und die volskischen Reiter ihrer Heimat zu. Auch die Verbündeten der Trojaner, die tapferen Arkader und die prunkliebenden Etrusker, kehrten an die väterlichen Herde zurück. König Latinus reichte dem Sieger die Hand zur Versöhnung, gab ihm seine Tochter Lavinia zum Weibe und setzte ihn zum Erben seines Reiches ein. Äneas erbaute auf einem Hügel nahe dem Meer eine schöne Stadt, der er nach seiner Geliebten Gattin den Namen Lavinium gab. So hatten die irrenden Kinder Trojas endlich eine Heimat gefunden. Schnell vermischte sich das Geschlecht des Teukros mit den Einheimischen, indem es nach dem Götterwillen die eigene Sprache und Sitte aufgab und lernte, zu den italischen Göttern zu beten.

Lange Jahre noch herrschte König Äneas. Sein Ende ist dunkel. Rutulische Scharen, die ihre Niederlage noch immer nicht verwinden konnten, fielen in Latium ein. Am Flusse Numikus trat ihnen Äneas mit einem latinischen Heer entgegen. Mit gräßlicher Erbitterung wurde auf beiden Seiten gestritten. Jupiter selbst griff in die Schlacht ein, indem er mit grellen Blitzen und ungeheuren Regengüssen die Feinde Latiums schreckte. Die Rutuler wandten sich zur Flucht. Doch die Latiner mußten einen hohen Preis für ihren Sieg bezahlen. Der Fluß Numikus schwoll unter Jupiters entfesselten Schleusen zu einem reißenden Wildbach an. Der Strudel erfaßte Äneas und riß ihn mit sich fort. Kein sterbliches Auge hat ihn jemals wiedergesehen. Manche sagen, er sei von den Göttern entrückt worden, andere wieder meinen, er lebe weiter unter den Schatten des Totenreichs.

Jetzt wurde Askanius König, der sich hinfort nur mehr mit seinem zweiten Namen Julus nannte. Er regierte weise und gerecht wie sein Vater und vergrößerte sein Reich durch die Anlage einer neuen Stadt auf jenem schroffen Felsgebirge, das mitten aus der latinischen Ebene herausragt, dem Albanerberg. Alba longa, das lange Alba, ward die Siedlung geheißen, die sich nun Julus zu seinem Sitz erkor, indes Lavinium durch die Anlage prächtiger Tempel verschönt wurde. Alba wuchs und gedieh. Herrlich thronte es auf schroffem Kegel, von Wäldern umrauscht und bespült von den Wellen eines abgrundtiefen geheimnisvollen Sees, von dem man sagte, er reiche bis zum Mittelpunkt der Erde.

Die Jahre verstrichen. Julus nahm den Weg seines Vaters. Doch die Nachfolge in der Herrscherreihe Alba Longas ging nicht auf seinen Sohn über. Denn nach dem geheimnisvollen Tod des Äneas befiel seine Gemahlin Lavinia Furcht und Schrecken vor dem neuen König Askanius, ihrem Stiefsohn. Sie entfloh in die Wälder vor Laurentum und schenkte dort einem Knaben das Leben, der Silvius genannt wurde. Das Volk sah in ihm den Enkel des geliebten Latinus und erkor ihn nach dem Tode des Askanius zu seinem Herrscher. Aus seinem Geschlecht stammten in langer Folge die albanischen Könige, die ein herrliches Reich gründeten. Dreißig Städte erblühten nach und nach in Latium und bildeten einen Bund, dessen Oberhaupt Alba Longa war und dessen Könige solcherart über die latinische Ebene geboten. Alba aber wurde zur Mutter Roms.

DIE GRÜNDUNG ROMS

TANTAE MOLIS ERAT
ROMANAM CONDERE GENTEM

SOLCHERLEI MÜHSAL WAR ES,
DAS RÖMISCHE VOLK ZU BEGRÜNDEN
Vergil, Äneis

ROMULUS UND REMUS

Dreihundert Jahre des Friedens waren nach der Ära der Könige Latinus, Äneas, Julus und Silvius über Latium hinweggegangen. Da nun geschah es, daß durch den Willen des Kriegsgottes Mars mit der Gründung einer neuen Siedlung am Tiber abermals eine Weltenwende anbrach.

Das Eiserne Zeitalter begann mit einem furchtbaren Verbrechen. Der Albanerkönig Prokas hinterließ zwei Söhne, Numitor und Amulius. Dem Erstgeborenen, Numitor, fiel nach dem Tode des Vaters die Königskrone, dem Jüngeren, Amulius, große Ländereien und reiche Besitzungen zu. Doch Amulius war mit seinem Los nicht zufrieden. Sein Ehrgeiz strebte nach der Herrschaft. Durch Hinterlist und Gewalt wollte er sein Ziel erreichen. Mit Hilfe des gleißenden Goldes warb er nicht nur eine Schar beherzter Männer an, sondern buhlte auch um die Gunst des Volkes. Als ihm die Zeit reif erschien, gelang es Amulius durch eine Palastrevolution, seinen Bruder Numitor vom Thron zu stoßen. Da er den Bewohnern seines Landes ein guter Herrscher wurde, fügten sich die Albaner in den schändlichen Rechtsbruch.

Doch seinen Bruder Numitor wagte Amulius nicht zu töten. Er verbannte ihn in die schweigende Einsamkeit der Wälder, wo der verstoßene König auf einem kleinen Gehöft ein stilles und zurückgezogenes Leben führte. Das böse Gewissen ließ Amulius keine Ruhe. Er fürchtete die Nachkommenschaft seines Bruders, vor allem dessen Sohn. So ließ er den unschuldigen Jüngling eines Tages meuchlings auf einer Jagd töten.

Die Tochter des Königs Numitor, die zu Ehren ihres großen Ahnen Silvius den Namen Rhea Silvia trug, zwang er, in den Dienst der Vesta zu treten und Priesterin zu werden. Damit mußte sie das Gelübde der ewigen Keuschheit ablegen und durfte nie einem Mann als Gattin ins Haus folgen und ihm Kinder schenken. Mit vielen anderen Jungfrauen hütete sie das ewige Feuer, das zum Preis der Göttin des häuslichen Herdes im Vestatempel brannte.

An einem Frühlingsmorgen schritt Rhea Silvia durch den geweihten Hain hinab zum Tiberstrom. Sie trug einen doppelhenkeligen Krug auf der Schulter, um damit Wasser für den Gottesdienst zu schöpfen. Der Wind strich durch die Zweige der Olivenbäume und Pinien wie über die Saiten himmlischer Harfen. Nachdem die Jungfrau die Amphore gefüllt und das vorgeschriebene Gebet gesprochen hatte, machte sie sich wieder auf den Rückweg. Nun sah sie vor sich im rötlichen Dunst der latinischen Ebene die Häuser und Paläste von Lavinium, und die stolze Stadt Alba Longa auf den schroffen Felszacken des Albanergebirges. Voll Trauer blieb schließlich ihr Blick auf einer Burg aus weißem Marmelstein haften. Dort war sie geboren, und dort durfte sie nun nicht mehr weilen.

Rhea Silvia hatte sich noch nicht sehr weit vom Ufer des Tiberstromes entfernt, als sie aus dem Gebüsch ein dumpfes Heulen vernahm. Bald darauf bogen sich die Zweige auseinander, und ein riesiger Wolf kam auf sie zu. Mit einem Aufschrei wandte sich die Vestalin zur Flucht. In diesem Augenblick tat sich der Eingang zu einer Grotte vor ihr auf. Rhea Silvia suchte Schutz in der Felsenhöhle, die ihr ein Überirdischer geöffnet zu haben schien. Zugleich begann es fürchterlich zu donnern, und das Sonnenlicht erlosch so jäh, als wäre der feurige Himmelswagen vom Firmament gestürzt. Im Innern der Grotte tastete sich Rhea Silvia mühsam vorwärts. Da wurde die rabenschwarze Finsternis plötzlich durch eine strahlende Lichtglut erhellt. Als sich das geblendete Auge der Vestalin endlich an den Flammenschein gewöhnt hatte, bemerkte sie, daß er aus Helm und Brustpanzer eines Gottes hervorbrach. Die Priesterin erkannte ihn, dessen Abbild den heiligen Hain schmückte. Mars war es, der Gewaltige, der die Rosse des Krieges lenkt. Rhea Silvia brach zitternd in die Knie.

Der Gott hob die Vestalin vom Boden auf und schloß sie in seine Arme. »Wie geschieht mir, deiner Dienerin«, hauchte die Jungfrau. Der Gott erwiderte: »Sieh, deine Brautfackel hab' ich entzündet.

Die Sonne riß ich vom Himmelsbogen und zwang sie, in diese Kluft zu scheinen. Von dieser Stunde an bist du mein Gemahl.«

Die Grotte am Tiberfluß war nun die Wohnung des glückseligen Paares. Wie lange die Verzauberung währte, wußte Rhea Silvia nicht zu sagen. Irdische Maße verblaßten vor dem überirdischen Glück.

Eines Morgens war der Gott entschwunden. Rhea Silvia aber genas zweier Knaben. Sie küßte ihre Kindlein und sagte: »Euer Vater will nicht, daß ihr in göttlichem Glanz aufwachsen, sondern euch die Unsterblichkeit erst verdienen sollt.« Sie trug die Zwillinge in den heiligen Hain und trat vor den Oberpriester. Dieser schien erst wie versteint, dann fragte er finster: »Woher kommst du, Rhea Silvia? Wo warst du die vielen Monate über?« Hocherhobenen Hauptes erwiderte die einstige Vestalin: »Ich habe mich dem Gott Mars vermählt, und dies hier sind seine und meine Söhne. Es ist mein Wunsch, daß ihnen hier im heiligen Hain ein Name gegeben werde.«

Da brach das Ungewitter über das unglückselige Weib herein. Die Stimme des Oberpriesters schwoll zum Sturm an: »Du hast das Gelübde der Ehelosigkeit verletzt!« Voll Stolz und im Bewußtsein ihrer Unschuld erwiderte Rhea Silvia: »Vor einem Gott hat es keinen Bestand.« Der Priester geriet in furchtbaren Zorn: »Welch frevelhafte Lästerung, dich Gattin des Mars zu nennen. Du bist, Lügnerin, das Weib eines Irdischen geworden.« Die schwer Gekränkte blieb standhaft bei ihrem Wort, und der Oberpriester fuhr fort, sie zu höhnen: »So, Mars ist dein Gemahl? Warum hilft er dann nicht? Weshalb gibt er kein Zeichen? Warum verschließt er mir den Mund nicht mit Donner und Blitz?«

Das junge Weib blickte flehend und angstvoll zum Himmel, aber kein Retter entstieg ihm. Dafür kamen aus den Tempeln und von den Altären die Priesterinnen, reine Jungfrauen, wie Rhea Silvia einmal eine gewesen war, und es tuschelte und zischte: »Welcher Frevel! Sie behauptet, die Gattin des Mars zu sein!« Volk strömte von den Feldern herbei; das Raunen wuchs zum Fluch und zu wilder Verwünschung. Wiederum erschienen Priesterinnen, und sie verkündeten, daß das heilige Feuer auf dem Altar der Vesta erloschen sei. Nun dünkte es allen gewiß, daß sich eine große Sünderin im heiligen Hain aufhalte. Rhea Silvia war verloren.

Der Oberpriester sandte König Amulius nach Alba Longa Kunde von dem Vergehen der Vestalin. Amulius' Herz erbebte, denn die

Zwillinge waren die Enkel des rechtmäßigen Königs Numitor und besaßen Anrecht auf den Thron, den er jetzt besetzt hielt. So stand seinem finsteren Herzen näher als der Grimm über das Verbrechen die Furcht vor dem Verlust der Krone.

Doch Amulius scheute davor zurück, göttliches Blut zu verspritzen. Er wagte es nicht, die Hand an Rhea Silvia und ihre beiden Knaben zu legen. Doch das strenge Gesetz der Göttin Vesta half dem feige zaudernden König. Auf Rhea Silvias Verbrechen stand der Verlust des Lebens. Nichts nützten dem unglücklichen Weib die Beteuerungen seiner Unschuld, es wurde zum Tod des Ertrinkens verurteilt, und die Frucht ihrer Liebe sollte das gleiche Schicksal treffen.

Zwei Henkersknechte begaben sich in den Tempelbezirk, rissen die Kinder von der Mutter fort und legten sie in einen Korb, um sie später darin auszusetzen. Sodann schleppten sie das unglückselige Weib an das Tiberufer. Im Augenblick aber, als sie es über die Böschung ins Wasser stießen, erhob sich eine große Woge und umschlang den Leib Rhea Silvias. Die Henkersknechte erschauerten, denn sie glaubten, in der riesigen Wassersäule den Stromgott Tiberinus erkannt zu haben. Sie hatten sich nicht getäuscht. Es war Tiberinus, der die Verfolgte an seine schützende Brust zog. Später, als Mars, der ewig Unruhige und von wilden Wünschen Gehetzte, sich neuen Abenteuern zuwandte und in Liebe zur Göttin Venus entbrannte, nahm der treue und gütige Tiberinus Rhea Silvia zu seiner Gemahlin und verlieh ihr Unsterblichkeit.

Nun verfinsterte sich der Himmel, Regen quoll ohne Unterlaß aus schwerem Gewölk, und der Strom begann aus seinem Bett zu treten. Die Henkersknechte suchten Schutz unter dem Dach eines Tempels, um das Ende des Unwetters abzuwarten. Dann erst schickten sie sich an, den zweiten Teil ihres Auftrages auszuführen. Sie nahmen den Korb mit den wimmernden Säuglingen auf und trugen ihn mit sich fort. Je mehr sie sich aber dem Flusse näherten, desto heftigeren Widerwillen empfanden sie vor dem ihnen befohlenen Auftrag. Zu viele Zeichen hatten sie bereits drohend gewarnt. Es kam ihnen daher sehr gelegen, als sie feststellten, daß die Flut über die Ufer getreten war und sich weithin im Land Lachen und kleine Rinnsale gebildet hatten. Einem dieser träge dahinziehenden Bächlein überließen sie den Korb, indem sie dachten, die Götter sollten entscheiden, ob sie das Rinnsal wieder in den Hauptstrom leiten oder die Kindlein erretten wollten.

Der Korb schaukelte gemächlich auf den Wellen dahin und gelangte aus der Gegend des heiligen Haines in eine Landschaft, die von sieben Hügeln gekrönt wird. Einer von ihnen wird der Palatinische Hügel genannt, und an seinem Fuße schlängelte sich das Bächlein vorbei. Dort ließ ein Feigenbaum seine Zweige über das Wasser hängen; er war der Göttin Rumina geweiht und wurde wegen des Wunders, das sich nun durch ihn begeben sollte, als Ruminalischer Feigenbaum bis weit in die Zeit des kaiserlichen Rom hinein verehrt.

Die Zweige der Sykomore nämlich hielten das Körbchen fest. Immer wütender schlugen die Wellen gegen das Binsengeflecht, doch gelang es ihnen nicht, dem Baum seine Beute zu entreißen.

Durch das klägliche Geschrei der Kleinen wurde schließlich eine Wölfin herbeigelockt, die in der nahen Höhle des Gottes Luperkus hauste. Verwundert starrte das Tier auf den Kampf zwischen Bach und Zweigen und erbarmte sich der Kinder. Erst nahm es das eine ins Maul und schleppte es in seine Behausung; dann holte es sich das andere. Die Wölfin leckte die Kleinen mit ihrer Zunge so lange, bis wieder Leben in die halberstarrten Glieder kam, und säugte die Hungernden. Von Wolfsmilch genährt, kräftigten sich die Kleinen schnell, ihre Backen rundeten sich, und die strampelnden Beine zeugten von starker Gesundheit. Nach einiger Zeit gesellten sich auch noch andere Pfleger zur Wolfsmutter. Der Specht, der heilige Vogel des Gottes Mars, brachte Körner und wohlschmeckenden Samen. Ein Kiebitz setzte sich zu Häupten der Kinder und verscheuchte die Fliegen und Mücken.

Eines Tages kam ein Hirt namens Faustulus des Weges. Er war ein einfacher Ziegenhirt und nicht einer der vornehmen Rinderhirten, die drüben am Aventinischen Hügel die Herden weideten. Aber war er auch arm, so besaß er doch ein gutes Herz, und es bedrückte ihn schwer, daß ihm erst vor zwei Tagen der Tod sein Knäblein entrissen hatte. Da geschah es, daß sich eine der Ziegen in den Felsspalt der Luperkushöhle verirrte. Auf der Suche nach dem verlaufenen Tier wurde Faustulus Zeuge des rührenden Schauspiels, wie die Tiere von Wald und Feld zwei Menschenkinder ernährten. Scheu zog sich die Wölfin vor dem Hirten in das Innere der Höhle zurück. Faustulus holte nun sein Weib Akka Larentia herbei. Beim Anblick der Knäblein rief die Frau aus: »Ei, ei, die süßen Kleinen! Und wie kräftig sie sind! Wir wollen sie an unseres gestorbenen Kindes Statt aufnehmen und großziehen.« Der Vorschlag gefiel dem Ziegenhirten, und er brachte die Zwillinge in seine Hütte. Man gab ihnen den Namen Romulus und Remus.

Die Knaben gediehen unter der Obhut ihrer Pflegeeltern prächtig und wuchsen schließlich zu stolzen, schönen Jünglingen heran. Sie gewannen bald Freunde unter den Hirten des Palatin, und jeder von ihnen versammelte einen Kreis von Anhängern um sich. Die Gefährten des Romulus nannten sich Quinktilier, die des Remus Fabier. Vorerst war ihr Treiben Spiel. Sie bauten sich Hütten am Fuße des heimatlichen Hügels und übten sich im Wettkampf. Später geschah es öfter, daß sie in Streit mit den hochmütigen Hirten des Aventin gerieten, und es setzte manches böse Wort und manchen festen Hieb.

Mit der Zeit machte sich Faustulus über Romulus und Remus seine eigenen Gedanken. Schon das Wunder ihrer Errettung hatte ihn an einer niederen Abkunft seiner beiden Pflegesöhne zweifeln lassen. Seit sie zu Jünglingen geworden waren, überragten sie nicht nur an Wuchs und Stärke, sondern auch an Klugheit und Schärfe des Witzes ihre gleichaltrigen Genossen. Auch glaubte er die Züge des in der Verbannung lebenden Königs Numitor in ihren Gesichtern zu erkennen. Als dann schließlich die Kunde von der grausamen Tötung Rhea Silvias und der Aussetzung ihrer Söhne im Tiberstrom in seine Einsamkeit drang, da wußte er, daß es ihm beschieden war, Vaterstelle an den Kindern eines Gottes zu vertreten. Er vertraute sich seinem Weibe an, und beide weinten vor Glück und Schmerz zugleich. Denn sosehr sie sich über die Gnade des Himmels freuten, so ahnten sie doch auch, daß die Zwillinge, die sie wie ihr eigen Fleisch und Blut liebten, dereinst durch eine höhere Berufung von ihrer Seite gerissen würden.

Die Befürchtungen der beiden Alten sollten sich bald bewahrheiten. Die Streitigkeiten der Brüder mit den Rinderhirten vom Aventin wurden immer heftiger, und diese ärgerten sich darüber, daß Romulus und Remus stets Sieger in den Auseinandersetzungen blieben. So beschlossen die Rinderhirten, an den Zwillingen ein furchtbares Strafgericht zu vollziehen. Eine günstige Gelegenheit dafür schien sich beim Fest des Gottes Faunus, den Luperkalien, zu bieten. Diese Feiern fielen in die Mitte des Monats Februar, und auf ihnen wurde die Freude des Menschen an der wiedererwachenden Natur mit Opfern, wilden Tanzsprüngen wolfsfellbekleideter Jünglinge und einem Wettlauf rund um den Palatin festlich begangen. Die Rinderhirten rechneten damit, daß die Zwillinge ihren Mitkämpfern bald enteilen würden und, auf diese Weise von ihrem Anhang getrennt, leicht überwältigt werden könnten.

Bald war es soweit. Die gewaltigen Opferbrände, mit denen die Luperkalien eingeleitet wurden, waren verraucht. Ein günstiger Wind hatte den schweren Dunst des verbrannten Fleisches zum Himmel gehoben. Dies galt als ein Zeichen, daß die Weihespenden gnädig aufgenommen worden waren und die Herden einem futterreichen Sommer entgegensehen durften. Nach dem Götterdienst kam das Spiel! Unter die kreischende Menge der alten Hirten und ihrer Weiber mischten sich die Jünglinge mit dem Wolfsfellschurz um die Lenden und der Riemenpeitsche in der Hand. Bei ihren faunischen Bocksprüngen teilten sie harte Schläge aus. Grelles Lachen, wilde Schmerzensschreie und das höhnische Gemecker des Jungvolks vereinigten sich zu einem bacchantischen Rausch. Dann wurde zum Wettlauf gerufen. Rings um den Palatin ging die Bahn. Wie ein Sturmwind fegten Romulus und Remus am Saum des Hügels dahin, schnell ließen sie die anderen Kämpfer hinter sich und strebten Kopf an Kopf dem Ziel entgegen. Das war der Augenblick, auf den die Rinderhirten, hinter Gebüschen verborgen, gewartet hatten. Mit gräßlichem Geschrei warfen sie sich auf die Zwillinge; doch nur den ihnen näher stehenden Remus bekamen sie zu fassen. Trotz seiner tapferen Gegenwehr vermochten sie ihn zu überwältigen und mit sich fortzuschleppen. Romulus gelang es, zu entfliehen.

Unterwegs traf Romulus den vom Fest heimkehrenden Faustulus und berichtete ihm zornentbrannt, was geschehen war. Der Hirte suchte den Jüngling zu beruhigen, indem er ihm versprach, selbst auf den Aventin zu gehen und Remus freizubitten. Romulus hielt aber nichts von einem solchen Versöhnungsschritt und schlug vor, seinen Bruder mit Gewalt aus der Gefangenschaft zu befreien.

Nun war es soweit, daß der alte Hirte sein Wissen um die hohe Abkunft seiner beiden Ziehsöhne nicht mehr länger bei sich behalten durfte. Faustulus tröstete deshalb den Jüngling: »Keine Sorge, Kind! Wenn die Aventiner euer Geheimnis erfahren, werden sie, überwältigt von der Kunde, demütig zu Boden sinken. Denn wisse, daß Romulus und Remus nicht die Söhne eines Hirten sind. Sie dürfen den Kriegsgott Mars ihren Vater, Rhea Silvia aber ihre Mutter nennen.«

Da schrie Romulus auf: »Rhea Silvia unsere Mutter?! Die Unglückselige, die unter dem falschen König Amulius so grausam ermordet wurde? Dann ist ja Numitor, der Verbannte, unser Großvater.« Faustulus nickte bejahend. Der Jüngling aber rief nun blitzenden Auges: »Beim Kriegsgott Mars schwöre ich, unsere edle Mutter zu rächen!«

Indes schleppten die Rinderhirten den gefesselten Remus auf den Aventin und berieten, welche Marterqualen sie ihm bereiten sollten. Die einen schlugen vor, dem vermeintlichen Sohn des Ziegenhirten die Glieder zu brechen, die anderen wollten ihm mit glühenden Eisenspitzen die Augen ausbrennen, die dritten ihn gar erdrosseln. Da trat zu ihrer Überraschung Faustulus unter sie, um ihnen zu verkünden, daß sich jeder, der den Zwillingen Gewalt antue, an Göttersöhnen versündige. Staunende Bestürzung malte sich auf den Gesichtern der Hirten. Ohne Widerrede gehorchten sie der Aufforderung des Faustulus, sich zu dem in einem tiefen Wald gelegenen Asyl des Königs Numitor zu begeben, um sich von dem greisen, rechtmäßigen Herrscher von Alba Longa das Wunder bezeugen zu lassen.

Vor einem dem Waldgott Silvanus geweihten Tempel schloß im Angesicht der Hirten von Palatin und Aventin der Greis die beiden Jünglinge Romulus und Remus in seine Arme und rief aus: »Bei den Göttern! Ich habe in eurem Gesicht das meine erblickt, ich spüre im Pochen eures Blutes den Schlag des treuen, edlen Herzens eurer Mutter.«

So vor allem Volk als König Numitors Enkel bekundet, schworen Romulus und Remus den Eid, Alba Longa zu stürmen. Quinktilier und Fabier und alle anderen Männer schlossen sich dem Gelöbnis an. Man holte Waffen aus Tempeln und Hütten, und die von dem Angriff völlig überraschten Wächter am Fuße des Stadtberges ließen sich überrumpeln. Über schwindelnde Felsensteige klommen dann von allen Seiten die Scharen unter Führung der beiden Brüder zur Höhe hinan und machten nach heftigem Kampf die sich ihnen entgegenwerfenden Knechte des treulosen Amulius nieder. Den Thronräuber selbst aber durchbohrte Romulus mit dem Kurzschwert.

Numitor liebte seine Enkel zärtlich, und er war glücklich bei dem Gedanken, daß sie nach seinem Tode als Doppelkönige die Geschicke Alba Longas lenken würden. Doch es kam anders. Romulus und Remus glaubten sich zu Neuem, Kühnerem berufen. Nach ihrer alten Heimat unten am Tiberstrom drängte es sie. Eine Stadt wollten sie dort gründen, wie es vordem keine gegeben hatte. Im Andenken an die Leiden ihrer Mutter sollte der Ort zur Freistatt für jeden Verfolgten werden, die Hirten des Palatin und Aventin würden seine ersten Bürger sein. Der hohe Sinn dieses Planes gefiel dem alten König, und er schenkte den Brüdern den Landstrich.

Als Romulus und Remus darangingen, ihre Absicht auszuführen, zeigte sich freilich, daß sie verabsäumt hatten, sich über wichtige Punkte einig zu werden. Wenn sie schon beide gemeinsam über die Stadt herrschen wollten, so konnte diese doch nur von einem der beiden ihren Namen empfangen. Auch flammte Zank darüber auf, ob Palatin oder Aventin der günstigere Platz für die Neugründung wäre.

DIE GRÜNDUNG ROMS

Der Streit zwischen den Zwillingen ging lange hin und her. Schließlich erkannten sie, daß nur der Himmel ihn zu schlichten vermochte. Sie beschlossen also, die Götter zu befragen. In einer mondhellen Nacht erstieg Romulus mit seinen Anhängern den Palatin, Remus in Begleitung seiner Gefährten den gegenüberliegenden Aventin. Mit einem Krummstab grenzten sie in schwingenden Linien zwischen Himmel und Erde einen Raum ab und warteten innerhalb dieses heiligen Bezirks auf ein überirdisches Zeichen. Darüber verging die Nacht. Erst als der Schimmer des neuen Tages den Horizont verfärbte, zeigte sich, daß die göttliche Entscheidung gefallen war. Sechs Geier kamen vom Osten her, gleichsam von den Lichtstrahlen geleitet, gegen den Aventin geflogen und umkreisten ihn lange, ehe sie gegen die Ebene zu verschwanden. Remus schrie voll freudiger Erregung seinem Bruder die Kunde hinüber, daß er der Erwählte sei. Da geschah es jedoch, daß zwölf Geier vom Westen her aus der Nachtbläue heraus auf den Palatin zustießen, mit heiserem Geschrei die Wächter auf der Kuppe des Hügels begrüßten, und dann im Glutschein des aufsteigenden Sonnenballs untertauchten.

Die Götter hatten die Vögel gesandt, daran war nicht zu zweifeln. Wem aber war es nun bestimmt, die neue Stadt zu gründen und ihr erster Herrscher zu sein? Der Spruch schien in jeder Weise rätselhaft. Denn zwölf Geier standen gegen sechs, aber die sechs waren zuerst erschienen. Auch konnte es nicht ohne Bedeutung sein, welche Flugrichtung die Tiere eingeschlagen hatten. Ein neuer, wilder Streit hob an, und erst, als Remus einsah, daß er den stärkeren Scharen des Romulus doch erliegen würde, gab er nach und schickte sich grollend ins Unvermeidliche.

Während Remus abseits stehen mußte, ging Romulus unverzüglich daran, die feierliche Gründung der neuen Siedlung vorzunehmen. An tausend Männer versammelte er um sich am Palatinischen Hügel. Nach dem Opfer für die Götter erklärte Romulus den Adler zum Wappenzeichen seiner Stadt. Hierauf steckte er ihre Grenze ab, indem er einen Stier und eine Kuh vor einen Pflug spannte und durch die Furche, die dieser zog, den Verlauf der künftigen Mauer anzeigte. Über die Stellen, wo später ein Tor eingefügt werden sollte, wurde, die Furche aussparend, der Pflug getragen*. Alles Volk folgte dem Gespann und warf die aufgebrochenen Erdschollen nach innen, also zur Stadtseite hinein. Die beiden Tiere, durch deren Zusammenziehen unter einem Joch die kleinste, aber wichtigste Zelle des neuen Gemeinwesens, die Ehe, symbolisiert werden sollte, wurden nach Beendigung der Zeremonien den Göttern als Weihegabe gespendet.

Bevor man noch an den Bau von Häusern schritt, wurde ein seichter Graben ausgehoben und eine niedere Mauer für den ersten, notdürftigsten Schutz errichtet. Und da geschah das Ungeheuerliche. Hohnlachend übersprang Remus Graben und Mauer, um zu beweisen, wie wenig die Verschanzung tauge. Eine schmählichere Kränkung gab es nicht auf Erden! Heilig war den Menschen der Frühzeit die Mauer, Sinnbild des Geborgenseins vor den rings im Umkreis lauernden Gefahren, und fürchterlicher dünkte sie kein Frevel, als über dieses Symbol zu spotten. Romulus vollzog auf der Stelle das Gericht; mit dem Schwert tötete er seinen Bruder. Dann rammte er den blutigen Stahl in den Boden und rief die Worte, die als Gleichnis für eine zu allem entschlossene Verteidigung des Heimatbodens bis auf den heutigen Tag lebendig geblieben sind: »So möge es jedem ergehen, der diese Mauern zu übersteigen wagt!«

Die Stadt war gegründet, aber sie besaß noch keinen Namen, denn Romulus war nach der furchtbaren Tat, die ihm ein uraltes Gesetz geboten hatte, in tiefe Schwermut verfallen. Zugleich sandten die Götter der jungen Siedlung schwere Prüfungen. Hitze verdorrte

* Daher »porta« = Tor, von »portare« = tragen.

die Felder, und der Hagel zerschlug den Halm, der dem Glutbrand der Sonne trotzte. Schwere Krankheiten suchten die Menschen heim, und die Arbeit an den halbfertigen Häusern geriet ins Stocken. Nachdem die Not aufs höchste gestiegen war, entschloß sich der junge König, den Schatten des Toten zu versöhnen; denn er fühlte, daß alles Leid von der rachedürstend umherirrenden Seele seines Bruders käme. Und so ließ er einen zweiten Thron neben seinem eigenen aufstellen, Zepter und Krone in den Purpur des Sessels legen, gleichsam als würde er die Herrschaft mit dem Abgeschiedenen teilen. Vielen schien dieses Tun befremdlich, und sie flohen die grausige Stätte, wo ein Lebendiger neben einem Toten regierte. Die aber, die den tiefen Sinn dieser Versöhnungshandlung begriffen hatten, harrten weiter aus und wurden reich belohnt. Hunger und Pestilenz wichen von der Siedlung, der Romulus nunmehr ihren Namen nach dem seinen gab: *Rom.*

So ging die Verheißung in Erfüllung, die Romulus aus dem Munde des Königs Numitor erfahren hatte: Einer aus dem Stamme des Äneas werde eine Stadt gründen, die über alle Völker des Erdkreises herrschen solle.

DER RAUB DER SABINERINNEN

Rings um den Palatin wuchs das junge Rom. Die Mauern wurden erhöht, der Wall vertieft. Denn mächtige Nachbarn dräuten im Umkreis. Von dem fast uneinnehmbaren Felsen aus gebot Alba Longa über weite Teile der Ebene zu seinen Füßen und stand dazu noch an der Spitze des Bundes der freien latinischen Gemeinden. Zwar drohte von dorther so lange keine Gefahr, als der gütige König Numitor noch lebte, aber die Erdentage des Greises schienen gezählt. Und was war schließlich Latium gegenüber Italien? Eine Ackerkrume inmitten eines Feldes. Der wilde Volksstamm der Gallier oder Kelten hatte die Alpengipfel und die Ebene am Po, damals Padus genannt, in der Hand. Dann gab es die mächtigen Etrusker, die dicht vor den Mauern Roms am linken Tiberufer in der Stadt Fidenä einen Brückenkopf besaßen, das ganze rechte Tiberufer beherrschten und Städte bis hinab in die fruchtbare Kampania vor den Toren des griechischen Neapolis, Neapels, gegründet hatten. In das übrige Gebiet teilten sich viele Völkerschaften, zumeist Nachfahren des Fürsten Sabus, wie die Sabiner der Berge und die Sabiner der Ebene, auch Sabeller genannt, die Umbrer, Samniter, Rutuler, Volsker, Brettier, Herniker und Lukaner. Wahrhaftig, Latium schien nicht mehr als eine Schließe auf dem Gürtel des Riesenleibes, den vornehmlich etrurische und sabellische Kraft bewegte, und Rom – nur ein Steinchen, zur Verzierung auf diese Schließe genäht! Wenn also auch die Italiker der Siedlung am Palatin kaum achteten und sie höchstens wegen der bisweilen zwischen Meer und der Stadt aufsteigenden Fieberwinde als Pestnest höhnten, so war Rom dennoch auf der Hut. Sein König nahm vorsichtshalber den mit einem tiefen Wald bedeckten Hügel Janikulum, den seine Besitzer, die Tusker, nicht weiter beachteten, als Brückenkopf am rechten Tiberufer in römischen Besitz.

Die Neusiedler werkten und mühten sich unablässig. Man baute Korn, Gerste und Hirse und sparte sich davon noch möglichst viel vom Mund ab, um Erz für Waffen eintauschen zu können. Mählich blühten Handel und Gewerbe auf, wenngleich der Bauer noch für Jahrhunderte der Hauptträger der römischen Wirtschaft bleiben sollte. Die Hütten der Gründungsjahre wichen bald überall festen Häusern, wenn wir uns auch diese um jene Zeit noch meist sehr einfach und mit Stroh gedeckt vorstellen müssen. Trotzdem konnte der junge König mit berechtigtem Stolz vom Palatin, wo er sich einen Palast hatte errichten lassen, seinen Blick über ein von Tag zu Tag sichtbarer wachsendes Leben schweifen lassen.

Wie schön war die Stadt – und dennoch wie traurig! Wenn die Männer zu den Quellen zogen, um Wasser zu schöpfen, kam kein fröhlicher Gesang von ihren Lippen. Kein Lautenspiel ertönte aus dem Innern der Häuser hinaus in die laue Sommernacht. Die Stadt besaß Kraft, Fleiß und einen scharfen Geist. Der Stadt aber fehlten Anmut und Schönheit, der Stadt fehlten die Frauen. Der Stadt fehlten die Kinder und die Zukunft.

König Romulus, den diese Not schon lange bedrückte, ließ daher eines Tages einen Jüngling namens Hostes Hostilius zu sich rufen. Er liebte ihn am meisten von seinen Untertanen und hatte ihn im Falle eines Krieges zu seinem Unterführer bestellt. Der kühne Mann trat denn auch im Glauben, zu einer kriegerischen Tat ausersehen zu sein, schwer gerüstet vor seinen Herrscher. Romulus lächelte: »Gürte das Eisen ab, Hostes, und setze dir einen Kranz ins Haar.

Nicht zu Kampf und Streit sollst du ausziehn, sondern als unser aller Brautwerber. Gehe hin in die Städte Latiums und künde, du seist gekommen, um Frauen für Rom zu erbitten.«

Hostes Hostilius erwiderte freudig: »Es ist ein herrlicher Auftrag, der mir zuteil wurde. Doch sei es mir gestattet, noch weiter gegen Sonnenaufgang zu reisen. Es gibt kein schöneres Mädchen auf der Welt als die Sabinerin, und keine andere möchte ich zum Weibe.«

Des Königs Antlitz verdüsterte sich, und warnend erhob er seine Stimme: »Das Volk der Sabiner nennt schöne Frauen sein eigen, das ist wohl wahr. Aber ich kann auch noch anderes in den Gesichtern dieses Stammes lesen. Von Hochmut und wilder Tapferkeit spricht der kühne Schwung ihrer Stirnen, von starrem Eigensinn und Selbstbewußtsein die kühne Adlernase. Fürchte die Sabiner!«

Hostes Hostilius unterbrach den Herrscher: »Von Treue aber auch künden ihre großen, dunklen Augen, und nirgendwo spinnen Frauenhände einen so zarten und festen Faden wie die Sabinerinnen. Anders als die Etrusker reden zudem die Sabiner in der gleichen Zunge wie Römer und Latiner, und wir werden nicht viel Mühe haben, ihnen unsere Liebe zu erklären.«

Da lächelte der König und gab seinem Gesandten die Erlaubnis, auch an die Tore der sabellischen Städte zu klopfen.

Als Brautwerber zog nun Hostilius durch die latinischen Lande, doch bereute er schnell, nicht mit Schild und Speer gerüstet und in Begleitung von tausend waffenstarken Männern die Fahrt unternommen zu haben. Man wies ihm überall in Latium hohnvoll die Türe. Nicht besser erging es ihm auf sabinischem Boden. Dort regierte in der Stadt Kures der König Titus Tatius. Mit beißendem Spott beschied dieser den Brautwerber: »Sag deinem König, daß unsere Mädchen wohl nach Rom kommen würden, aber nicht um an eure Altäre, sondern auf euren Markt zu treten. Man kauft nämlich Wolle bei euch preiswert, so heißt es. Und ich denke wohl, daß es mit dieser Nachricht seine Richtigkeit hat, denn ihr besitzt ja keine Frauenhände, die Wolle zu Garn zu machen. Wir aber behalten solche Hände lieber selbst!«

Als Romulus von der Schmähung seines Gesandten hörte, sprang er zornbebend von seinem Thronstuhl auf und rief: »Sie sollen ihren Markt haben, die stolzen Sabinerinnen. Hieher werde ich sie laden zu gutem Kauf und fröhlichem Fest. Ihr aber, Jünglinge von Rom, werdet euch auf mein Zeichen unter die Gäste mischen, und jeder wird sich die Jungfrau, die ihm gefällt, rauben und ins Haus tragen.«

Diese Rede fand begeisterte Zustimmung, und bald darauf eilten die römischen Boten durch die Städte Latiums bis zu den Sabinerbergen. Mit vielen schönen Reden priesen sie die Pracht der Spiele, die man am Tiber zu veranstalten gedächte, und die günstige Gelegenheit zum Einkauf auf dem Markt, der Händler aus den entferntesten Gegenden anlocken würde. Solche Rede gefiel vor allem den Weibern. Und Frauen und Töchter beschworen Gatten und Väter, die Einladung anzunehmen.

So strömte viel Volk in Rom zusammen, besonders zahlreich aber erschienen Gäste aus den sabinischen Städten. Die Vornehmsten unter ihnen begrüßte der König selbst, die anderen wurden von den Römern durch die festlich geschmückten Häuser geführt, und staunend nahmen sie wahr, um wieviel prunkvoller diese ausgefallen waren, als man es sich vorgestellt hatte. Keine der Jungfrauen freilich, die da neugierig Frauengemach und Küche musterten, ahnte, daß sie selbst es sei, die als Herrin in diesen Räumen gebieten sollte.

Der zweite Tag des Festes brachte die feierlichen Opfer an die Götter und die großen Spiele, in deren Mittelpunkt die Wettläufe und Tänze der Krieger standen. Die Römer maßen einmal mit dem Wolfsfellschurz gegürtet ihre Kräfte auf der Rennbahn und schritten dann in Helm und Brustpanzer feierlich zu den Altären.

Am dritten Tag, zum Ausklang der Veranstaltungen, eröffneten die Händler ihre Stände. War das ein Treiben, ein Staunen und ein Feilschen zwischen Tischen, Körben und Buden! Hier konnte die Hand in dem flockig leichten Gebirg der schönsten weißen Wolle wühlen, dort lockten Tonkrüge mit Honig zum Süßen der Speisen, Fässer mit Öl, aus der Frucht der Olive gepreßt, und Lederschläuche, gefüllt mit schwer duftendem Wein. Da schwatzten die Frauen nach Herzenslust, prüften, wählten und häuften, wenn sie handelseinig wurden, die blitzenden, blanken Rohkupferstücke auf die Waagen der Kaufleute.

Würdiger ging es zu, wo die Männer die Schärfe der Schwerter prüften, die aus dem Erz der berühmten Gruben von Anthaliä geschmiedet waren. Ein italienischer Grieche aus Neapolis, Neapel, der die von den Sirenen am Vorgebirge des Misenus und den Korsarenschiffern der Etrusker bedrohte Seereise nicht gescheut hatte, um tyrische Purpurschnecken nach Ostia und von dort mit dem Karren weiter nach Rom zu bringen, fand ungeheuren Zulauf. Seit die Purpurschnecke in größeren Mengen nach Italien kam, war Rot die Lieblingsfarbe seiner Frauen geworden. Und dann gab es noch eine Kostbarkeit seltener Art zu sehen, und wegen ihr allein schon schien sich die Mühe dieser Fahrt nach Rom gelohnt zu haben: ein Stück gelben Bernsteins. Aus sagenhaften Ländern des Nordens kam er über einen Saumpfad, der erst durch endlos weite Wälder, dann über die Berge der Alpen bis an den Po führte. Von dort, wo das Volk der Gallier oder Kelten saß, schlugen tüchtige Händler den Edelstein über Etrurien nach Latium um, fürwahr eine weite Reise, die das Vermögen rechtfertigte, das man für diese begehrten Geschmeide auslegen mußte.

In all ihrer Neugier hatten die Fremden gar nicht bemerkt, daß ihre Gastgeber verschwunden waren. Nach einem genauen Plan hatten sich die Römer nämlich hinter den Büschen des Palatinischen Hügels versammelt und stürmten nun auf das Zeichen ihres Königs mit gezogenem Schwert auf den Marktplatz zurück. Jeder faßte das ihm zunächst stehende Mädchen, preßte es mit stählernem Griff über den linken Arm, indes die Rechte bereit war, jeden Widerstand zu brechen, wo immer er sich bot. In dem Durcheinander umgestürzter Buden, über den Boden verstreuter Waren, unter all dem Kreischen, Fluchen und empörten Schreien waren es nur die Jungfrauen, die sich zur Wehr zu setzen vermochten. Aber ihr Mühen, sich den Räubern zu entwinden, blieb vergeblich. Die erbarmungslose Kraft der jungen Römer riß sie mit sich fort. Halb ohnmächtig sanken sie schließlich, von den Männern in die Häuser getragen, vor den Altären ihrer neuen Götter zusammen.

Den Fremden blieb nichts anderes übrig, als so schnell wie möglich die Stätte des grausamen Schauspiels zu verlassen, denn schon bedrohten die Römer jeden, der noch länger verweilte, am Leben. Die Empörung über die Gewalttat war ungeheuer, und viele Städte, vor allem die Sabiner, rüsteten zum Krieg. Die Tränen der geraubten Frauen jedoch trockneten schnell, denn die Römer wußten mit Liebe, Zärtlichkeit und kostbaren Geschenken ihre Gunst zu gewinnen.

KÖNIG ROMULUS' HELDENTATEN UND ENDE

So warfen große Ereignisse drohend ihre Schatten voraus. Wie würde sich die neue Siedlung in dem kommenden Sturm bewähren? Den Kriegsgott Mars nannte die Stadt Rom ihren Schutzherrn, sie mußte sich seiner würdig erweisen. Romulus wußte, daß es seinen Untertanen nicht an Mut und Entschlossenheit, wohl aber an einer straffen militärischen Zusammenfassung fehlte. Hilfstruppen, die ihm sein Großvater Numitor versprochen hatte, konnten diesen Mangel nicht ausgleichen. Deshalb stampfte der junge Herrscher über Nacht ein wohlgegliedertes Heer aus dem Boden. Jedem Bürger der Stadt wurde die Verpflichtung auferlegt, für seine persönliche Ausrüstung Sorge zu tragen, und wem es durch besonderen Fleiß gelungen war, ein größeres Vermögen zu erwerben, der hatte nebst den Waffen noch ein Pferd zu stellen. Dreitausend Mann Fußvolk faßte Romulus zu einer Einheit zusammen, die er Legion nannte. Diese unterteilte er wieder in zehn Manipel und gab ihr drei Abteilungen von je hundert Reitern – Zenturien genannt – bei. Doch durften, wenn es die Lage erforderlich machte, zu Spähtruppunternehmungen und zum Reiterschutz für die Flanken der angreifenden Legion auch Abteilungen von wechselnder Größe gebildet werden, die zur damaligen Zeit Kohorten genannt wurden; später wurden diese als Glieder zwischen Legion und Manipel eingefügt. Vorerst besaß Romulus freilich nur eine einzige Legion, ihre Zahl sollte aber bald wachsen. Zum Feldzeichen bestimmte Romulus den Adler. Aus Bronze gegossen, saß er auf einer hölzernen Stange. Für die Schlacht übernahm er die alte griechische Ordnung der Phalanx, wo die geschlossene Mauer der Speere den Mut des Gegners zu brechen sucht. Doch sorgte er dafür, daß sich bei jeder Legion auch eine genügende Zahl von Bogenschützen und Steinschleuderern befand, deren Aufgabe darin bestand, den Nahkampf vorzubereiten.

Die Ungeduld der Städte wuchs, und keine wollte warten, bis die anderen ihre Rüstungen in Ordnung gebracht hatten. In törichter Übereilung brachen die Heere einzeln gegen Rom auf.

»Es ist Zeit«, rief König Akron von Cenina, als er vor allen anderen Herrschern in Latium seine Vorbereitungen beendet hatte. Übermütig fuhr er fort: »Wir werden ein leichtes Spiel mit den Grünschnäbeln haben, deren Kunst darin besteht, wehrlose Frauen zu überfallen.«

Romulus, vom Anmarsch König Akrons durch Späher benachrichtigt, stellte seine Krieger gedeckt in einer Talmulde auf. Ziemlich sorglos kamen die Ceninenser – wohl an die fünftausend Mann – über das Blachfeld anmarschiert. Wer aber beschreibt ihr Entsetzen, als, gleichsam von Zauberhand aus dem Boden gestampft, eine Eisenwand vor ihnen emporwuchs! Zum erstenmal erzitterte die Erde unter dem ehernen Tritt einer Legion. Hoch schwebte der Adler über den Scharen des Fußvolkes. Um seine Flanken zu beschirmen, schwärmten die Kohorten der Reiter aus. Es schien den Feinden, als rücke Gott Mars in eigener Person an, sosehr war die Masse der Kämpfer zu einem Block geschmiedet.

Die lockere Ordnung der Ceninenser zerbrach unter dem Anprall der römischen Phalanx. Die Schwerter zuckten aus den Scheiden, um die blutige Arbeit zu vollenden, doch Romulus gebot seinen Leuten Einhalt. Auf seinem edlen Roß sprengte er vor die Linie der Legion und rief seinen Gegnern zu: »Es ist mein Wille, daß die Bewohner von Cenina am Leben bleiben. Darum fordere ich König Akron zum Zweikampf auf. Unsere beiden Schwerter allein sollen über Sieg oder Niederlage entscheiden!«

So trugen die Herrscher den Streit unter sich aus. Akron unterlag nach tapferer Gegenwehr. Nun ließ Romulus eine große Eiche fällen und den Stamm so behauen, daß von den Ästen nur noch Stümpfe übrigblieben. Daran hing er Waffen und Rüstung des Besiegten. Sodann schmückte er sein Haupt mit einem Lorbeerkranz, ergriff die Trophäe und schritt, sie hoch über sich erhebend, in majestätischem Schritt einher, während das Kriegsvolk Siegeslieder anstimmte. Das Urbild des römischen Triumphzuges war geschaffen. Diese Rüstung wurde dann als erstes und ältestes Siegeszeichen auf dem Kapitolinischen Hügeln dem Jupiter geweiht und diesem ein prächtiger Tempel gelobt.

In der Staatskunst des Romulus hatten Rache und Haß keinen Raum. Nur um den Unterlegenen den Entschluß zu einer Übersiedlung nach der Tiberstadt leichter zu machen, gab er Befehl, das schöne Cenina niederzubrennen. Denn er brauchte frische Soldaten für neue Kriege, benötigte mehr Hände für größere Felder, er wollte, daß Rom schneller und immer schneller wachse.

Voll Bitterkeit im Herzen nahmen die Ausgetriebenen den Weg in ihre neue Heimat. Doch der Schmerz verwandelte sich in Freude, als ihnen beim Betreten des römischen Bodens eröffnet wurde, daß sie nicht Sklaven oder Schutzbefohlene, sondern freie Bürger mit allen Rechten seien, wie sie den Gründern der Neusiedlung zuständen. Sie durften also ihren gemessenen Anteil an der Frucht der im Gemeinbesitz stehenden Felder beanspruchen, ihre eigenen Herden besitzen und ein Handwerk nach freiem Belieben ausüben.

Ein rascher und vollkommener Friedensschluß zwischen Römern und Ceninensern war auch dringend geboten. Denn schon standen neue Feinde wider die Hügelstadt auf. Die Männer von Christinium und Antemnä rückten heran, wurden aber ebenfalls aufs Haupt geschlagen. Romulus verfuhr mit ihnen wie mit den Ceninensern, und in kürzester Zeit hatte sich so die Einwohnerzahl Roms vervielfacht.

Zwei Jahre eines trügerischen Friedens folgten. Denn Romulus wußte, daß der Sabinerkönig Titus Tatius zum Kriege rüste, aber durch das Beispiel der drei latinischen Städte gewarnt, seine Vorbereitungen mit aller Sorgfalt betreibe. Die schicksalhafte Entscheidung, von der es abhing, ob die neue Stadt ihren Gründer überleben würde, stand also noch bevor. Um daher die Verteidigungskraft Roms weiter zu erhöhen, faßte Romulus den bedeutsamen Entschluß, die nordwärts des Palatin gelegene Erhebung, die man damals den Saturninischen Hügel nannte, in den Stadtbezirk einzubeziehen und auf ihm eine Burg als inneres Verteidigungsbollwerk zu errichten. Eine fast lotrecht abfallende Steilwand machte ihn dafür besonders geeignet. Die Römer erbauten unter Anspannung all ihrer Kräfte innerhalb einer kurzen Zeit diese Burg, das Kapitol, und seither heißt der Berg der Kapitolinische Hügel. Den Befehl über die Festung vertraute er Spurius Tarpejus an, einem tapferen Krieger, der mit seiner Tochter Tarpeja aus einer der latinischen Städte nach Rom eingewandert war.

Während dieser Vorbereitungszeit erhielten die Römer eine willkommene Verstärkung: Eines Tages erschien der etruskische Feldherr Cälius mit tausend Mann Fußvolk und hundert Reitern in Rom und bat um Asyl. Grausames Unrecht, so erklärte er, habe ihn aus seinem Vaterland vertrieben, und er suche nun Zuflucht in der aufblühenden Stadt am Tiber, von der man sich weithin erzähle, daß sie unter dem Zeichen der Bürgerfreiheit und des lauteren Gesetzes regiert werde. Romulus nahm die Tusker mit Freuden auf und wies ihnen einen vierten Hügel zum Wohnsitz an, der seither den Namen jenes Feldherrn trägt.

Bald danach drang die Kunde vom Aufbruch eines Sabinerheeres aus der Stadt Kures nach Rom. Furchtbares wußten die Späher zu berichten: die Ebene sei weithin mit Staubwolken verdunkelt, so groß wäre die Zahl der anrückenden Krieger. An ihrer Spitze marschierte König Titus Tatius.

Angesichts der gewaltigen Übermacht des Sabinerheeres schien es Romulus vermessen, dem Feind auf offenem Feld gegenüberzutreten, und er beschloß, zu einer List zu greifen. Er faßte den Plan, den Feind in den inneren Stadtbezirk einbrechen zu lassen und zur Belagerung der Burg zu zwingen. Indes sollte das römische Aufgebot gedeckt hinter dem Palatin abwarten, bis die Sabiner sich zum Sturm auf das Kapitol anschickten, und ihnen dann in den Rücken fallen.

Ohne Widerstand zu finden, drangen die Scharen des Titus Tatius nun in Rom ein. Sie sammelten sich am Fuße des Kapitolinischen Hügels, entschlossen, bei Morgengrauen den Sturm zu wagen.

Da sahen der sabinische König und einer seiner Feldherren, wie eine Jungfrau einen geheimen Felspfad herabstieg und an einer Quelle in der Niederung Wasser schöpfte. Sie näherten sich ihr, knüpften ein Gespräch an und erfuhren, daß sie Tarpeja, die Tochter des Burghauptmanns, vor sich hatten. Sie drangen nun in das Mädchen, es solle nachts heimlich eine Pforte der Burgmauer öffnen und die Sabiner in die Festung einlassen. Die Jungfrau schwankte, doch magisch ward ihr Blick von den kostbaren Geschmeiden angezogen, die jene zwei vornehmen Krieger am linken Arm trugen. So sagte sie endlich: »Wenn ihr mir gebt, was ihr über eure Linke gestreift habt, dann will ich euer Begehren erfüllen.« Der König und sein Feldherr sahen sich augenzwinkernd an, und dann erwiderte Titus Tatius zweideutig:

»Was wir auf dem linken Arm tragen werden, wenn wir mit deiner Hilfe das Kapitol betreten, gehöre dir.«

So ward denn in stiller Nacht eine Pforte des Kapitols entriegelt, und in langen Reihen drangen die Sabiner in die Festung ein.

Als das unselige Mädchen nun die ausbedungene Bezahlung verlangte, schleuderten die Männer die Schilde – die sie auf dem linken Arm trugen – auf seinen Leib und riefen mit grimmigem Lachen: »Da hast du deinen Lohn, Verräterin!« Ein Berg von Schilden häufte sich über die Verdammte, und von der erzenen Last zu Tode gedrückt, hauchte sie ihre Seele aus. Der Felsen aber, den Waffen nie bezwungen hätten und der für die Habgier des Mädchens Tarpeja fiel, hieß nun für alle Zeiten der Tarpejische Felsen und ward zur Richtstatt für Staatsverbrecher. Denn nach dem uralten latinischen Rechtssatz wurden Verbrecher nach Art der begangenen Missetat bestraft. Der Brandstifter mußte also am Holzstoß, der Meuchelmörder durch das Schwert sterben. Deshalb wurde in Rom bestimmt, daß, wer sich an der Staatsmacht vergeht, jenen Felsen herabgestürzt werden soll, der die Erinnerung an den ersten Hochverrat in der Geschichte der Stadt wachhält.

Nachdem sich die Sabiner auf so leichte Weise Einlaß in die Burg verschafft hatten, hieben sie die Besatzung erbarmungslos zusammen. Am nächsten Morgen zogen die Römer auf dem Blachfeld vor dem Kapitolinischen Hügel auf. Die Sabiner aber stürzten sich mit Donnergebrüll die Felsen herab auf ihre vor Entsetzen wie gelähmten Feinde. Unter dem überraschenden Anprall kamen die Reihen der Römer ins Wanken. Vergebens versuchten der tapfere Hostes Hostilius und der Etrusker Cälius die Flucht aufzuhalten. Sie fielen beide unter den Schwertstreichen der Sabiner. Bis an den Rand des Palatin waren die Römer schon zurückgeworfen worden. Da erhob sich ihr König hochauf im Sattel und rief: »Steht Legionen! Jupiter Stator befiehlt es. Denn ich habe geschworen, ihm, dem fluchthemmenden Gott, hier auf dieser Stelle einen Tempel zu erbauen.« Wirklich ein Umschwung bahnte sich an. Die Römer, die bereits rettungslos geschlagen schienen, sammelten sich wieder, und gegen ihren harten Widerstand gelang es Titus Tatius nicht mehr, bis Sonnenuntergang eine Entscheidung zu erzwingen.

In der Nacht erschien die Göttin Juno, die vor allen Italikern den Sabinern am meisten zugetan war, dem König Titus Tatius. Sie, die ihren geliebten Stamm nach dem schönen Tempel in der Hauptstadt Kures auch »Quiriten« zu nennen pflegte, flüsterte dem Herrscher zu: »Erneuere den Kampf, ich werde bei meinen Quiriten sein!«

So brachte der neue Tag den Römern grausame Prüfungen. Von der Göttermutter, die unsichtbar unter ihnen weilte, mit Siegwillen erfüllt, stürzten sich bei Morgengrauen die Sabiner erneut auf ihre Feinde. Hin und her wogte die Schlacht. Zuerst erlitten die Quiriten große Verluste, und einer ihrer Feldherren ertrank im Sumpf der Niederung zwischen Palatin und Kapitol. Dann aber gewannen sie wieder die Oberhand, und die Römer mußten weichen.

Da geschah es, daß sich Janus, der geheimnisvolle Gott des Anfangs und des Endes, den Römern offenbarte. Es war kein Zufall, daß sich diese ureigenste Gottheit wiederum für Rom entschied: Janus, dem Herrn über Anfang und Ende, gefiel der klare römische Geist, der bei allem Machtanspruch sich Maß auferlegt durch das Gesetz und sich wie kein anderer der Grenzen alles Wissens bewußt ist. Janus also ließ einen Berg aufklaffen, den man später den Quirinalis nannte. Aus dem tiefen Schoß der Erde strömte ein Schwall siedend heißen Wassers, der die Sabiner zurücktrieb. Durch dieses eindrucksvolle Zeichen gestärkt, gingen die Römer ihrerseits zum Angriff über und drängten die Gegner bis in die Mitte der Ebene zwischen den beiden Hügeln zurück. Als die Sabiner wieder festen Fuß zu fassen vermocht hatten, wurde mit einem Geschoßhagel von Pfeilen und Steinen beiderseits der neuerliche Nahkampf vorbereitet.

Und da bot sich nun jenes rührende Schauspiel dar, von dem Lied und Sage bis in die fernsten Zeiten künden sollten. Das Palatinische Tor öffnete sich, und mit fliegenden Haaren eilten die römischen Frauen, um deretwillen der furchtbare Streit entbrannt war, auf das Schlachtfeld. Unerschrocken drängten sie sich zwischen die Kriegsparteien und riefen mit herzzerreißender Stimme: »Haltet ein! Wer immer siegen mag, er mordet unsere Lieben. Hier stehen unsere Männer, dort unsere Väter und Brüder . . .«

Eine beklemmende Stille trat ein. Bogenschützen und Steinschleuderer ließen ihre Waffen sinken. König Tatius trat aus seiner Schlachtreihe heraus und entgegnete mit finsterem Angesicht den Flehenden: »Ihr Frauen sagt uns also, daß ihr die Männer liebt, die euch geraubt haben. Wißt ihr, daß ihr damit die Heimat verraten habt?«

Die schönste Frau Roms war die Gattin des Talessius, dem von dem Glück, gerade dieses Weib beim Raub der Sabinerinnen in den Arm bekommen zu haben, Unsterblichkeit seines Namens erwuchs. Sie warf sich dem König zu Füßen: »Verrät nicht jede Frau, wenn sie dem fremden Mann ins Haus folgt, ihre Eltern und Geschwister? Warum sollen gerade wir büßen, was vor uns noch jede getan hat und nach uns jede tun wird? Wir aber wollen euch zeigen, daß Frauenliebe dort auch neue Bande zu knüpfen vermag, wo sie die alten zerstört hat. Darum kommt zu uns nach Rom. Aus Vätern, Brüdern, Gatten werde ein Volk!«

Ein zustimmendes Lächeln ging über das Gesicht des Titus Tatius. Er hob die Bittende vom Boden auf und murmelte: »Wie schön ihr seid, Frauen des Sabinerlands. Nimmermehr will ich euch missen.«

Da begriff auch Romulus die Göttergunst dieser Stunde und sprach: »Mit Gewalt haben wir euch, Quiriten, zu Schwägern gemacht. Nun soll die Liebe der Frauen Roms aus Blutsverwandtschaft Blutstreue erblühen lassen!«

Das Bündnis ward besiegelt. Dem Palatin gegenüber siedelten sich die Quiriten an und errichteten auf der stolzen Bergkuppe prächtige Tempel für Juno und Mars. Die Römer sahen nun schon die Sonne über vier Hügel aufgehen, die in latinischer Sprache heißen: Palatinus, Kapitolinus, Cälius und Quirinalis.

Romulus herrschte nun gemeinsam mit Titus Tatius über die Stadt, doch sollte nach beider Willen dieses Doppelkönigtum nur mit ihnen verknüpft bleiben. Später hat dann die römische Republik mit der Einrichtung der zwei Jahreskonsuln den Gedanken einer Doppelregentschaft wieder aufgenommen. Die Doppelherrschaft des Romulus und Titus Tatius währte jedoch nicht lange. Der Sabinerkönig hatte sich bei den Bewohnern von Laurentum durch mancherlei Gewalttätigkeit verhaßt gemacht. Als der Herrscher einmal nach Lavinium zum Opferfest zog, wurde er dort von der empörten Volksmenge erschlagen. Sein Grab im Lorbeerhain des Aventin aber wurde noch lange verehrt und ihm bis in die historische Zeit ein jährliches Opfer gebracht.

Nach seinem Tod regierte Romulus allein voll Milde, Weisheit und Gerechtigkeit.

Die Zeit schien jetzt reif geworden, Sorge für die Nachfolge zu treffen und dem Volk eine feste Ordnung zu geben als Grundpfeiler jeden häuslichen Glücks und des Gedeihens des Staates. Er hatte auch schon bisher nach bestimmten Regeln regiert, aber jetzt bekamen lang geübte Bräuche Rechtskraft und wurden Gesetz. Träger des öffentlichen Lebens sollten nach Romulus' Willen jene Geschlechtervereinigungen sein, von denen wir mancher schon begegnet sind, wie den Quinktiliern, den Fabiern, den wolfsfellbeschürzten Luperkern, den Saliern, den Springtänzern auf den Festen zu Ehren des Mars, aber auch viele, die jetzt noch unbekannt, bereits die Berufung in sich trugen, dereinst über die Bühne der Weltgeschichte zu schreiten. Romulus bestimmte, daß es neunzig solcher Geschlechtervereinigungen geben sollte, nannte sie Kurien und faßte je dreißig von ihnen wieder zu einer größeren Gruppe, dem Tribus*, unter der Führung eines Ältesten mit der Amtsbezeichnung Tribun zusammen. In ihrer Gesamtheit bildeten sie das Patriziat, und nur seinen Angehörigen wurden die höchsten Bürgerrechte, nämlich die Königswahl, das Tragen der Waffen und die Gesetzgebung eingeräumt.

Um dem Volkswillen eine Stimme zu verleihen, schuf Romulus den Ältestenrat oder Senat, dessen dreihundert durch ergänzende Neuwahl stets auf Lebenszeit berufene Mitglieder die Kurialbeschlüsse annehmen oder verwerfen konnten, und dem auch das Begnadigungsrecht zustand. Die Rechtsprechung, die Durchführung der Gesetzesbeschlüsse und den Oberbefehl über das Heer im Kriegsfall behielt Romulus sich und seinen Nachfolgern vor.

Die außerhalb des Patriziats stehende Bevölkerung, die sich hauptsächlich aus den Zugewanderten zusammensetzte, hieß Plebs, und es war ihr erlaubt, jede Art von Geschäft zu betreiben, Grund und Boden zu erwerben und frei über das Eigentum zu verfügen. Nur politische Rechte blieben ihr versagt. Doch stand es jedem Plebejer frei, sich zu seinem besseren Schutz unter das Patronat eines Patriziers zu begeben, und so wurden aus vielen gemeinen Männern die Klienten, das heißt die »Schutzbefohlenen«.

Für die Wiedererlangung der Freiheit durch die Sklaven erließ Romulus ebenfalls Regeln; freilich gab es damals, da die Kriegsgefangenen meist als Plebejer in Rom angesiedelt wurden, ihrer nur wenige, vornehmlich Sünder gegen das Gesetz.

Groß waren die Vergünstigungen, die Romulus den Frauen gewährte in Erinnerung daran, daß sie den Quiritischen Bund gestiftet hatten. Wohl blieb der Vater, der »pater familias«, Herr über Leben und Tod der kleinen Gemeinde, aber es waren ihm Beschränkungen gesetzt, die er nicht überschreiten durfte. Unantastbar war das Recht der Frauen auf den Besitz persönlichen Eigentums, sie durften zu keiner anderen Hausarbeit herangezogen werden als zum

* Die Namen für die drei Tribus waren: Ramnes, Titier und Lucerer. Der Ursprung dieser Wörter ist dunkel, vielleicht deutet er auf die drei Stammesteile des römischen Volkes, nämlich den der Altrömer bzw. Latiner, der Sabiner und Etrusker hin. Manche Forscher wollen in den Tribus auch eine Einteilung in den Krieger-, Priester- und erwerbenden Stand sehen.

Spinnen und Weben; die niedere Tätigkeit blieb dem gedungenen Gesinde oder den Sklaven überlassen. Ging eine Frau auf der Straße, war es jedermanns Pflicht, sie zu grüßen, und große Feste, die Matrimonalien, wurden zu Ehren der Gattinnen und Mütter eingerichtet.

Wie alle bedeutenden Städtegründer fühlte sich Romulus zur Mystik der Zahlen hingezogen, und so finden wir die Dreizahl beim Aufbau der Legionen und des Senates vielfältig in Erscheinung treten. Deshalb war der König auch jenen Männern am meisten zugetan, die jene Kunst der Zahlen beherrschten, den Rechnern, die ihm die Grundrisse der Tempel entwarfen und auch die Brücken zu den Feldern jenseits des Tibers schlugen, diese aber im Herbst beim Einsetzen der großen Regenfälle und des Hochwassers wieder abrissen. Aus der Gilde der Brückenbauer, den Pontifices, entnahm er seine Priester und gesellte ihnen die Auguren, die Deuter des Vogelfluges, zu. Denn von den vielen Spielarten der Weissagung, die im damaligen Italien gepflogen wurden, von der Orakelbefragung der italischen Griechen bis zur Eingeweideschau der Etrusker, glaubte der nüchterne Verstand des Königs nur an den Vogelflug, weil sich darin die Zukunft in Zahlen ausdrückte, wie es sich schon damals bewiesen hatte, als zweimal drei Geier dem Remus, viermal drei aber dem Romulus erschienen waren. »Viermal drei«, die Zwölf also, trat denn auch in den Mittelpunkt des römischen Zahlensystems. Entfernungen und Schwere und viele andere meß- und wägbare Dinge wurden auf sie abgestellt, neben der nur noch die Zahl Zehn und ihre Vervielfachungen eine gewisse, wenn auch viel geringere Rolle spielten.

So also bestimmte Romulus. Aber alles Menschenwerk wandelt sich, ist in Bewegung, fließt im Strom der Zeit. Manche der Gesetze des ersten Königs überdauerten Jahrhunderte, manche, wie die Regelung des Verhältnisses zwischen Patriziat und Plebs, mußten immer wieder geändert werden. Dauerhaft aber bis in die fernsten Epochen blieb der Geist der Klugheit und der Mäßigung, der Romulus' Schöpfung beseelte.

Es war Romulus nicht vergönnt, alle diese Einrichtungen in stetem Frieden und Ruhe zu treffen. Noch versuchten die beiden Städte Veji und Fidenä, Rom den Rang der Hauptstadt streitig zu machen. Besonders das stolze Fidenä verletzte ständig Roms Staatsgrenzen, bis es zum Krieg kam. Romulus lockte das feindliche Heer in einen Hinterhalt, schlug es in die Flucht und drang ungehindert durch die offenen Tore in Fidenä ein, das sich bedingungslos unterwerfen mußte. Auch die Stadt Veji erlitt das gleiche Schicksal, als es der jungen Tiberstadt den Kampf ansagte. Es kam zu einer mörderischen Feldschlacht, und die Sage erzählt, Romulus habe von den viertausend Gefallenen die Hälfte mit eigener Hand erschlagen.

Siebenunddreißig Jahre hatte der große und weise König Romulus regiert. So wunderbar, wie er in diese Welt eingetreten war, ging er auch fort aus den Reihen der Sterblichen. Romulus berief sein Volk auf dem großen Feld zwischen Palatin und Kapitol zusammen. Er fühlte sich altern und empfand das Bedürfnis, den Römern noch einmal die strenge Beherzigung der Gesetze ans Herz zu legen. Da saß er nun auf dem goldenen Thronstuhl, und sein Auge weitete sich im Glanz der Erinnerung. Welch langen Weg hatte er zurückgelegt von dem Tag an, da er die erste Grenzfurche der Stadt in den Boden gepflügt hatte. Rings auf den Hängen der Hügel erblickte er die Häuser der Bürger, auf den Kuppen oben ragten prächtige Tempel und Paläste.

Plötzlich erhob sich ein furchtbarer Orkan. Die Sonne erlosch, und das nachtdunkle Firmament wurde von furchtbaren Blitzen erhellt. Während dieses Aufruhrs der Natur fuhr Romulus, der Göttersohn, mit den Rossen des Mars gegen Himmel, um fortan sein Leben mit den Unsterblichen zu teilen.

Das Volk war beim Ausbruch des Unwetters geflohen. Als nun die Sonne wieder durch das Gewölk brach, kehrte es zurück und fand den Stuhl des Königs leer. In betroffenem Schweigen stand die Menge lange still. Dann erst öffnete sich der Mund zur Klage. Laut jammerten die Männer und Frauen über den Heimgang ihres großen königlichen Vaters. Da sahen sie, wie ein vornehmer und hochgeachteter Patrizier namens Prokulus Julius vom Kapitol herabgestiegen kam. Überirdischer Glanz lag auf seinem verklärten Antlitz. Lange brauchte er, um sich zu sammeln. Endlich aber sprach er: »Romulus ist mir im Traum erschienen, schöner und herrlicher, als ich ihn je erblickte, mit einem feuerstrahlenden Panzer um den Leib und einem Flammenschwert in Händen. Als ich den König fragte, warum er uns verlassen habe, antwortete er: ›Sag meinem Volk, daß ich dahin zurückkehren mußte, woher ich stamme. Mein Vermächtnis an die Römer aber lautet, daß sie die höchste Macht erreichen werden, wenn sie Tapferkeit und Mäßigung üben. Ich werde als Schutzgott Quirinus gnädig über das Geschick meiner Stadt Rom wachen.‹ So verkündete mir die Erscheinung. Knie nun nieder, Volk von Rom, und huldige dem Andenken deines großen, heimgegangenen Königs!«

Das Volk warf sich auf die Erde und gelobte, dem Gott Quirinus einen herrlichen Tempel zu erbauen, der auf der Spitze des Quirinalis erstehen sollte. Von dieser Zeit an nannten sich die Römer auch Quiriten.

NUMA POMPILIUS

Nach des Romulus Entrückung konnten sich die Kurien nicht darüber einig werden, ob es dem sabinischen oder dem latinischen Stamm der Römer zukäme, den Nachfolger des Stadtgründers zu stellen. Schließlich wählte man den Ausweg, bis zur endgültigen Bereinigung des Streits das Staatsoberhaupt alle sechs Stunden zu wechseln. Beinahe ein Jahr lang lösten nun auf dem Palatin die Tag- und Nachtkönige* einander ab, und die Zwischenregentschaft endete erst, bis eine Regelung zustande kam, daß jeweils einem Herrscher aus sabinischem Geblüt ein solcher aus latinischem folgen, der nächste König also ein Sabiner sein solle.

Die einigen Stimmen fielen auf Numa Pompilius aus der Stadt Kures. Der Name des Mannes, dem Sinnen und Grübeln über die Lehren des griechischen Philosophen Pythagoras das Haar weit vor der Zeit hatte ergrauen lassen, war weithin bekannt. Die Jahre seiner kurzen, aber glücklichen Ehe mit der allzufrüh verstorbenen Tochter des Königs Titus Tatius hatten ihn gleichermaßen dem hohen Familiensinn wie der Treue des Volkes empfohlen. Der Erwählte machte die Annahme des angebotenen Amtes von der Befragung des Vogelfluges abhängig. In Begleitung der Priester bestieg er das Kapitol, um dort unter Einhaltung des ihm besonders am Herzen liegenden strengen Brauches die Götterzeichen zu beschwören. Nach Mittag wandte er sein Gesicht, und der Krummstab in seiner Hand beschrieb in schwingenden Linien die Himmelsrichtungen

* Die altrömische Stunde war etwa doppelt so lang wie die heutige, der Tag zählte demnach nur zwölf Stunden im ganzen.

von Ost nach West und von Nord nach Süd. In stummer Erwartung verharrte indes das Volk am Fuße des Berges, und brausender Jubelschrei löste erst seine Zunge, als der König verkündete, daß ihm das Dreigestirn Jupiter, Mars und Quirinus freundliche Botschaft gesandt hätte.

Der Regierungsantritt des Numa Pompilius war aber dennoch von großen Heimsuchungen begleitet. Wollten die Götter Weisheit und Mut des neuen Königs auf die Probe stellen? Fast schien es so. Denn schwere Unwetter schreckten das Volk. Blitze, wie sie so fürchterlich seit Urzeiten nicht mehr erschienen waren, zeichneten sich gleich feurigen Schlangen ins Firmament und fielen in Haus und Ernte. Dämonische Opferriten, mit denen die Vorväter das Land vor dem Fluch des Blitzschadens bewahrten, wurden wieder lebendig, und über die Altäre floß das Menschenblut.

Als Numa Pompilius diesen rohen Sitten zu wehren versuchte, ward ihm herausfordernd die Frage entgegengehalten, ob er denn ein anderes Mittel wüßte, den Göttern die verheerende Kraft des himmlischen Feuers abzukaufen. Da er aber keines kannte, schwieg er und verhüllte sein Haupt. Er liebte die Menschen, und ihre Schlechtigkeit verursachte ihm tiefes Leid.

Nur eine konnte ihm raten – die Nymphe Egeria. Die Gerüchte, die darüber umgingen, daß der König heimlich mit einem Quellgeist vermählt sei, redeten nämlich die Wahrheit. Einmal, da er sich sinnend in den Wäldern der Sabinerberge ergangen hatte, war Egeria gleich einem silbernen Nebel dem Bächlein entstiegen, das aus einer Höhle hervorsprudelte. Viele glückliche Tage hatte der Philosoph von Kures mit seiner Gemahlin in einer Grotte zugebracht und himmlische Weisheiten von ihr, in der man später die Muse der Wissenschaften, Kalliope, erkennen wollte, empfangen. Seit seiner Wahl zum König aber war ihm die Nymphe unsichtbar geblieben. Vergeblich hatte er seit Monden Egeria mit verzweifeltem Rufen zu locken versucht.

Tief in der Nacht, da ihm wieder einmal die Sorge den Schlaf verscheuchte, verließ Numa Pompilius durch das Kapenische Tor den Stadtbezirk Roms. Er schritt in dem zauberischen Dämmer des Eichenhains auf dem Aventinischen Hügel dahin und überließ sich ganz seinen Gedanken. Er ahnte, daß der Schattenzeiger der Sonnenuhr auf die Stunde wies, in der jeder Mensch in seine höchste Würde eingesetzt werden sollte. Der unbestreitbare Anspruch auf das Leben gehörte genauso dazu wie das volle Recht des Bürgers auf Grund und Boden, die Abkehr vom Menschenopfer gleichermaßen wie der Verzicht des Staates auf das Land, das seine Bürger bebauten. Numa Pompilius empfand tiefe Scham bei dem Gedanken, daß nur die Frucht der Felder denen zu eigen sein durfte, die sie bestellten, nicht aber der Boden selbst. Wie der Mann nicht wehrloses fremdes Leben nehmen soll, so der Staat nicht seines Mannes Eigentum! Wohl, zu des Äneas arkadischen Zeiten war das alles gut und billig gewesen. Starb aber Saturn nicht schon, der alte Gott der Äcker, trug man in Griechenland nicht den großen Pan zu Grabe? Dämmerte nicht eine neue Zeit herauf?! Soviel Numa Pompilius auch grübelte, er fand das Mittel nicht, diesen Knäuel zu entwirren.

Da – ein leiser Harfenton schlug an sein Ohr. Unter den überirdischen Klängen brach zu seinen Füßen ein Quell auf, eine Gestalt entstieg dem perlenden Schaum des Wassers, und Egeria stand vor ihm, das weise, geliebte Weib. Ein Ausruf des Entzückens kam von den Lippen des Königs. Er breitete die Arme aus und umschloß die Nymphe. Dann zog er sie nieder auf einen breiten, moosbewachsenen Stein. Lange saßen sie schweigend, vom Glück überwältigt. Dann endlich begann die Nymphe: »Ich will fortan in deiner Nähe wohnen. Hier im Hain oder in Aricia, dem Heiligtum der Diana, kannst du mich finden, wenn du meiner bedarfst. Frage also, und ich will dir raten.«

Der König stieß in tiefer Herzensnot hervor: »Ist es wirklich der Wunsch der Götter, daß man die Opferkrüge mit dem Blut ihrer Ebenbilder füllt?«

Das Antlitz der Nymphe verdüsterte sich, und ausweichend antwortete sie: »Jupiter und Mars können schrecklich sein.«

Doch der König gab sich damit nicht zufrieden und drang weiter in Egeria mit der Frage, ob er neue Tempel bauen oder den Gottesdienst in strengere Regeln fassen solle, um die Himmlischen zu besänftigen.

Die Nymphe belehrte ihn, daß Jupiter niemals bereit sein würde, freiwillig auf Menschenopfer zu verzichten, und daß es nur ein Mittel gäbe, um diesen grausigen Brauch abzuschaffen: den Göttervater zu zwingen, sich in menschlicher Gestalt auf die Erde zu begeben, und ihm dann mit einer List das Verbot, Menschenblut auf den Altären zu vergießen, zu entringen.

Da überkam Verzweiflung den König, und er rief: »Ich besitze nicht die Kraft, Jupiter in menschlicher Gestalt vor mein Antlitz zu rufen.« Egeria erwiderte: »Es gibt Zauberformeln, denen auch Jupiter gehorchen muß. Doch nur zwei kennen sie, Pikus, der kühne Jäger, und sein Sohn Faunus, der Bocksfuß. Willst du sie zwingen, dir das Geheimnis, wie man Jupiter bannt, preiszugeben, dann mußt du ihnen, wenn sie berauscht sind, von sechs unschuldigen Knaben ein Netz aus Eisen über den Leib werfen lassen; dem können sie nimmermehr entrinnen.«

Numa Pompilius bedeckte seine Augen mit der Hand, um über das Gehörte nachzusinnen. Plötzlich spürte er, sanft gleitend wie die zärtliche Hand einer Frau, Wasser über seine nur mit Sandalen bedeckten Füße hinrieseln. Er blickte auf und sah Egeria nicht mehr. Doch er fühlte, wie sie ihn als Quell umspielte. Froh kehrte er heim.

In der nächsten Nacht begab er sich wieder in den Eichenhain. Sechs reine Jünglinge schleppten einen Krug mit Wein und ein Gespinst aus feinen Eisenschnüren. Der Wein ward neben der Quelle aufgestellt. Sodann verbarg sich der König mit seinen Begleitern in einer nahen Grotte.

Richtig, kurz nachdem die Sonne aufgegangen war, stapfte fröhlich, den Bogen über die Schulter gelegt, Pikus einher, und hinter ihm humpelte Faun, der ziegenhaarige Bocksfuß. »Ho«, lachte Faun, indem er seine Nase in die Amphore steckte, »heute wurde uns ein guter Trunk beschert.« Und gierig schlürfte er den Rebensaft. Allsogleich zog süßer Rausch durch seine Glieder. Jetzt kostete auch sein Vater Pikus von dem Trank. Als er gar nicht absetzen wollte, torkelte Faun herbei und lallte: »Nicht zu viel, du alter Waldspecht.« Pikus aber stieß ihn brummend zurück: »Zu wenig Ehrfurcht hat dieses junge Volk; seit Jupiter meinem Vater Saturn die Herrschaft geraubt hat, ist Hoffart und Sünde in die Welt gekommen. Weh, daß einst das Goldene Zeitalter sterben mußte!«

Da flog auch schon das Netz über die beiden. Faunus schlug mit dem Bocksfuß wider die Eisenmaschen. Doch er vermochte sie nicht zu zerreißen, und so schimpfte er:

»Zaubrischer Tand
aus unschuldiger Hand
ist stärkres Geflecht
als des Waldgottes Recht.«

Numa Pompilius fiel es nun nicht mehr schwer, den Gefangenen die Formeln zur Beschwörung Jupiters zu entlocken. Auf der Spitze des Aventin entzündete er aus Zweigen und Wurzeln, die ihm von Pikus und Faunus genannt worden waren, ein Opferfeuer und murmelte dazu die vorgeschriebenen Gebete. Die Brandwolke stieg steil zum Firmament auf, und durch sie glitt Jupiter herab. Numa Pompilius konnte sein Antlitz, das sich hinter einem Dunstschleier verbarg, nur ungenau ausnehmen, aber am funkelnden Blitz seines Auges, der durch den Qualm brach, und am melodischen Grollen der Stimme erkannte er den Gott.

»Ich rieche die Kräuter meiner lustigen Gesellen Pikus und Faunus«, sagte Jupiter und fuhr dann fort: »Der du so weise warst, dich ihrer zu bedienen, Numa Pompilius, versuche nun deine Weisheit an mir.«

Schnell fragte der König: »Wie entsühne ich eine vom Blitz getroffene Stelle?« Jupiter gab zurück: »Mit einem Kopf.« Numa Pompilius erwiderte: »Gut, großer Vater, so nehme ich den Kopf einer Zwiebel.«

Jupiter schnaufte ärgerlich, denn er hatte natürlich einen Menschenkopf gemeint. Damit ihm aber das Menschenopfer nicht ganz entgehe, fügte er sofort hinzu: »Und mit einem Glied des menschlichen Körpers.« Geistesgegenwärtig rief Numa Pompilius: »Gut, großer Vater, ich nehme abgeschnittenes Haar.«

Wütend stampfte Jupiter auf: »Noch etwas Lebendiges mußt du hinzufügen.« Aber auch da fand der kluge König Rat: »Gut, großer Vater, ich nehme aus einem Eimer einen lebenden Fisch.«

Nun wußte Jupiter endgültig, daß er dem schlagfertigen Numa Pompilius nicht beizukommen vermochte, und entschwand. Der König aber hatte seinen Willen durchgesetzt, und von diesem Tag an wurde in Rom die Blitzgefahr nicht mehr durch die Opferung von Menschen, sondern von Zwiebeln, Haar und einem lebenden Fisch abgewehrt.

Die Abschaffung der Menschenopfer war erst der Beginn noch vieler großer Werke. Als der König eines Tages über den Marktplatz ging, wurde er Zeuge eines erschütternden Schauspiels. Priester trugen eine Sänfte, in der eine an Armen und Beinen gefesselte Vestalin saß. Jeden, der dem Zug begegnete, zwang man, sich ihm anzuschließen, und so folgte auch Numa Pompilius dieser Aufforderung. Die unglückselige Dienerin der Vesta hatte das Gelübde der Keuschheit verletzt und sollte nun einem grausamen Tod überliefert werden. Der Zug ging hinaus zum Frevelfeld vor den Toren der Stadt. Dort war ein unterirdisches Gewölbe ausgeschachtet worden. Nachdem man die Sünderin von ihren Banden befreit hatte, hießen sie die Priester über eine Leiter in die Gruft hinabsteigen. Darin stand ein Bett, ein Krug mit Öl und ein Becher Milch. Dann wurde das Grab mit einem schweren Stein verschlossen. Die wenigen Lebensmittel sollten der Unglückseligen eine Gnadenfrist gewähren, um sich für den Tod vorzubereiten. Dabei konnte sich die lebendig Eingesargte noch glücklich preisen, daß es ihr der schwere Stein über der Gruft ersparte, das Jammern ihres Mitschuldigen zu hören, den man oben zu Tode peitschte.

Des Königs Herz krampfte sich in unsagbarem Mitleid zusammen. Zwar empfand er die Strafe für die Frevlerin, die den Namen der Göttin des heiligen Herdes geschändet hatte, nicht als Unrecht; doch peinigte ihn der Gedanke, daß die Priesterinnen der Vesta schon als Kinder zum Tempeldienst ausgesucht würden und ein Leben lang auf das Glück der Liebe verzichten mußten, ohne dieses Los freiwillig erwählt zu haben. Und so begann Numa Pompilius seine vielfältigen religiösen Reformen mit dem Erlaß einer neuen Satzung für den Vestadienst. Zunächst begrenzte er die Dauer des Gelöbnisses auf das dreißigste Lebensjahr. Darnach sollte es den Priesterinnen freistehen, weiter im Dienste der Vesta zu bleiben oder einem Mann als Gattin zu folgen. Die heiligste Aufgabe der Vestalin bestand in der Hütung des immerwährenden Feuers auf dem Altar im Tempel der Göttin. Erlosch es einmal, so stand bisher auf dieses Versäumnis die Todesstrafe für die schuldtragende Vestalin. Numa Pompilius verfügte, daß diese Buße zu einer Geißelung gemildert werde und man das ausgegangene Feuer durch das Reiben zweier Zweighölzer vom fruchttragenden Baum erneuere. Für die Erfüllung ihrer strengen Pflichten sprach der König den Vestalinnen aber auch hohe Ehren zu. Er begründete ihren Anspruch auf das Ehrengeleit von zwölf Königsherolden – Liktoren genannt – bei jedem Ausgang und auf jenes Begnadigungsrecht, daß ein zum Tode Verurteilter, der auf seinem Gang zur Hinrichtungsstätte durch Zufall einer Vestalin begegnete, auf der Stelle als entsühnt galt. Sodann ließ Numa Pompilius der Göttin des heiligen Herdes auf dem Forum – dem Marktplatz Roms – einen prächtigen Rundtempel erbauen.

Ebendort entstand bald darauf auch eine Weihestätte für den doppelköpfigen Janus, den Herrn des Eingangs und des Ausgangs. Mit diesem Tempelbau verband der Philosoph auf dem Königsthron auch eine Kalenderreform, indem er den Gott des Beginns zum Regenten des ersten Monats im Jahr machte, der früher im Zeichen des Mars stand. Diese Verfügung beherrscht das menschliche Leben bis heute, wovon die Monatsnamen Januar und März Zeugnis ablegen. Numa Pompilius bestimmte, daß die Pforten des Janustempels stets geschlossen bleiben sollten, bei Beginn eines Krieges aber sofort zu öffnen seien. In den tausend Jahren der Geschichte Roms ist das Heiligtum des Janus nur die sechsundvierzig Jahre der Regierung des Numa Pompilius geschlossen gewesen und dann noch sechs Jahre nach den Punischen Kriegen und wieder zwei vor der Geburt des Jesus von Nazareth ...

Mars zürnte sehr, daß er dem verhaßten Janus weichen mußte. Denn lag darin nicht die Feststellung, daß auch er, einer der mächtigsten Götter, der Gewalt von Anfang und Ende unterworfen sei? Besonders kränkte den Gott, daß diese Demütigung von einer Stadt ausging, die den Regenten des Krieges ihren Schutzherrn nannte. Zornentbrannt rief er: »Eine Pest soll dich austilgen, undankbares Rom.« Nachdem er diesen Fluch ausgesprochen hatte, hielt er seinen Streitwagen an und sandte dichte Bündel vergifteter Pfeile zur Erde hinab.

Von des Gottes Zorn angefacht, breitete sich die Seuche in rasender Schnelligkeit über Rom aus. Voll Verzweiflung eilte der Herrscher in den Eichenhain am Aventin und flehte um das Erscheinen seiner Gemahlin Egeria. Da donnerte es plötzlich über den Wipfeln, und aus der Krone eines Baumes sank blitzumflammt ein Schild, der sich langsam zu Füßen des Überraschten niederließ. Im gleichen Augenblick fühlte er, wie sich ein Arm um seine Schulter legte, und die Stimme der treuen Nymphe tröstete ihn: »Der Zorn des Gottes Mars wird verrauchen, wenn du diesen Schild den Vestalinnen zur Aufbewahrung übergibst. Es wäre freilich schrecklich, würde das heilige Zeichen einmal geraubt. Darum rate ich dir, elf andere Schilde anfertigen zu lassen, die ihrem Urbild so ähnlich sind, daß kein Dieb imstande wäre, unter den zwölfen den richtigen herauszufinden.«

Das Ansehen des Königs wuchs unermeßlich, da es ihm nun tatsächlich gelang, durch die weihevolle Zeremonie der Schildaufhängung in der Cella des Vestatempels das Unheil zu verscheuchen. Dem Schmiedemeister aber, dem das Kunststück glückte, elf dem Marsschild völlig gleiche Nachahmungen zu verfertigen, wurde zum Dank dafür gestattet, beim Feste zu Ehren des Kriegsgottes an der Spitze der Salier zu schreiten. Auch nach seinem Tode blieb es üblich, daß ein Schmied die Salier anführte, wenn sie im wilden Rhythmus ihres Springtanzes zu Anfang des Monates März durch Rom zogen. Das Volk lachte dann über die Püffe und Hiebe, die jenem ehrsamen Meister von den Lanzen der Salier versetzt wurden. Der Schmied jedoch spottete über die ausgelassenen Gesellen, da er vorsichtshalber eine doppelte Lage Büffelleder unter seinem brustschützenden Eisenwams trug.

Um die gewissenhafte Einhaltung der von ihm verfügten Religionsgesetze zu gewährleisten, schuf Numa Pompilius ein eigenes Priesterkollegium. Die Ausübung des gewöhnlichen Gottesdienstes lag nunmehr in den Händen niederer Priester, den »Flamines«, während der Titel »Pontifex« nur den Mitgliedern jenes Kollegiums gebührte, an dessen Spitze der »Pontifex maximus« stand. Auch für die Auguren, die Vogelflugdeuter, schuf der König eine neue Ordnung, darin die Weissagung aus dem Verhalten der heiligen Hühner eine besondere Rolle spielte. Schließlich ließ der Herrscher eine Niederschrift aller von ihm getroffenen religiösen Regelungen anfertigen und gab sie dem Pontifex maximus zur Aufbewahrung. Beim Brande Roms zur Zeit des Galliereinbruchs gingen diese Aufzeichnungen zugrunde.

Nach dem Abschluß dieses gewaltigen Werkes machte sich Numa Pompilius daran, einen lang gehegten Plan zu verwirklichen. Der gesamte Ackerboden sollte in Privatbesitz übergehen. Was der Bauer an Gemeindeland im Augenblick unter dem Pflug hatte, als die Satzung erlassen wurde, sollte ihm gehören*. Die Grenzsteine wurden gesetzt, und der Besitz, damit er der Familie niemals verlorengehen könne, für unverpfändbar erklärt. Zugleich stiftete

* Später entstanden aus dem in Kriegen neu eroberten Boden – woran Numa Pompilius gar nicht gedacht hatte – abermals Staatsländereien, die den Patriziern als Waffenträger der Nation übergeben wurden. Hierin lag die Wurzel des Kampfes zwischen Patriziat und Plebs, der die junge Römische Republik erschütterte.

der König, um Handel und Handwerk zu beleben, die zwölf Zünfte.

Doch auch dieser Anfang war schwer. So weise der Herrscher alles eingerichtet zu haben schien, die, wie ihm dünkte, verruchte Hand eines bösen Geistes, des menschlichen Eigennutzes, griff nach dem feinen Getriebe der neuen Lebensgrundlage und drohte es zu zerstören. Viele waren mit dem ihnen zugeteilten Boden unzufrieden und schielten neidig auf angeblich bevorzugte Nachbarn. Sie versuchten nachts die Grenzsteine zu versetzen, und es gab viel Ärger und Streit. Aber noch Schlimmeres geschah: die Besitzer benötigten zur Bearbeitung des Neulands neue Ackergeräte, Häuser und Diener und konnten das alles nicht bekommen. Da nämlich der Landmann damals wenig Geld im Beutel hatte, versprach er, mit dem Erträgnis der ersten Ernte seine Schulden zu tilgen. Aber auf unverpfändbares Besitztum wollte kein Handwerker etwas borgen. Die Zunftleute fürchteten um die Kaufsumme betrogen zu werden, wenn der Schuldner entweder aus Bosheit oder Unvermögen nicht bezahlen wollte, was er ein Jahr zuvor eingekauft hatte. Handel und Wandel begannen zu stocken, und eine furchtbare Lähmung breitete sich über die Stadt der Quiriten aus. Öde und still lagen die Gassen, wo sonst der Schmiedehammer im Takt fröhlicher Arbeit schlug; die Färber verließen den Trog und die Gerber die Lohe, der Flötenspieler lehnte sein Instrument an die Wand und der Goldschmied den Stichel in die Ecke, der Töpfer hielt seine Scheibe an, und der Schuster stieß seinen Pfriem in den Leisten, die Zimmerleute lehnten faul auf dem Markt herum, und der Tavernenwirt schlief hinter seinen Weinfässern. So feierten alle zwölf Zünfte, und weil die Handwerksarbeit ruhte, fluchte der Landmann.

In seiner Not wußte Numa Pompilius keinen anderen Ausweg, als abermals bei seiner Gattin Egeria Hilfe zu suchen. Die Nymphe fragte mit verwunderten Augen, ob denn der König wirklich vergessen habe, die stärkste aller menschlichen Eigenschaften, den Eigennutz, in seine Rechnung zu stellen. Der Herrscher erklärte zu seiner Verteidigung, daß er den Menschen bisher für gut gehalten habe. Da sprach die weise Frau: »Ich weiß nicht, ob Eigennutz gut oder schlecht ist. Denn wer darf sagen, ob der Gott Janus gut oder schlecht ist? Mit ihm kam der Eigennutz in die Welt, denn kein Beginn wird gesetzt ohne Hoffnung auf Gewinn, sei's an Geld, sei's an Geist. Darum höre, was ich dir rate: erkläre das gegebene Versprechen des Schuldners für heilig und baue der Göttin Fides, bei der in Hinkunft Geschäftsverträge beschworen werden sollen, einen Tempel gleich neben dem Haus des geflügelten Merkur. Wenn ein Schuldner die Rückzahlung verweigert, soll er aus der Gemeinschaft der Freien ausgestoßen werden. Und dann tue noch dies: erkläre den Grenzstein für heilig und setze dem Gott Terminus einen Tempel gleich neben dem Altar der Göttin Fides, der Walterin der Treue. Wer aber den fremden Grenzstein verrückt, der soll des Todes sein.« So redete die Nymphe Egeria, und der König tat, wie ihm geheißen. Die Stadt blühte nun wieder auf. Fides, die Treue, und Terminus, der Grenzstein, aber werden noch heutigen Tags von Handelsmann und Bauer verehrt.

Als Numa Pompilius eines sanften Greisentodes starb, hinterließ er ein wohlgeordnetes Gemeinwesen. Nun konnten andre auf seinem und des Romulus Werk fortbauen. Der Quell im aventinischen Eichenhain aber versiegte. Nie mehr erschien die Nymphe Egeria einem Sterblichen.

DIE RÖMISCHEN KÖNIGE

CONCORDIA PARVAE RES CRESCUNT,
DISCORDIA MAIXMAE DILABUNTUR
*DURCH EINTRACHT WÄCHST DAS KLEINE,
DURCH ZWIETRACHT ZERFÄLLT DAS GRÖSSTE*
Sallust

TULLUS HOSTILIUS

Bei der Abgrenzung der Äcker unter Numa Pompilius war auch viel herrenloses Land vor den Toren Roms unter den Pflug genommen worden. Dort aber, wo Alba Longas Herrschaftsbereich begann, hatte man in der Besitzergreifung sorglich haltgemacht. Dem Geier gleich, der mit ausgebreiteten Schwingen auf hohem Felsennest seine Brut hütet, schirmte die Bergstadt ihre Felder in der Ebene. Und die Quiriten scheuten davor zurück, den mächtigen Nachbarn zu reizen. Das wurde freilich anders, als die Kurien den wilden Tullus Hostilius, einen Enkel des in der Sabinerschlacht gefallenen Hostes, zum Nachfolger des weisen Königs Numa Pompilius bestimmten. Nun wagte sich der römische Landmann, insgeheim angestachelt von dem machtgierigen Regenten, zum erstenmal in Gebiete, von denen die Albaner behaupteten, daß sie ihnen gehörten. In Latium wurde es wieder unruhig. Der Grenzbewohner nahm das Schwert mit auf den Acker, und auf beiden Seiten floß Blut.

Eines Tages trat Tullus Hostilius vor den Senat und sagte: »Es ist an der Zeit, daß die Pforten des Janustempels geöffnet werden.« Doch die Väter* zögerten, sich in ein Abenteuer mit ungewissem Ausgang zu stürzen, und warnten den Herrscher. »Der Krieg ist unausweichlich geworden«, erklärte demgegenüber der König, fügte aber, um das Gewissen des Volkes zu beruhigen, hinzu: »Ich verspreche, einen gerechten Krieg zu führen. Eine Gesandtschaft will ich nach Alba entbieten und durch sie Genugtuung für die Grenzfrevel fordern. Wird diese verweigert, dann entscheide das Schwert.

* Die Mitglieder des Senats führten den Titel »pater«, das ist »Vater«.

Ich zweifle allerdings nicht, daß die hochmütigen Albaner unseren Unterhändlern Schmach antun werden.«

Es geschah nach des Königs Weisung. Doch kaum hatten die römischen Sendlinge die Stadt verlassen, traf am Palatinischen Tor eine albanische Abordnung ein. Tullus schäumte: so war also der albanische König schneller gewesen, und ihm, dem Römer, sollte die Rolle des Sühneverweigerers und mit des Kriegsschuldigen voll schlauer Bosheit zugeschoben werden! Nachdem sich Tullus einigermaßen gefaßt hatte, beschloß er, den Versuch zu unternehmen, den Listigen oben auf dem Felsennest durch bessere List zu übertrumpfen. Er empfing die Albaner mit gespielter Liebenswürdigkeit und rief ihnen, als sie sich anschickten, ihr Anliegen vorzubringen, mit abwehrend aufgehobenen Händen zu: »Warum diese Eile? Noch nichts von Geschäften! So hoher Besuch muß erst mit gebührenden Ehren empfangen werden. Vor unserer Aussprache wollen wir Feste feiern und die Götter um Erleuchtung anflehen. Kommt, die Rennbahn wird zu eurer Lust gerüstet ...« Mit üppigen Gastmählern, Wagenrennen, ja schließlich sogar mit einem sich über Tage erstreckenden Gottesdienst wurden die Albaner hingehalten, bis Tullus Hostilius endlich die ersehnte Nachricht erhielt, daß seiner Gesandtschaft in der Bergstadt schroff jede Genugtuung verweigert worden war. Nun freilich sahen sich die Albaner rasch aus allen Träumen gerissen. Sie wurden zum römischen König berufen und von ihm mit einer zornbebenden Rede empfangen: »Während ich hier euch alle Ehren erwies, hat man meiner Gesandtschaft in eurer Heimat arge Schmach angetan. In wenigen Stunden werden daher meine Herolde den Speer auf das Gebiet des treulosen Alba geschleudert haben. Ich spreche mit ihnen:

›Einen gerechten Krieg kündige ich euch an und werde ich führen.‹ Geht!«

Die Gesandten erbleichten. Die Worte, mit denen der römische König seine Rede beschloß, stellten nämlich die uralte Formel für die Kriegserklärung dar, wie sie die Priesterherolde und Hüter des Völkerrechts, die Fetiales, am Beginn der Feindseligkeiten zu sprechen hatten. Die Boten aus der Felsenstadt erkannten aber auch den schwachen Punkt in der Erklärung des Tullus Hostilius, und ihr Anführer entgegnete daher: »Dein Krieg mag gerecht sein, König, ungerecht jedoch ist die Art, wie du ihn eröffnest. Es ist Brauch unter den italischen Völkern, nach der verweigerten Genugtuung eine Frist von dreißig Tagen einzuhalten, ehe die Fetiales ihres Amtes walten.« Damit gingen sie. Sie ließen den König in einer verzweifelten Lage zurück. Tullus Hostilius hatte in dem Bestreben, den nun endlich an seinem blutigen Schopf gepackten Krieg sich keinesfalls mehr entgleiten zu lassen, tatsächlich damals in Italien gültiges Völkerrecht mißachtet. Der Krieg schien ihm rechtmäßig, aber er konnte ihn, da er auf das peinliche Rechtsbewußtsein seines Volkes Rücksicht nehmen mußte, binnen dreißig Tagen nicht eröffnen. Zähneknirschend mußte Tullus Hostilius daher zusehen, wie die Gegner in sein Gebiet einrückten. Der erwartete Angriff auf die Tiberstadt blieb freilich aus. Der albanische König wagte den Sturm auf die starken Mauern, mit denen die vier Hügel umgeben waren, nicht und schlug unweit von der Stadt des Quirinus sein Lager auf. So brach denn Tullus Hostilius mit seinen Legionen auf, umging die von den Albanern ausgehobenen Verschanzungen und überschritt seinerseits die Grenze des Feindlandes. Die Albaner waren also gezwungen, ihr Lager aufzuheben und den Römern nachzuziehen. Am Fuße der Berge traten die beiden Heere einander in Schlachtordnung gegenüber.

Indes aber hatte sich mancherlei ereignet, was die Kriegslust hüben und drüben zu dämpfen geeignet schien. Der albanische König war während des Marsches gestorben, und man hatte den tapferen Feldherrn Mettus Fufetius zum Diktator auf Feldzugsdauer berufen. Tullus Hostilius wiederum waren Nachrichten zugegangen, daß die Etrusker jenseits des Tiber Truppen zusammenzögen, weil sie einer Machtverstärkung Roms im Falle seines Sieges über Alba Longa nicht tatenlos zusehen wollten. Eine Schwächung seiner Kampfkraft durch die schweren Blutverluste, die eine Austragung der Schlacht unweigerlich im Gefolge haben würde, mußte dem römischen König also besonders ungelegen kommen. So zögerte auch er, den Angriffsbefehl zu geben. Die Legionen freilich konnten sich dieses Säumen nicht erklären. Sie sehnten sich nach dem Kampf. Die Hornisten ergriffen ihre Tuben, um sie zu einer schmetternden Schlachtfanfare an den Mund zu heben. Die Phalanx des Fußvolks und die Reiterzenturien an ihren Flügeln warteten voll Spannung auf das Kommando: »Steigt, Adler, dröhnt, Drommeten!« Ja, dann würden die Feldzeichen emporfliegen über der Mauer aus Eisen, Tritt fassen würde Manipel um Manipel, und der Sturm würde beginnen ... doch der König blieb stumm.

Was aber bedeutete das? Aus den Reihen der Albaner trat ein Gepanzerter und schritt auf die Römer zu. Über dem Helm wallte ein mächtiger Federbusch, das Antlitz Jupiters glänzte aus dem goldgetriebenen Brustpanzer. Kein Zweifel mehr – der feindliche Feldherr selbst, Mettus Fufetius, nahte sich dem römischen Heer.

In ritterlicher Art begrüßte er seinen Gegner und sprach: »König Tullus Hostilius, du weißt, daß die Ursachen dieses Krieges Plünderungen unserer Leute hüben und drüben der Grenze sind. Soll sich der Streit denn nicht auf eine weniger blutige Weise entscheiden lassen als durch männermordende Schlachten? Römer und Albaner sind verwandte Völker. Von Alba Longa zogen die Söhne des Mars nach dem Tiberstrom, um Rom zu gründen – hast du das vergessen? Darum laß uns diesen Familienzwist ohne großes Blutvergießen zum Austrag bringen, denn die Etrusker lauern auf die Schwächung von Roms Macht. Die Schwerter einiger auserlesener Helden werden entscheiden, ob Rom über Alba oder Alba über Rom herrschen soll!«

Nach kurzem Zögern erwiderte Tullus Hostilius: »Es sei, wie du gesagt hast. Drei Römer und drei Albaner mögen um Sieg oder Niederlage ihres Volkes kämpfen!«

Nun lebten zu jener Zeit durch eine sonderbare Fügung des Schicksals sowohl in Alba als auch in Rom drei Brüder, die zur gleichen Stunde geboren waren. Kuriatier nannten sich die Drillinge aus der Bergstadt, Horatier die vom Tiber. Auf sie fiel die Wahl. Unermeßlicher Stolz erfüllte die auserkorenen Männer, die nun auf den Anruf ihrer Heerführer hin aus den Reihen traten und zwischen den Fronten Aufstellung nahmen. Nur eines Kuriatiers Herz zuckte in Wehmut auf. Auf der Gegenseite sah er den Bruder seiner Verlobten, denn er hatte sich mit einer schönen stolzen Jungfrau aus dem horatischen Geschlecht versprochen. Doch für weiche Regungen durfte jetzt kein Platz im Herzen sein. Auf den Schneiden der Schwerter lag das Schicksal des Vaterlandes.

Die Kriegsherolde schleuderten nun symbolisch ihre Lanzen und deuteten damit an, daß der Kampf der Horatier gegen die Kuriatier stellvertretend stehe für den Krieg der beiden Völker. Sodann flog aus sechs Scheiden der blitzende Stahl. In der unheimlichen Stille, die noch über dem Blachfeld lastete, hörte man weithin das Krachen des Erzes, wenn es scharf auf Erz traf. Plötzlich erhob sich aus tausend Kehlen der Legionen ein Entsetzensschrei. Einer der Horatier begann zu taumeln, und sein Gegner stieß ihm den Helm vom Haupt. Auf die schutzlose Stirn sauste dann der Todesstreich. Zwei Horatier nur noch gegen drei Albaner! Zu rasender Folge steigerten sich Hieb und Parade, Schnelligkeit mußte den Quiriten den fehlenden Mann ersetzen. Vergebens. Von der albanischen Seite her brauste Jubelruf über den Kampfplatz, Hörner schmetterten darein, denn nun sank auch der zweite Römer sterbend ins Gras, und zum Greifen nahe lag der Triumph von den Männern Alba Longas. Der letzte der horatischen Brüder namens Publius jedoch behielt eiserne Ruhe. Er erkannte die Schwäche seines dreifach überlegenen Gegners und gedachte sie schonungslos zu seinem Vorteil auszunützen. Er allein verfügte nämlich noch über seine vollen Kräfte, während die Leiber der Kuriatier mit zahllosen Wunden bedeckt waren. Ihrer drei mochten sie noch stärker sein als er, einzeln aber konnten sie ihm gewiß nur mehr geringen Widerstand leisten.

Um seine Feinde voneinander zu trennen, wandte sich der Römer zu einer vorgetäuschten Flucht. Die Rechnung ging auf, und in blindwütiger Verfolgung verloren die Kuriatier bald den Zusammenhang. Nun stürzte Publius auf den am weitesten Vorgeprellten los. Die Stimmung schlug um. Die Entsetzensrufe wechselten von den Legionen hinüber zu den albanischen Truppengliedern. Diese versuchten den atemlos daherkeuchenden zweiten Kuriatier zur Eile anzufeuern, doch zu spät. Als er bei dem Römer anlangte, lag sein Bruder bereits erschlagen am Boden. Rasch entledigte sich der Horatier nun auch dieses Feindes. Jetzt humpelte der letzte der albanischen Drillinge heran. Den Römer kostete der Todesstoß Überwindung, da er nur einen wunden Mann vor seine Klinge bekam. Es lastete schwer auf seiner Seele, daß gerade den Bräutigam seiner Schwester ein so hartes Schicksal traf, denn er hätte ihm ein besseres und kühneres Los gewünscht. Allein, Erbarmen zu üben stand nicht in seiner Macht. Nicht er, das Vaterland selbst führte das Schwert, nicht er, das Ewige Rom stieß jetzt den Stahl durch die Brust des unglückseligen Jünglings, und in dem verröchelnden Atem hauchte das stolze Alba Longa seine Seele aus!

Tiefen Groll im Herzen, beugte der Diktator Mettus Fufetius seinen Nacken und sprach: »Nunmehr führt Rom im Latinischen

Bund. Seine Oberhoheit anzuerkennen, sei meine letzte Tat gewesen. Hiemit scheide ich von meinem Amt.«

Tullus Hostilius, von dem Triumph zur Milde gestimmt, antwortete mit einer großzügigen Geste: »Ich will es euch Albanern nicht allzu schwer machen, Roms Trabanten zu sein. Ihr sollt euer Heer behalten dürfen. Mettus Fufetius aber möge meine weiteren Befehle erwarten.« Beim Einzug der Legionen in Rom war die ganze Stadt auf den Beinen. Den Truppen voran schritt der siegreiche Horatier, die Rüstung der erschlagenen Feinde auf dem von Romulus geweihten Eichenstumpf zeigend. Langsam und feierlich setzte er Fuß vor Fuß, indes seine siegestrunkenen Augen ins Weite starrten, als suchten sie dort das Antlitz des Mars, des göttlichen Schutzherrn. Ein jammervoller Schrei riß ihn aus dieser Verzückung. Er wandte seinen Blick nach der Richtung, aus der das Wehklagen ertönte, und sah seine Schwester, die sich mit aufgelöstem Haar hemmungslos der Totenklage um ihren Bräutigam hingab. Zornentbrannt rammte er das Siegessymbol in den Boden und schrie: »Du bejammerst wohl deinen Verlobten, Elende?!«

Die Jungfrau erwiderte mit tränenerstickter Stimme: »Ich versuchte stark zu bleiben, mein Bruder, doch als ich meines Bräutigams Panzer erblickte und sein blutbeflecktes Wams, das ich selbst gewebt habe, überwältigte mich der Schmerz.«

Da riß der besinnungslos gewordene Jüngling sein Schwert aus der Scheide. Entsetzen bemächtigte sich der Umstehenden, denn das wahrhaft Furchtbare geschah – der Bruder durchbohrte seine eigene Schwester, indem er ausrief: »So soll jede Römerin sterben, die einen Feind betrauert!«

Die Größe Roms war sein Gesetz. Es kannte keine Ausnahmen, und auch der Volksheld aus dem Stamm der Horatier wurde vor das Gericht gestellt. Der König machte von der ihm eingeräumten Möglichkeit, einer ihm unangenehmen Entscheidung durch die Übertragung der Prozeßführung auf ein Zweimännerkollegium auszuweichen, Gebrauch. Nach einer kurzen Verhandlung erhob sich einer der Diumvirn und verkündete: »Publius Horatius ist des Mordes an seiner Schwester schuldig und wird zum Tode am Galgen verurteilt. Die Liktoren mögen dem Verdammten nunmehr die Hände binden und die Schlinge um den Hals werfen.«

Die Menge, die Kopf an Kopf den weiten Raum des Forums füllte, schrie laut auf. Doch ein Rechtsmittel stand dem Verurteilten noch offen, die Begnadigungsbitte an den Senat oder, bei einem staatswichtigen Fall, an die gesamte Bürgerschaft. Von ihr machte der Vater des Jünglings Gebrauch. Er wandte sich mit einer herzbewegenden Rede an das Volk: »Ich habe dem Vaterland zwei Söhne geopfert, dem Zorn des Siegers meine Tochter hingegeben, soll ich nun mein letztes Kind an das Gesetz verlieren? Steht aber ein Held wie Publius Horatius nicht über der Satzung? Diese Frage lege ich dem Volk der Quiriten zur Entscheidung vor.«

Die Bürger fühlten sich im tiefsten Inneren gepackt. Ihr angeborener Sinn für Tapferkeit und Verdienst am Vaterland trat in Widerstreit mit ihrem feinen Empfinden für Gerechtigkeit. »Begnadigt ihn, begnadigt ihn«, erhob sich da ein mächtiger Chor, dem ein anderer nicht minder nachdrücklich antwortete: »Blut fordert Blut.« Der Zwiespalt, der die Seele des Volkes zu zerreißen drohte, fand schließlich sein Ende durch den Vorschlag, den ein alter Patrizier zur Abstimmung stellte: »Laßt die Strafe nur symbolisch vollziehen, Bürger, und Publius Horatius unter ein Joch treten, das sinnbildlich den Galgen darstellt, der ihm von Rechts wegen gebührt. Nach diesem Gang der Demütigung und der Bekundung, daß kein Verdienst die Gleichheit vor dem Gesetz aufheben kann, soll der Held des Albanerkrieges frei sein.«

Einmütige Zustimmung brandete auf, und der Horatier war gerettet. Bis in die späteren Jahrhunderte noch zeigte man in Rom dieses Joch, das »*Schwesternbalken*« genannt wurde.

Die Freude des römischen Volkes über den Sieg dauerte freilich nicht lange. Das stolze Alba Longa vermochte den Verlust seiner Vorherrschaft in Latium nicht zu überwinden und brütete über Mittel, den alten Zustand wiederherzustellen.

Da das tuskische Mißtrauen nach dem Erfolg Roms über Alba Longa wuchs, streckte der Diktator Mettus Fufetius nach verschiedenen etruskischen Städten seine Fühler aus, um sie zu einem Kampf gegen die Quiriten zu gewinnen. Dabei machte er den Vorschlag, er würde in scheinbarer Erfüllung seiner Bündnisverpflichtung an der Seite des Königs Tullus Hostilius in den Krieg ziehen, aber nur, um im entscheidenden Augenblick aus der Schlachtlinie der Römer auszubrechen und zu ihren Feinden überzugehen. Der Diktator fand schließlich in Veji und Fidenä Gehör, die ihre früheren Niederlagen unter Romulus noch nicht vergessen hatten.

Anfangs schien alles dem Plan gemäß zu verlaufen. Bei der Nachricht vom Anrücken des feindlichen Heeres forderte König Tullus Hostilius die Stadt Alba Longa zur Bündnisleistung auf, und auf halbem Wege zwischen Rom und Fidenä kam es zur Schlacht. Den rechten quiritischen Flügel hielten die Albaner unter Mettus Fufetius, ihnen gegenüber standen die Fidenenser. Nachdem die Tuben die Eröffnung des Kampfes angezeigt hatten, ließ der Verräter seine Truppen zu einem Scheinangriff vorrücken, um nach Erreichen der gegnerischen Linie sich mit dem Feind zu vereinen.

Doch der kriegsgewohnte Tullus durchschaute das abgefeimte Spiel rechtzeitig. Er sprengte vor die Linie der Legionen hin und rief mit Donnerstimme, die auch der Feind hören sollte: »Seht, wie sich Mettus Fufetius mutig in die Schlacht wirft. Bald werden die Feinde sehen, daß sie betrogen worden sind!« Richtig, dieser Täuschung erlagen Vejenter und Fidenenser. Sie fühlten sich von Mettus Fufetius hintergangen und suchten ihr Heil in der Flucht. Auch der albanische Heerführer beteiligte sich voll Eifer an den Verfolgungskämpfen, weil er dachte, auf diese Weise die Spuren des Verrates wieder verwischen zu können.

Tullus gab sich zunächst so, als hätte er von dem tückischen Anschlag nichts gemerkt. Er begrüßte Mettus Fufetius als Verbündeten und lud die Albaner für den nächsten Tag zu einem Siegesfest ein. Ahnungslos und ohne Waffen erschienen der Diktator und seine Männer zu dem feierlichen Anlaß. Sofort aber umringten sie die römischen Krieger. Mettus Fufetius wurde festgenommen und auf der Stelle zum Tode verurteilt. Zwei nach der entgegengesetzten Richtung gepeitschte Pferde zerrissen den Leib jenes Mannes, der zwischen den Parteien geschwankt hatte, in zwei Teile gemäß dem Gesetz, daß der Verbrecher nach der Art seiner Untat büßen soll. Den Albanern aber wurde aufgetragen, mit Weib und Kind nach Rom zu übersiedeln. Sodann ließ Tullus Hostilius die Stadt auf dem Felsen zerstören; nicht ein Stein mehr erinnert heute an die Stätte, wo einst das stolze Alba Longa stand. Die Oberhoheit im Bund der latinischen Gemeinden ging endgültig von der Mutter auf den Sohn, von Alba Longa auf Rom über.

Der kriegerische Ehrgeiz des Tullus Hostilius war nunmehr befriedigt. Jetzt gelüstete es ihn, nach dem Höchsten zu greifen und so wie sein Vorgänger Numa Pompilius den Göttervater Jupiter vor sein Antlitz zu bannen. Aber niemand vermochte ihm die richtige Zauberformel zu sagen. Er versuchte es auf vielerlei Weise, bis der mit unzulänglichen Mitteln gereizte Himmelsherr wütend einen Blitz herabsandte, der König Tullus Hostilius, den dritten Herrscher Roms, in seinem Palast erschlug. Die Menschen hatten endgültig die Kraft verloren, mit den Göttern menschlich zu verkehren. Ein ewiger Strom ist die Zeit. Kräfte schwinden und neue Fähigkeiten kommen...

LUCIUS TARQUINIUS PRISKUS

Der Grundzug des römischen Wesens wurde in jener Zeit noch von bäuerlicher Art und großer Sittenstrenge als Erbteil seiner Herkunft aus dem latinischen Landvolk geprägt. Die Kriege und die Anstrengungen der ersten Aufbauarbeit hatten den Neusiedlern wenig Möglichkeit zur Pflege der schönsten Künste und zur Entfaltung von Wohlleben gegeben. Bescheidene Einfachheit bildete das Hauptmerkmal des Stils, in dem sie ihre Wohnhäuser auf den Hängen der vier Hügel oder zwischen den Tümpeln der in den Tälern liegenden Moraste errichteten. Nicht weit von den römischen Gemarkungen lag nun das Reich, das von zauberisch-süßen, freilich auch üppigen und grausamen Sitten beherrscht wurde. Die Paläste, Tempel und Grabdenkmäler Etruriens suchten ihresgleichen in Italien, nicht minder die vollendeten Schöpfungen seines Kunsthandwerks, wie Vasen, Statuen, Musikinstrumente und Waffen. Dem Aufstieg der Stadt des Romulus standen die zwölf in einem losen Bund vereinigten Stämme der Etrusker mißtrauisch gegenüber. Vielleicht neideten sie Rom etwas, das ihnen versagt war: die staatsbildende Kraft und die Gabe, Geschichte als höchste Form des Daseins zu erleben und aufzuzeichnen.

Dem Mann, der wenige Jahre nach dem Regierungsantritt des Ankus Marcius, eines Enkels des Numa Pompilius – in seiner Biederkeit und Friedfertigkeit schien der vierte König das vollkommene Gegenteil des vorangegangenen zu sein –, vom Janikulushügel aus über den Tiberstrom hinweg zum erstenmal die Mauern der Quiritenstadt erblickte, sollte es beschieden sein, die Aufnahme der Etrusker in das römische Gemeinwesen anzubahnen. Als Halbgrieche in Etrurien geboren, nannte er sich nach seiner Heimatstadt »Lukumo aus Tarquinii«. Das Weib, das mit bestaubten Reiseschuhen neben ihm stand, war seine schöne und ehrgeizige Gemahlin Tanaquil. Aus ältestem etruskischen Geschlecht, hatte sie nach ihrer Verheiratung mit dem Sohn des Zugewanderten schwer unter den Demütigungen eines kleinlichen Fremdenrechts gelitten. Eines Tages war sie deshalb bei ihrem Gatten vorstellig geworden: »Mich leidet es nicht mehr bei diesem entarteten Volk hier, das noch den Göttern Menschen zum Opfer darbringt, bei dessen grausam-blutigen Spielen sich die Fechter gegenseitig töten und das all der Schönheiten, die du es nach Väterbrauch gelehrt hast, nicht wert ist. Komm, mein Lukumo, wir wollen nach Rom ziehen. Dort, sagt man, habe ein neues Recht die Unterschiede zwischen Einheimischen und Zugewanderten aufgehoben, dort herrsche Zucht und Ordnung, und dort wird man deine Fähigkeiten zu schätzen wissen. Die Tempel der Römer sollen dürftig sein. Du wirst ihnen neue bauen. Es heißt, daß sie Schiffe weder zu zimmern noch zu steuern verstehen. Du wirst ihnen Häfen errichten, wirst Damm und Mole auf dem Meeresgrund verankern, wirst ihnen die etruskischen Dreiruderer auf Kiel legen und sie in der Kunst unterweisen, wie man nach Sonne und Sternen die Wogen kreuzt. Sie sind Bauern, aber stark, tüchtig und voll Zukunft. Du bist ein Grieche, geschmeidig, weise und kühn. Du wirst am Tiber dein Glück machen.«

Bald darauf hatte das Paar wirklich der Heimat den Rücken gekehrt und war nach langer und beschwerlicher Fahrt auf dem Janikulushügel angekommen. Dieser lag, von Rom aus gesehen, jenseits des Tiber und war schon von Romulus als Brückenkopf in Besitz genommen worden.

Schweigend verharrten Lukumo und Tanaquil im Anblick der Stadt über dem Strom und fragten sich im stillen, ob ihnen an dieser Stätte Glück oder Unglück beschieden sein werde. Da stieß ein Adler durch die glasklare Luft des italischen Morgens herab. Die schöne, wissende Frau sagte: »Der Himmel begrüßt uns mit dem stolzesten Boten.« Doch während Lukumo noch ungläubig lächelte, nahm ihm der Riesenvogel den Hut vom Kopf*, um ihn gleich darauf wieder an seinen angestammten Platz zurückzubringen.

Tanaquil jubelte über dieses Vorzeichen: »Du bist zu großen Ehren berufen, mein Gemahl, denn man wird sich dir nur mit entblößtem Haupte nahen. Laß uns jetzt den Tiber überqueren.

* Die Römer gingen stets barhäuptig, der Reisehut gehörte der griechischen Kleidung an.

Lukumo, dessen Geist, mit attischem Salz geschärft, ein wenig zu Spott und Zweifel am Althergebrachten neigte, erwiderte: »Ich denke freilich, daß für diese Begebenheit auch andere Deutungen möglich seien. Man könnte genausogut weissagen, daß ich es bin, der vor jedermann den Hut lüften muß, ja es ließe sich sogar prophezeien, ich würde, um einen Kopf kürzer gemacht, seiner Bedeckung nicht mehr bedürfen.«

So weit voraus das geheimnisvolle Buch der Zukunft aufzublättern, um die Wahrheit der letzteren Ahnung zu begreifen, reichte die seherische Kraft der Frau Tanaquil nicht. Darum bemerkte sie leichthin: »Ich kann vor uns nur Gutes erkennen. Zögern wir nun nicht mehr. Eines rate ich dir noch: Nachdem du mir schon darin gehorsam warst, dein Haupthaar auf römische Art kurz schneiden und dein Bärtchen von der Oberlippe entfernen zu lassen, sollst du auch deinen Namen der römischen Sprache anpassen. ›Lukumo‹ klingt zu griechisch. Du wirst von jetzt ab Lucius heißen, Lucius Tarquinius.«

So sprach die kluge Frau, und da dies eigentlich kein Rat, sondern ein ehelicher Befehl war, geschah alles, wie sie es wünschte. Nicht mehr ›Lukumo aus Tarquinii‹, sondern ›Lucius Tarquinius‹ setzte sich in die Fähre, die ihn zur Vierhügelstadt bringen sollte. »Nicht einmal eine Brücke besitzen die Römer«, schalt Tanaquil. »Ich werde dir eine bauen«, lachte Lucius, gut gelaunt von der schwellenden Hoffnung auf große Taten.

Der Glaube des Paares, daß Rom unternehmungslustigen und tüchtigen Einwanderern besondere Aufstiegsmöglichkeiten biete, sollte nicht getäuscht werden. Lucius Tarquinius hatte durch den Verkauf von Ländereien und des Erbteils seiner Gattin eine größere Summe mit auf die Reise nehmen können. Dieses Geld gab ihm die Möglichkeit, gleich nach seiner Ankunft in der Tiberstadt würdig aufzutreten und Geschäfte einzuleiten. Sehr bald gewann der Graekoetrusker auch das Ohr des Ankus Marcius, und wenn auch nicht überliefert ist, ob die ersten Versuche, das römische Bauernvolk mit dem Meer vertraut zu machen, den Anregungen des neuen Bürgers zu verdanken sind, so muß man es doch wohl annehmen. Denn unter dem vierten König wurde aus dem Fischerdorf Ostia an der Tibermündung der Hafen Roms. Der furchtbare Kampf, den man hier gegen die durch den Tiber verursachte Versandung vom ersten Tag an führen mußte, läßt die Wahl dieses Platzes für einen Hafenbau nicht besonders glücklich erscheinen. Doch ein anderer stand eben nicht zur Verfügung, und was war überhaupt besonders günstig an dem Flecken italischen Bodens, auf dem Rom entstand? Sogar die fruchtbare Ackererde lag weit vor den Toren der Stadt. Und wenn Tarquinius die Sümpfe betrachtete, die sich zwischen den Wohnhügeln stauten und einer vollständigen Bebauung des Siedlungsgeländes im Wege standen, wurde ihm klar, daß es eine der vordringlichsten Aufgaben der Gemeinde sein mußte, für die Ableitung der von den Berghängen kommenden und in den tiefsten Punkten der Senken sich sammelnden Wasser zu sorgen.

Aber das stellte ein gigantisches Vorhaben dar, das höchste Anstrengungen der Ingenieurkunst wie auch der Staatskasse erforderte. Da neue Kriege die Aufmerksamkeit des Ankus Marcius von zivilen Dingen ablenkten, blieb dieser Plan vorläufig liegen. Wieder einmal mußten Grenzstreitigkeiten mit dem nahen Fidenä durch die Waffen entschieden werden. Der König bestand auch siegreiche Kämpfe gegen die Sabinerstämme, die am Mittellauf des Anioflusses wohnten, und schließlich hatte er sich räuberischer Überfälle der Volsker zu erwehren, die dicht südlich von Rom die Tore zur fruchtbaren Kampania besetzt hielten. Von dem Land reichlich ernährt, standen sie durch ihre am Meer gelegene Hauptstadt Antium mit allen Handelsstädten der damaligen Welt in Verbindung. Sie lebten weit besser als die auf den Ertrag ihrer Felder angewiesenen Quiriten. Roms Kraft reichte noch bei weitem nicht aus, um an Entscheidungen zu denken, und man schätzte sich glücklich, durch den günstigen Ausgang aller dieser Kämpfe wiederum Atempausen für die Durchführung neuer Werke des Friedens gewonnen zu haben.

Unter die Regierung des Ankus Marcius fällt der Bau der ersten festen Brücke über den Tiber. Sie trat an Stelle jener Flöße, die man zur Zeit der Frühjahrs- und Herbsthochwässer stets einzuziehen gezwungen war. Wohl das wichtigste Ereignis stellte die Einbeziehung des Aventin in den Stadtbezirk dar. Der große Zustrom von Kriegsgefangenen, die nach bewährtem Brauch sofort in die Plebs eingereiht wurden, hatte die Erschließung von neuem Baugrund dringend notwendig gemacht. Krachend sanken die ehrwürdigen Eichenhaine, deren Blätterrauschen die Sagen der alten Gründungszeit fortzuerzählen schienen, unter den Äxten der nach dem Aventin verwiesenen Siedler zusammen. Seufzend wichen Faunus und Pikus den Laren der Häuser auf dem fünften Hügel.

Nach dem Tode des Ankus Marcius neigte der Traditionsgeist der Kurien dazu, einen der beiden Söhne des verstorbenen Königs auf den Thron zu berufen. Die stimmlose Plebs hätte freilich lieber den freigebigen und voll kühner Pläne steckenden Tarquinius als Herrscher gesehen. Ein Ausgleich schien schwierig. Das Patriziat war durch die vielen Kriege geschwächt, deren Blutzoll es allein entrichten mußte. Der Adel fühlte, daß ein Regieren ohne Rücksichtnahme auf die mächtig andrängende Masse der vielfach auch schon zu Geld und Grundbesitz gekommenen Plebejer nicht mehr lange möglich sein würde. Gern ließen sich daher die Kurien von der List betören, mit denen die schlaue Tanaquil die Söhne des Ankus Marcius auf eine Jagd lockte, um ihrem Gatten Gelegenheit zu geben, sich den Königswählern mit einer hinreißenden Rede zu empfehlen. Als die genasführten Jünglinge in die Stadt zurückkehrten, blieb ihnen nichts anderes mehr übrig, als dem neuen Herrscher zu huldigen, der sich hinfort unter Weglassung seines Vornamens nur mehr Tarquinius nannte; den Zusatz »Priskus«, das ist »der Ältere«, haben ihm spätere Geschichtsschreiber gegeben, um ihn von seinem unglückseligen Nachfahren, »Tarquinius der Stolze«, den letzten König Roms, zu unterscheiden.

Tarquinius fühlte das Kommen einer neuen Zeit. Sein aufgeschlossener Geist verwarf die Vorherrschaft des Adels im Staatswesen. Doch es blieb ihm versagt, hier eine entscheidende Veränderung herbeizuführen. Die wundersame Legende vom gespaltenen Schleifstein hat uns die Erinnerung an die gewaltige Auseinandersetzung zwischen der alten Ordnung und der ihre Auflösung fordernden jungen Kräfte bewahrt. Tarquinius gedachte aus den Reihen der Plebs neue Reiterzenturien, deren Angehörige zwar nicht zum Patriziat zählten, aber die gleichen Rechte wie dieses besaßen, zu bilden. Dadurch wäre ein Großteil des gemeinen Volkes in den Besitz der vollen Bürgerrechte gekommen. Als dieser Plan bekannt wurde, stand in der Priesterkurie noch einmal der starre Traditionsgeist in voller Größe auf. Der berühmteste Augur der damaligen Zeit erklärte nämlich eine so schwerwiegende Abänderung der Gesetze des Romulus ohne vorhergehende Befragung des Vogelfluges für unmöglich. Höhnisch erwiderte der König dem Priester, die Deutung des den Himmlischen abgerungenen Orakels würde wohl so ausfallen, wie es dem Wunsch der Anhänger einer überlebten Ordnung entspräche. Er fügte hinzu: »Ich will mich aber gern eines Besseren belehren lassen, wenn die Vögel bekunden, ob eine bestimmte Sache, die ich jetzt ins Auge fasse, ausführbar sei oder nicht.«

Der Augur fühlte wohl, daß mit dieser vom König verlangten und nach menschlichem Ermessen vermutlich nicht lösbaren Vorprobe nicht nur eine der ehrwürdigsten Einrichtungen, sondern damit auch die ganze alte Rechtssatzung in Zweifel gezogen werden sollte. Er raffte alle Kraft und alle Inbrunst zusammen, als er zum letztenmal von der Kuppe des Aventin, an dessen Hängen schon die Häuser emporwuchsen, die Götter um ihre Zeichen beschwor. Aus dem Flug der den Berg umkreisenden Vögel las der Augur die Verkündung ab, daß der Plan des Königs ausführbar sei.

Tarquinius lachte zu dieser Deutung des Priesters, nahm einen großen Schleifstein aus den Falten seines Gewandes, langte dann nach einem dünnen Messer und höhnte: »Die Aufgabe, die ich ins Auge gefaßt habe, besteht nämlich darin, den Kiesel mit diesem armseligen Stahl zu zerschneiden.« Der Wahrsager nahm schweigend das Messer, drückte es auf den Stein und siehe – er zerfiel in zwei Teile, als wäre er aus Wachs geformt.

»Die alten Götter leben noch«, rief erschrocken der König und ließ von seinem Vorhaben ab, die Plebejer zu Rittern zu machen. Das Gesetz des Romulus hatte sich noch einen kleinen Aufschub erwirkt.

Doch da neue Kriege drohten, mußte irgendein Weg gefunden werden, die ausgebluteten Legionen aufzufüllen. Kurz entschlossen verdoppelte Tarquinius die Zahl der Geschlechter in den drei Tribus durch Adelung reich gewordener Plebejerfamilien. Es war aber auch schon höchste Zeit. Denn bald darauf entbrannte abermals ein Krieg mit den Sabinerstämmen. Diese brachen so schnell von ihren Bergen auf, daß sie Tarquinius buchstäblich erst vor den Mauern Roms abfangen konnte. In einer wilden Schlacht gelang es dem König, die tapferen Söhne des sagenhaften Herrschers Sabus bis zum Aniofluß, der dicht oberhalb Roms in den Tiber mündet, zurückzudrängen. Am Anio aber kam die Flucht der Sabiner zum Stillstand. Die Feinde legten eine Floßbrücke über das reißende Gebirgswasser, die es ihnen ermöglichte, Waffen und Verstärkung nachzuziehen.

Die Gefahr, die dadurch den Legionen drohte, ließ in dem König einen außergewöhnlichen Plan reifen. Er schickte ausgesuchte Männer in die Wälder am Oberlauf des Flusses. Sie hatten den Auftrag, brennende Holzstämme in den Strudeln auszusetzen, die, talab treibend, die Brücke zerstören und die Feinde vom Rückzug abschneiden sollten.

Das Werk gelang. Krachend fuhren die feuerlodernden Rammböcke gegen die Brücke, und der Brand sprang von ihnen auf die Flöße hinüber. Bald standen diese in hellen Flammen. Todesangst erfaßte die Sabiner. Sie warfen sich, völlig kopflos geworden, in die vom Widerschein der Lohe gespenstisch glitzernden Fluten, und nur wenige von ihnen vermochten das rettende Ufer zu erreichen. Denn anders als die Römer, bei denen die Schwimmkunst zur Bildung gehörte – die Feststellung »er kann nicht schwimmen und schreiben« entsprach in Rom mit ihrem geringschätzigen Beiklang genau unserem heutigen »er kann nicht lesen und schreiben« –, waren die Sabiner mit dem Wasser wenig vertraut.

An diesen glänzenden Sieg reihten sich Kämpfe mit latinischen Gemeinden, die sich den Anordnungen Roms als Oberhaupt des Latinischen Bundes nicht fügen wollten.

Einige Zeit später kam es zum ersten Zusammenstoß der Stadt des Quirinus mit dem gesamten etruskischen Städtebund. Die Einzelheiten dieses Krieges sind in Dunkel gehüllt, die Sage berichtet nur, daß alle zwölf Bundesstädte wider ihren abtrünnigen Sohn zu Felde zogen, aber bei Eretum eine schmähliche Niederlage erlitten. Als Folge davon schickten die Tusker eine Gesandtschaft nach Rom, um Tarquinius die Oberhoheit über das große Reich zwischen Tiber und Apennin anzutragen* und ihm als Zeichen der neuen Würde eine goldene Krone, einen elfenbeinernen Thron, ein Zepter, eine goldgestickte Tunika und schließlich zwölf in Weidenruten gehüllte Beile zu überbringen. Diese Rutenbündel haben vor allen anderen

* Die Sage scheint hier aus Gründen des nationalen Selbstgefühls die tatsächlichen Verhältnisse umzukehren. In Wahrheit dürfte Tarquinius Priskus eine etruskische Oberhoheit über Rom begründet haben, die erst mit der Vertreibung des Tarquinius Superbus und der Ausrufung der Republik abgeschüttelt wurde. Die zwölf tuskischen Bundesstaaten wurden viel später dem römischen Imperium einverleibt. Die etruskischen Königsinsignien sind Rom vermutlich nicht verliehen, sondern von ihm zum Teil in die Zeit der Republik übernommen worden.

tuskischen Gaben Rom viele Jahrhunderte begleitet. Sie wurden von den Liktoren der Könige, der Konsuln und schließlich auch der Kaiser als Zeichen der römischen Macht getragen. Noch die Herolde des letzten Herrschers des Weströmischen Reiches zeigten die Rutenbündel, deren von etruskischen Priestern stammenden Zauber erst das stärkste Symbol der gottsuchenden Menschheit, das Kreuz von Golgatha, bannte.

Nachdem Tarquinius Priskus die Stellung Roms durch glückliche Kriege weiter befestigt hatte, konnte er jene Friedenswerke in Angriff nehmen, die, eindringlicher noch als seine militärischen Erfolge, seinen Namen unsterblich machten. Zunächst griff er die schon unter seinem Vorgänger erwogenen Pläne zur Trockenlegung der sich in den Niederungen zwischen den Hügeln ausbreitenden Sümpfe wieder auf. Beinahe unfaßbar erscheint es, wie es Tarquinius mit den primitiven Hilfsmitteln seiner Zeit gelang, jene gewaltigen Abzugskanäle auszuschachten, die alles von den Hängen herabrieselnde Wasser sammelten und zum Tiber ableiteten. Das technische Genie aber, das die mit riesigen Quadersteinen ausgelegte, übermannshohe, unterirdische Wölbung des Hauptkanals, die Kloaka maxima, ausführte, darf immerwährende Bewunderung beanspruchen. Sie wird heute noch den Bewohnern der Ewigen Stadt gezeigt.

Als die Moräste verschwunden waren, schritt der König an die Errichtung großer Bauwerke auf dem neugewonnenen Gelände. Das Forum, der große Marktplatz mit seinen Tempeln und Amtsgebäuden, wurde auf jenen Platz am Fuße des Kapitols verlegt, wo seine Reste jetzt noch von der einstigen Größe Zeugnis ablegen. Zwischen Aventin und Cälius wurde eine kreisrunde Rennbahn errichtet und vorerst hölzerne Zuschauertribünen aufgeschlagen, wovon die ganze Anlage nach dem lateinischen Wort für »ringsum« die Bezeichnung »Zirkus« erhielt. Dort fanden fortan die berühmten »Römischen Spiele«, auch »Die großen Spiele« genannten Schauwettkämpfe statt, die aus Wagenrennen, Faust- und Fechtkampfdarbietungen bestanden. Tarquinius züchtete eigens dafür Rennpferde, auch verpflichtete er etruskische Berufsfechter. Doch verbot er ihnen die in seiner alten Heimat übliche Fortsetzung des Kampfes bis zum Tode des einen Teilnehmers der jeweils antretenden Paare. Und das furchtbare Bild der sich auf den Stufen der Arena erhebenden Römer und Römerinnen, die mit nach unten gekehrtem Daumen den Sieger zur

Abschlachtung des auf den Boden hingestreckten Gegners aufforderten, gehört einer viel späteren Epoche an.

Obgleich das Volk seinem König bald abgöttische Verehrung entgegenbrachte, fühlte sich dieser nicht restlos glücklich. Der Schmerz darüber, daß ihm die für notwendig gehaltene Eingliederung der Plebs in das politische Leben des Staates nicht geglückt war, nagte an seinem Herzen. Und da geschah das Wunder des brennenden Knaben. Am Hofe des Tarquinius Priskus diente eine Sklavin, die einen Sohn namens Tullius besaß. Ihre Abstammung umwoben dunkle Gerüchte. Die einen sagten, daß die Sklavin bereits nieder geboren, andere behaupteten, daß sie mit ihrem Knäblein als Kriegsgefangene nach Rom geschleppt worden sei, nachdem man ihren Gatten, den König einer latinischen Gemeinde, wegen besonderer Treulosigkeit hingerichtet habe. Schließlich gab es Dritte, die flüsternd herumtrugen, daß der Knabe Tullius, der wegen seiner unfreien Herkunft stets noch mit der Beifügung Servius* genannt wurde, daß also Servius Tullius gar nicht der Sohn jenes Königs, sondern vielmehr der des Hauslaren* des Königspalastes wäre. Dieser Knabe nun, der unter den vielen anderen Pagen durch edlen Wuchs, vollendete Haltung und seinem Alter weit vorauseilende Klugheit dem Herrscherpaar schon lange aufgefallen war, wurde eines Tages in der Vorhalle zu den königlichen Gemächern schlafend angetroffen. Als man ihn wachzurütteln versuchte, schlugen auf einmal Flammen aus seinem Haar, und eine überirdische Helligkeit verbreitete sich in dem ganzen Raum. Von den Entsetzensrufen des Gesindes angelockt, erschienen bald darauf Tarquinius und seine Gemahlin Tanaquil an der Stätte der wundersamen Begebenheit. Die Locken des Kindes wollten nicht aufhören, Feuer zu sprühen, und so eilten Diener herbei, um die Glut mit Wasser zu löschen. Doch die weise Königin wehrte ihnen mit den Worten, daß kein Element und keine Kraft auf Erden stark genug seien, das Licht des Geistes zu ersticken. Tarquinius begriff, welch gewaltige Deutung die prophetische Frau dem Ereignis gab, und in schauervoller Ehrfurcht fragte er: »Wird er mein Vollender sein?«

Die Königin nickte zustimmend und fügte nach einer Pause hinzu: »Von diesem Knaben wird ein großer Glanz über Rom aus-

* von Servus = Sklave, Knecht.

* Hauslar = Hausgott.

strahlen.« Als die Königin Tanaquil dieses Orakel gesprochen hatte, sank der Brand in sich zusammen, und das Kind erwachte.

Von da ab hielt der König den Knaben Servius Tullius wie seinen eigenen Sohn. Er ließ ihn in allen Weisheiten unterrichten und später auch in die Geheimnisse der Staatsführung einweihen.

Tarquinius Priskus war es beschieden, nicht nur einen für sein Amt wohlvorbereiteten Nachfolger, sondern auch einen Weisheitsschatz voll geheimnisvollen Zaubers zu hinterlassen. Im letzten Jahr seiner Regierung geschah es, daß ein uraltes Weib im Palast auftauchte und neun Bücher für einen überaus hohen Preis zum Verkauf anbot. Der König lachte und meinte, das Buch sei noch nicht geschrieben, für das er hunderttausend As auszulegen gedenke. Das Hutzelweib trat daraufhin an den Altar des Hauslaren und verbrannte an der Opferlampe drei Bücher von den neun. »Nun denn, sage uns den neuen Preis«, spottete Tarquinius, worauf die Alte kichernd erwiderte: »Die sechs kosten soviel wie die neun, bezahle mir also, o König, hunderttausend As.« Der König rief zornig: »Welche Närrin!« Die Alte ließ sich aber nicht beirren und warf noch einmal drei Bücher ins Feuer. »Nenne den neuen Preis«, stammelte der König verwirrt. Das Weib richtete sich hoch auf und schrie: »Hunderttausend As für die drei Bücher oder ich vernichte auch sie.«

Nunmehr wurde der König von leidenschaftlicher Neugier gepackt, was es mit Büchern auf sich habe, von denen drei genauso viel kosten sollten wie neun, und er ließ die Auguren kommen. Diese untersuchten die Bücher und fanden, daß es sich um die Weissagungen der Sibylle von Kumä, einer der berühmtesten Wahrsagerinnen der alten Zeit, handelte. Auf die Frage des Königs nach dem Wert der Orakelsprüche bekundeten die Priester, daß dieser unschätzbar sei.

Tarquinius bezahlte die verlangte Summe, die damals einen ungeheuren Reichtum darstellte, und das Weib entschwand. Die Sibyllinischen Bücher wurden im Jupitertempel auf dem Kapitol hinterlegt und haben den Römern in schwierigen Lagen oft Rat gespendet.

KÖNIG SERVIUS TULLIUS

Die Ehe des Königs Tarquinius Priskus mit der schönen Tanaquil wurde erst sehr spät mit männlicher Nachkommenschaft gesegnet. So machten sich die beiden Söhne des Ankus Marcius Hoffnungen auf den Thron, zumal sie ja einst durch List von der Bewerbung um die Krone ausgeschaltet worden waren. Die wachsende Begünstigung, deren sich der Jüngling Servius Tullius beim König erfreute, ließ sie dann freilich erkennen, daß sich Tarquinius in dem Sohn der Sklavin seinen Nachfolger heranziehe. So reifte in ihnen der grausige Plan, den König durch gedungene Mordbuben zu beseitigen und sich nach dem Gelingen der Bluttat den Kurien zur Wahl zu stellen. Dabei rechneten sie mit der Abneigung des Adels gegen den einem unfreien Stand entstammenden Servius.

Die Königssöhne schritten alsbald zur Ausführung des Verbrechens. Nach längerem Suchen fanden sich zwei Landstreicher, die sich bereit erklärten, gegen eine größere Summe Geldes den Herrscher mit einem Axthieb in die Unterwelt zu befördern. Um an Tarquinius heranzukommen, stellten sie sich vor dem Palast auf und begannen zum Schein einen Streit, bei dem es um eine verwickelte Rechtssache ging. Ihr aufgeregtes Schreien lockte eine große Menschenmenge und schließlich sogar den König herbei. Dieser lud die anscheinend so heftig hadernden Parteien ein, ihren Fall ihm zum Schiedsspruch zu unterbreiten. Gerade dies aber hatten die Spießgesellen bezweckt. Während sich nun der König nichtsahnend im Thronstuhl niederließ und einer der beiden Schurken mit dem Vortrag seiner Klage begann, schlich sich der andere hinter den elfenbeinernen Sessel, zog eine Axt aus den weiten Falten seiner Tunika und spaltete dem unglückseligen Herrscher mit einem einzigen Hieb das Haupt. Entsetzt stürzten die Wachen herbei, doch vermochten sie nur mehr die Mörder zu greifen; für ihren Herrn kam die Hilfe zu spät.

In dem Jammer, der die königlichen Gemächer erfüllte, behielt nur die weise Tanaquil klaren Kopf. Sie fühlte, daß jetzt das Schicksal ihres Ziehsohnes Servius an einem seidenen Faden hing und nur eine Tat von äußerster Klugheit die Pläne der Mordanstifter zu vereiteln imstande wäre. Sie ließ den entseelten Leib ihres Gemahls in die Schlafkammer bringen und gab einigen, der Einbalsamierung kundigen Priestern aus Erturien den Auftrag, die sterblichen Überreste des Königs vor der Verwesung zu bewahren. Dann ließ sie allem auf dem Forum zusammengeströmten Volk Nachricht von dem Mordanschlag geben, aber hinzufügen, daß der König nur schwer verletzt worden sei. Auf seinen Wunsch werde Servius Tullius vorläufig die Regierungsgeschäfte übernehmen. Als das Brüderpaar, das die Untat angestiftet hatte, dies hörte, floh es außer Landes, um nicht zur Rechenschaft gezogen zu werden. In einem volskischen Dorf sind die Söhne des Ankus Marcius später als Bettler verkommen.

Servius Tullius übte nun das Amt eines Königs aus, ohne König zu sein. Schon bei seinen ersten Regierungsverhandlungen bewährte er sich so, daß sich die durch vielerlei Gerüchte genährte Beunruhigung im Volk wieder legte. Langsam begann man sich an den neuen Herrscher zu gewöhnen. Als endlich die Nachricht vom Tode des Tarquinius Priskus freigegeben wurde, anerkannten die Kurien Servius Tullius stillschweigend als König. Er blieb bis zur Kaiserzeit der einzige Regent Roms, der ohne Wahl auf die »Sella curulis«, den kurulischen Stuhl, gelangte. Bald nach der feierlichen Bestattung des Königs Tarquinius schritt der neue Herrscher an die Durchführung jenes gewaltigen Reformwerks, das unter dem Namen »Servianische Verfassung« berühmt und in gewissem Sinn sogar beispielgebend für unsere moderne Zeit geworden ist. Der Sklavensohn schuf die politische Gleichberechtigung, indem er die gesamte Bevölkerung, also ohne Unterschied von Adelsmann und Gemeinen, in sechs stimmfähige Klassen einteilte. Eine schicksalsschwere Neuerung bestand darin, daß die Bürger sich zur Abstimmung über Gesetze, ähnlich wie heute, der Abgeordneten bedienen mußten. Die Servianische Verfassung ist so zum Schöpfer der ersten indirekten Demokratie geworden, die unsere Weltgeschichte kennt. Zur Ermittlung der Abgeordneten wurden die einzelnen Klassen in Zenturien unterteilt. Jede Zenturie verfügte über *eine* Stimme in der Zenturienversammlung. Diese entspricht daher dem heutigen Parlament, während sich der Senat zu einer Art zweiten Kammer oder Oberhaus entwickelte.

Die Servianische Verfassung zielte in erster Linie darauf ab, durch die Gleichberechtigung der Bürger ein großes Volksheer aufstellen zu können. Das Vorrecht des Adels auf den Dienst in den Legionen wurde also beseitigt. Die anderen Vorrechte des Adels blieben freilich erhalten. Dem Patriziat stand es allein zu, den König zu wählen, was er weiterhin durch die Kurien, die Gesamtvereinigung aller adeligen Sippen, besorgte. Das Patriziat allein besetzte mit Mitgliedern seines Standes den Senat, dem das Recht eingeräumt wurde, die Beschlüsse der Zenturienversammlungen zu überprüfen und notfalls zu verwerfen, das Finanz- und Justizwesen zu kontrollieren. Das Patriziat allein stellte die Beamten der Staatsverwaltung, vom König oder später Konsul angefangen bis zum Ädil und Liktor. Das Patriziat allein besaß das Nutzungsrecht an den durch Kriege erworbenen öffentlichen Ländereien, und zwar steuerfrei, was die Grundlage seines Reichtums bildete. Ja sogar in den Zenturien besaß das Patriziat das Übergewicht. Und das kam so: Jede der neuen Klassen stellte einen Stand dar. Der gesamte Adel war in der ersten Klasse vereinigt und darum auch »Classici« genannt, wovon sich der Ausdruck »Klassiker« oder »klassisch« für vorzügliche Menschen, Werke und Ideen bis heute erhalten hat. Die übrigen Klassen besetzten die Plebejer je nach Beruf und Vermögen, die fünfte Klasse der Besitzlosen hieß Proletariat, ein Wort, das in gleichem Sinn noch jetzt verwendet wird. Jeder Klasse wurde nun nach dem Gesamtbesitz ihres Grundvermögens eine bestimmte Zahl von Zenturien zugewiesen. Da das Patriziat aber den weitaus größten Grundbesitzer darstellte, verfügte es über mehr Zenturien als alle anderen Klassen zusammen, denn dem Proletariat hatte man gar nur *eine* Zenturie und somit auch nur *eine* Stimme in der Zenturienversammlung zugewiesen.

Dies mag alles heute ungerecht erscheinen. Doch empfand man es damals noch nicht, da die Zeit für die echte Demokratie noch nicht reif war und der Adel ja in der Tat die weitaus bedeutendste Bevölkerungsschichte darstellte. Das Wesentliche blieb, daß die Plebs und das Proletariat zu einem politischen Instrument geworden waren. Wir werden später sehen, wie das gemeine Volk es verstand, seine Stellung immer weiter auszubauen und schließlich in gewaltigen Kämpfen die Gleichheit zu erringen. Die Großartigkeit der Tat des Servius Tullius liegt darin, die Bahn für diese Entwicklung freigemacht zu haben. Und darum nannten ihn die Quiriten mit Recht den zweiten Vater Roms.

Neben diesen Aufgaben besaßen die Zenturien noch eine militärische, bildeten sie doch die Stammeinheit für die Aushebung der Truppen im Kriegsfall. Darin klingt ihr Name also noch an die von Romulus geschaffenen Reitergeschwader an. Die Art der Bewaffnung und der Verwendung aller ausgehobenen Krieger im Ernstfall wurde von Servius Tullius ebenfalls genau geregelt. Die mit Speer und Schwert ausgerüstete Kerntruppe oder Legion sollte den ersten drei Klassen entnommen werden, während die beiden anderen Klassen die mit Wurfspieß und Schleuder versehenen hinteren Glieder der Schlachtordnung zu stellen hatten. Denn die Gefechtstaktik hatte sich seit Romulus noch kaum verändert. Erst ein späterer Abschnitt der römischen Geschichte, als die Tiberstadt die Herrschaft über ganz Italien gewinnen wollte, hat auch eine Neuordnung der Legionen, die vor allem in der Bereitstellung starker Reserven lag, geboren. Nachdem die Schätzung des Vermögens der Bürger und ihre Einweisung in die Klassen beendet war, rief König Servius Tullius das gesamte Volk auf dem Marsfeld, jener Ebene zwischen der Stadt und dem Tiber, von der Romulus einst entrückt worden war, zusammen, um die neue Verfassung zu verkünden. Jetzt vermochte man zum erstenmal so recht die wachsende Größe Roms zu erkennen. An achtzigtausend Männer strömten herbei und scharten sich um den in der Mitte des Feldes errichteten Altar der Göttin Lua, die man als die Verkörperung der Aussöhnung verehrte. Nach der Darbringung der Opfer erklärte der König zunächst, daß alle fünf Jahre das Vermögen der Bürger neu geschätzt und danach die Verschiebungen innerhalb der Klassen für den nächsten Zeitabschnitt verbindlich gemacht werden sollen. Man gewöhnte sich daher, anspielend auf den Namen der Göttin Lua, diesen Zeitraum ein Lustrum zu nennen, ein Ausdruck, der im gleichen Sinn auch heute noch gebräuchlich ist.

Dann sagte der König, daß dieser Tag die Krönung seines Lebenswerkes bedeute. Um seine innige Verbundenheit mit dem Geist des verstorbenen Königs Tarquinius zu bekunden, habe er sich entschlossen, seine beiden Töchter mit den Söhnen des großen Toten zu vermählen. Jubelnde Zustimmung erhob sich auf dem Feld, doch der Herrscher gebot mit einem Winken seiner Hand den Freudenkundgebungen Einhalt. Es war noch längst nicht alles, was er mitzuteilen hatte. Und weiter verkündete er nun, daß er den Plan gefaßt habe, die alten Befestigungsmauern zu schleifen und an ihre Stelle eine Umwallung zu setzen, die jedem Feind die Stirn zu bieten vermöge*. »Aber«, so fügte er hinzu, »diese neuen Mauern werden nicht mehr

* Die Reste der servianischen Mauer wurden in jüngster Zeit freigelegt; ihre gewaltigen Quadern beeindrucken noch heute.

die alte Stadt umschließen. Rom soll noch größer und schöner werden.«

Jetzt war des Staunens und Verwunderns kein Ende. Mühsam nur vermochte sich Servius Tullius Gehör zu verschaffen, um seine Rede zu beenden: »Auf fünf Hügeln ist unsere Stadt gebaut. Aber eine Lücke klafft zwischen Cälius und Quirinalis. Dort erheben Esquilin und Viminalis ihr jetzt noch bewaldetes Haupt. Mag sein, daß wir noch nicht die Kraft besitzen, sie zu besiedeln; sie zu verteidigen, sind wir stark genug. So laßt uns den Bogen schließen und sechs Wächter reihen um den siebenten Berg, unser Herz, das Kapitol! Diese sieben Hügel aber, das Kapitol, der Aventin, und Palatin, Cälius, Quirinalis, Esquilin und Viminalis, unser Rom, sie mögen sich dauerhafter erweisen als Erz!«

So sprach der König. Ein Begeisterungssturm ohnegleichen erhob sich über dem Marsfeld. Jeder fühlte die Größe dieser Stunde. Und immer wieder brandete der Ruf auf: »Dauerhafter als Erz sei die Siebenhügelstadt!« Der Name »Siebenhügelstadt« ist Rom aber geblieben, auch dann noch, als es schon längst über diesen Bezirk hinausgriff und sich auch jenseits des Tiber auszubreiten begann, ja sogar heute noch.

Schon bald nach der Doppelhochzeit, die den Stamm des zweiten Vaters Roms mit dem Geschlecht des Tarquinius für immer verknüpfen sollte, begann sich das Bild der königlichen Familie durch sündige Liebe und kaltblütigen Mord zu verwirren. Das Schicksal hatte es nämlich gefügt, daß Tullia, die schwarzlockige, wildverwegene Tochter des Servius, die in dem älteren Sohn Tarquinius' an einen Schwächling geraten war, ihre sanfte Schwester jedoch mit dem ehrgeizigen jüngeren Sproß des fünften Königs – er trug wie sein Vater den Vornamen Lucius – ebenfalls ein ungleiches Paar bildete. Nun ging es, wie es gehen mußte. Von magischen Kräften angetrieben, glaubten Lucius und Tullia füreinander bestimmt zu sein und beklagten die Fesseln ihrer Ehen. Ihre zügellose Leidenschaft ließ sie schnell von bösen Wünschen zu schlimmen Taten schreiten. Die entarteten Schwäher verabredeten sich, ihre Gatten meuchlerisch zu beseitigen und dann einander zu heiraten. Um so furchtbarer wog dieses Verbrechen, weil seine Opfer, doppelt getroffen vom Dolch des Gemahls und dem Mordwunsch des Geschwisters, eines wahrhaft erbarmungswürdigen Todes starben.

Gerüchte über die Untat verbreiteten sich rasch in der Siebenhügelstadt, wagten sich aber nicht bis an den Thron, da es Lucius Tarquinius verstanden hatte, mit Hilfe einer treuergebenen Leibgarde die Bürger einzuschüchtern. Die Vermählung des entmenschten Paares fand bald darauf statt. Nachdem dies alles überraschend schnell und gut geglückt war, wuchs der Ehrgeiz Tullias, und sie träumte davon, Königin zu werden.

Inzwischen vergrößerte sich der Anhängerkreis des Lucius Tarquinius immer mehr. Es lief damals in Rom eine Menge von Leuten umher, die sich durch die Gesetze des Servius Tullius benachteiligt glaubten. Diesen Unzufriedenen versprach der schlaue Thronräuber zu ihrem vermeintlichen Recht zu verhelfen und machte sie so zu seinen eingeschworenen Spießgesellen. Tullia drängte ihren Gemahl zur Tat. Lucius, der nur an eine Absetzung des Königs durch die Kurien dachte, zögerte und seufzte: »Solange Servius Tullius am Leben ist, wird ihn das Volk als heimlichen Regenten betrachten und alles tun, um ihn an seinen angestammten Platz zurückzubringen.« Da richtete sich die entmenschte Tochter eines großen Vaters hoch auf und schrie: »Riet ich dir, meinen Vater am Leben zu lassen? Oder bist du zu feig, um ihn zu töten? Wenn du auf meine Liebe Wert legst, dann stoße Servius Tullius vom Thron und schicke ihn hinab in die Gefilde der Lemuren! Wer einen Edelhirsch erbeuten will, darf sich die Mühe der Jagd nicht verdrießen lassen. Erobere dein Erbteil, das dir ein anderer so lange vorenthalten hat!«

So ging Lucius Tarquinius hin, um Mord mit Mord fortzusetzen und einen Blutstrom zu entfesseln, der den Untergang des Königtums bringen sollte. Der Usurpator ließ von seiner Leibgarde das Forum besetzen, und wer sich widersetzte, wurde mit dem Schwert gezüchtigt. Dann stürmte Lucius in den Sitzungssaal der Kurien und warf sich in den elfenbeinernen Stuhl. Nun erschien Servius Tullius, von den Liktoren herbeigeholt, und rief den sich Kopf an Kopf drängenden Senatoren zu, sie möchten ihm helfen, den Thronräuber zu verjagen. Schneidend fuhr die Stimme des Lucius Tarquinius dazwischen: »Niemand wage es, sich an mir zu vergreifen. Die ganze Stadt ist in meiner Hand, und wer mich anrührt, ist des Todes!«

Servius Tullius ließ seine Blicke verzweifelt im Saal umherschweifen, und da sich keine Hand zu seiner Hilfe rührte, stürzte er allein zum Thron hin, hastete die marmornen Stufen bis zum Elfenbeinstuhl empor und umklammerte mit seinen zitternden, fleischlosen Greisenarmen den Leib des Starken, der sich da frech in dem von Romulus geheiligten Sitz breitmachte. Höhnisches Gelächter der Anhänger des Usurpators erklang, als nun Servius versuchte, seinen Schwiegersohn aus dem Sessel zu zerren. Eine Zeitlang ließ dieser den Alten gewähren, als ob er an dem grausamen Spiel Spaß empfände. Dann aber straffte er sich mit jähem Ruck und warf den Greis die Treppe hinab. Für einen Augenblick blieb der Herrscher, der aus vielen Wunden blutete, ohnmächtig liegen, dann aber raffte er sich auf und schleppte seine zerschundenen Glieder mühsam durch den Saal ins Freie.

Der neue König jedoch verkündete: »Nunmehr bin ich unumschränkter Herrscher von Rom. Die Verfassung des Romulus ist aufgehoben, und die Gesetze des Sklavensohnes zerreiße ich in tausend Stücke. Ich lege wenig Wert darauf, als ›König Sanftmut‹ oder dergleichen in die Geschichte einzugehen. Ihr sollt mich daher ›den Stolzen‹ nennen.«

Die Garden des Usurpators zogen die Schwerter und brüllten: »Lang lebe Tarquinius Superbus! Sein Name wird in Ewigkeit nicht untergehen!« Mit bösem Blitzen in den Augen erwiderte Lucius: »Dafür, meiner Treu, werde ich sorgen.« Sodann winkte er einen Häscher herbei und flüsterte ihm zu: »Folge dem Sklavensohn und gib ihm den Rest!«

Indes humpelte der Alte über den großen Platz in die schmale Cyprische Gasse hinein, die diesen mit dem Königspalast verbindet; denn während der Stadtumgestaltung durch den älteren Tarquinius war der Wohnsitz der Herrscher in die Nähe des neuen Forums verlegt worden. Aus Angst vor den Schergen des Usurpators wichen die Menschen scheu vor ihrem rechtmäßigen König zurück. Ärmer als ein Bettler ging der Mann heim, der Rom und der Welt das Urbild der Freiheit geschenkt hatte. Schon im Anblick der Säulen seines Hauses ereilte ihn das Schicksal. Von hinten stieß der Häscher dem Greis den Stahl ins Herz. Mit einem kurzen Aufschrei sank Servius Tullius zu Boden. Ausgestreckt auf der Fahrbahn lag der zweite Vater Roms im Straßenstaub.

Da brauste von der Burg eine Quadriga an, jenes Viergespann, das den siegreichen König heimholte oder den Rennfahrer über die Bahn des Zirkus trug. Ein Weib hielt die Zügel und spornte mit lautem Zuruf die Pferde zu wildem Galopp an. Sein rabenschwarzes

Haar flatterte im Wind, mit Entsetzensschreien wichen die Fußgänger von der Fahrbahn. Da stutzten die Rosse und hielten an. Ein Leib sperrte den Weg. Die entmenschte Tullia beugte sich über die Brüstung und erkannte ihren Vater, der im Staub lag. Schauerlicher Wahnsinn packte die entartete Tochter. Sie riß dem neben ihr stehenden Diener die Peitsche aus der Hand und schlug unter lautem Triumphgeheul auf die sich bäumenden Gäule ein. Diese jagten über den Leichnam des Königs Servius dahin, während alle Menschen, die Zeugen dieser Untat wurden, verzweifelt die Hände vor das Antlitz schlugen. Fortan aber hieß die Häuserzeile zwischen Markt und Palast die Frevelgasse.

Bald darauf geschah es, daß die ruchlose Tullia zum erstenmal in ihrem Leben erzittern mußte. Plebejer ehrten das Andenken ihres großen Befreiers durch eine Aufstellung seiner Statue im Tempel der Glücksgöttin Fortuna. Das grausige Weib erklärte höhnend, es würde gerne die Opferflamme schüren, um den Lemur des Vaters zu bannen, und begab sich kaltblütig zur Weihestätte. Im Augenblick jedoch, als Tullia vor das Standbild trat, hob dieses langsam seine Hand und bedeckte die Augen. Da erbleichte die entartete Tochter des großen Königs und befahl, das Denkmal, mit einem Tuch zu verhüllen. Es ist auch später nicht mehr entfernt worden.

LUCIUS TARQUINIUS DER STOLZE

Mit Tarquinius Superbus begann nun eine Herrschaft des Schrekkens, aber auch einer hemmungslosen Prachtentfaltung. Denn es ist der Irrglaube der Tyrannen, das Volk könne durch großartige Bauten, gewonnene Kriege und herrliche Feste über den Verlust der Freiheit hinweggetäuscht werden. In einer Zeit, da noch der redliche Sinn des Bauern, seine Schlichtheit, aber auch sein unbändiger Wille, frei auf der angestammten Scholle zu leben, die meisten Römer erfüllte, mußte die aus seinem etruskischen Blut strömende fremdartige Prunksucht des siebenten und letzten Königs Roms den Keim des Todes in sich tragen.

Mit einem einzigen Streich hatte Tarquinius Superbus die Zenturien, Kurien und den Senat ausgeschaltet. Nun konnte er ohne Widerstand die Steuern erhöhen. Denn für seine gewaltigen Baupläne brauchte er Geld, Geld und immer wieder Geld. Seine erbarmungslose Faust machte vor Patriziern und Plebejern keinen Unterschied. Wer aufbegehrte, den zog Lucius Tarquinius vor Gericht ... das heißt vor sein Antlitz persönlich, denn er maßte sich an, Gesetzgeber, Richter, König, Finanzkämmerer, Bauherr, Feldherr und Oberhaupt des Latinischen Bundes in einer Person zu sein. Wer das Wort Freiheit nur in den Mund nahm, mußte unter den Galgen. Begehrte eine von den Städten Latiums auf, bekam sie einen Krieg auf den Hals und eine Besatzung in die Häuser. Rom hielt wie erstarrt den Atem an. Denn eine Tyrannenherrschaft hatte die Stadt des Quirinus in ihrer bald zweihundertjährigen Geschichte noch nicht erlebt.

Doch noch war die Uhr des Königsmörders nicht abgelaufen. Denn trefflich verstand er es, das Mißtrauen des Volkes durch die Inangriffnahme gewaltiger Bauwerke einzuschläfern. Der Erweiterung des von dem älteren Tarquinius begonnenen Kanalsystems konnten auch die Feinde des Usurpators ihre Anerkennung nicht versagen. Im Zirkus wurden die hölzernen Tribünen durch eine mächtige Steinarena ersetzt. Der Jupitertempel auf dem Kapitol erhielt prächtige Zubauten. Gerade daran knüpfen sich viele Legenden. Eine von ihnen erzählt, daß ein bronzenes Viergespann, das Tarquinius bei den kunstreichen Erzschmieden Vejis für das Jupiterheiligtum in Auftrag gab, beim Guß die Form zersprengte. Die Seher verkündeten, daß jeder eine ungeheure Macht entfalten werde, der die Quadriga besitze. Auf Grund dieses Orakels, so berichtet die Sage weiter, weigerten sich die Bewohner von Veji, das Kunstwerk nach Rom abzuliefern, worauf dieses, von geheimnisvollen Kräften bewegt, von selbst nach Rom und auf das Kapitol rollte.

Da Lucius Tarquinius für seine Bauarbeiten immer mehr Geld brauchte, überfiel er immer wieder von neuem latinische Städte, um sie auszurauben. Dabei ging er nach einem genauen Plan vor. In jeder der eroberten Städte ließ er seine Bevollmächtigten zurück, die nach versteckten Schätzen zu forschen hatten. Da geriet er einmal bei dem stolzen Gabii, einem der treuesten Bundesgenossen Roms in der latinischen Ebene, an den Unrechten. Die Bürgerschaft der Stadt vertrieb die Leute des Tarquinius Superbus und weigerte sich auch, die Abgesandten des römischen Königs zu empfangen. Daraufhin zog dieser mit einem Heer vor die Mauern des trotzigen Gabii, wurde aber zurückgeschlagen.

Nun beschloß Tarquinius Superbus, die widerspenstige Stadt durch List in seine Hand zu bekommen. Zur Durchführung seines verwegenen Planes erwählte er sich seinen Sohn Sextus als Vertrauensmann. Diesem schlug er vor, sich den Rücken geißeln zu lassen. Er sollte dann als Überläufer nach Gabii flüchten und vor den Bürgern der Stadt über die grausame Behandlung durch seinen Vater Klage führen. Damit würde er sich in das Vertrauen der Bewohner einschleichen und Gelegenheit bekommen, die Stadt von innen her zu überrumpeln.

Das Ränkespiel war gut ersonnen, doch die Männer von Gabii mißtrauten selbst einem scheinbar so klaren Zeugnis, wie es die gräßlichen Striemen auf dem Rücken des vorgeblichen Flüchtlings darstellten. Es bedurfte viel falscher Tränen, frech geheuchelten Mitleidheischens und großer Überredungskunst, bis es Sextus endlich gelang, eine Freistätte in jener Stadt zu erhalten, die er zum Fall reif machen sollte. Kaum war ihm der Unterschlupf gewährt worden, begann er sogleich bei den Arbeiten zur Verstärkung der Befestigungen tüchtig mitanzupacken. Damit kam er schon einen Schritt weiter. Denn nun erhielt er auf seine Bitte ein kleines Feldkommando, und da es ihm nichts ausmachte, seine Landsleute kaltblütig abzuschlachten, so erledigte er seine Aufträge zu allgemeiner Zufriedenheit. Sextus stieg von Stufe zu Stufe, und schließlich wurde ihm der Oberbefehl über das Heer anvertraut. Jetzt hielt er die Zeit für gekommen, zum entscheidenden Schlag auszuholen. Sextus schickte einen seiner Vertrauten nach Rom, der von König Tarquinius Superbus genaue Weisungen einholen sollte.

Der argwöhnische Herrscher scheute sich, offen zu dem Boten zu sprechen, und zog es vor, »durch die Blume zu reden«. Statt einer Antwort führte er den Sendling seines Sohnes auf ein leuchtend erblühtes Mohnfeld und schlug den Stauden die Köpfe ab. Der Bote begriff zwar nicht den Sinn dieses »Gleichnisses ohne Worte«, doch schilderte er, nach Gabii zurückgekehrt, den Vorfall tatsachengetreu seinem Herrn. Sextus' verschlagener Sinn, dem seines Vaters so ähnlich, wußte ihn aber sofort richtig zu deuten: die Spitzen der Stadt sollten geköpft werden wie roter Mohn, den des Wanderers Knotenstock vom Wegrand sichelt.

Und der gelehrige Schüler des argen Meisters säumte nicht, dem grausamen Rat zu folgen. Er streute Verleumdungen gegen die vornehmsten Bürger Gabiis aus, setzte sie gefangen, verurteilte sie zum Tode und ließ sie unter Zustimmung des Pöbels, an den er ihre Güter verteilte, enthaupten. Die verblendete Menge jauchzte dem Wüterich zu seinem grausamen Tun Beifall, bis alle Mächtigen gefallen oder aus dem Lande verwiesen waren.

Jetzt hatte Sextus freies Spiel, die Stadt war völlig in seiner Gewalt, und als nun sein Vater mit einem mächtigen Heer herangezogen kam, überantwortete er ihm ohne Schwertstreich die einst so trotzige, tapfere Feste.

Mit Schrecken erkannte nun das Volk von Gabii, welch ein falsches Spiel der junge Römer mit ihm gespielt hatte. Jetzt gab es keine Rettung mehr für die unglückliche Stadt; völlig entmutigt unterwarfen sich die Gabier dem römischen Tyrannen und ließen in dumpfer Verzweiflung alles geschehen, was der grausame Gewalthaber über sie verhängte. Dem falschen Sextus folgten Verwünschungen und Flüche des armen verratenen Volkes, und er mußte später in den Mauern Gabiis seine Schuld mit dem Tode büßen.

Reiche Kriegsbeute schleppte der König nach Rom. Für das Geld ließ er große Arbeiten in der Hauptstadt ausführen, vor allem den Jupitertempel auf dem Tarpejischen Felsen weiterbauen.

Um diese wichtigen Werke zu fördern, mußte das ganze Volk Hand anlegen, und es gab darob viel Seufzen und Murren in den Mauern Roms.

Man schrieb nun das fünfundzwanzigste Jahr der Regierung des Tarquinius Superbus*. Eines Tages waren Bauarbeiter in der Nähe des königlichen Hauses damit beschäftigt, eine hölzerne Säule aufzurichten. Da schlüpfte plötzlich aus der Säule eine Schlange hervor und setzte die Männer so in Schrecken, daß sie in den Palast flohen. Bebend vor Grauen, berichteten sie dem König, was sich vor ihren Augen zugetragen hatte. Auch der Tyrann erschrak in seinem Herzen und witterte Unheil für sein Haus in diesem Zeichen; äußerlich aber bewahrte er seine Fassung und hieß die Männer wieder an ihre Arbeit gehen. Indessen ließ ihm das Ereignis keine Ruhe, und er beschloß, das berühmteste Orakel der Welt, das Delphische, über das Wunderzeichen befragen zu lassen. Wen aber sollte er nach dem fernen Delphi senden? Denn kein Fremder durfte erfahren, daß seinem Hause ein Unheil drohe. Nach längerer Erwägung fiel seine

* Die Geschichtsforschung setzt diese Zeit um 510 v. Chr. an.

Wahl auf seine beiden ältesten Söhne Titus und Aruns und seinen Neffen Lucius Justinus Brutus; von diesen dreien hatte er keinen Verrat zu fürchten.

Brutus, ein Schwestersohn des Königs, spielte am Hof eine wunderliche Rolle. Früh schon war es ihm kund geworden, daß sein Oheim, der König, schuld an dem Tode seines Bruders und vieler Edlen sei. Deshalb hegte er gegen den Tyrannen in seinem Herzen grimmigen Haß. Jedoch ahnte niemand, was er tief verschlossen in seiner Brust barg. Er gab sich durch sein ganzes Benehmen den Anschein, als sei er blöde und beschränkt, und ließ sich lächelnd Brutus, der Dumme, schelten; ja, ohne Widerspruch ließ er sich durch den König seines Erbes berauben. So täuschte der kluge, edle Jüngling jedermann, galt bei allen als völlig harmlos und unbedeutend und wurde von seinen Vettern nur nach Delphi mitgenommen, damit sie auf der weiten Reise jemand hätten, an dem sie ihren Übermut und ihre Spottlust ungestraft auslassen könnten.

Die drei Königssprosse gelangten glücklich nach Delphi. Als sie im Tempel Apollos den Auftrag ihres Vaters ausgerichtet hatten, kam sie die Lust an, das Orakel zu befragen, auf welchen von ihnen nach dem Tode des Königs die Herrschaft Roms übergehen werde. Die Antwort lautete:

»Die höchste Gewalt in Rom wird der erhalten, der zuerst der Mutter den Kuß geben wird.«

Die beiden Söhne des Tarquinius blickten einander an und gelobten sich Schweigen, damit ihr Bruder Sextus, der in Rom zurückgeblieben war, nichts erführe. Sie wollten es dem Schicksal überlassen, wer als erster die Mutter mit einem Kuß begrüßen werde.

An Brutus, der sich inzwischen bescheiden im Hintergrund des Weiheraumes gehalten hatte, dachten die Königssöhne überhaupt nicht. Doch jener verstand den Orakelspruch besser. Beim Verlassen des Tempels tat er so, als ob er über die letzten Stufen stolpere, ließ sich mit dem Gesicht zu Boden fallen und küßte die Erde, die gemeinsame Mutter aller. Seine beiden Vettern lachten sich schief über den Tölpel und ahnten nicht, daß in diesem Augenblick sich der göttliche Wille den Klügsten zu seinem Werkzeug erkor.

Bei ihrer Ankunft in Rom fanden die drei Reisenden den König gar nicht vor, sondern nur seinen Befehl an die beiden Brüder, ihrem Vater ins Feldlager nachzureisen. Lucius Tarquinius hatte sich nämlich, von Beutegier getrieben, hinreißen lassen, den Rutulern den Krieg zu erklären, um deren reiche Hauptstadt Ardea plündern zu können. Damit überspannte der übermütige König seine Kräfte, denn die Rutuler waren ein starkes Volk. Die Römer fühlten das, und die Erregung gegen den Tyrannen wuchs.

Vor Ardea entwickelten sich die Dinge ungünstig. Ein Handstreich auf die Stadt mißlang, und Tarquinius mußte sich zu einer regelrechten Belagerung bequemen. Doch dieses zähe kriegerische Geschäft begann die drei Söhne des Herrschers, die an dem Feldzug teilnahmen, zu langweilen, und sie riefen den Unterfeldherrn Kollatinus zu sich ins Zelt, um ihm eine lästerliche Wette anzutragen. »Man sagt«, so begann Sextus Tarquinius, »du habest eine sehr treue Gattin. Doch möchten wir Brüder behaupten, daß unsere Frauen noch keuscher sind. Wir wollen auf der Stelle nach Rom reiten und unsere Weiber daheim überraschen. Wessen Gemahl bei der tugendhaftesten Beschäftigung angetroffen wird, der hat die Wette gewonnen und darf sich das kostbarste Beutestück aus Ardea behalten.«

Dem tapferen und schlichten Sinn des Kollatinus lag ein solcher Spaß nur wenig, und so erklärte er mürrisch, es sei ihm fern, die Ehre der Frauen seiner Kampfgefährten zu bezweifeln oder gar prüfen zu wollen. Doch da unterbrachen die drei Brüder mit höhnischem Spott den Feldherrn. Sie dankten ihm für das Vertrauen, das er ihren Gattinnen entgegenbringe, aber leider vermöchten sie nicht Gleiches mit Gleichem zu vergelten. Durch die losen Reden gereizt, willigte Kollatinus in die Probe ein, und alle ritten auf der Stelle nach Rom, das sie spät in der Nacht erreichten. Der erste Besuch galt dem königlichen Palast. Da fanden die vier Männer die Frauen der Tarquiniersöhne bei einem üppigen Gelage, Berge erlesener etruskischer Speisen vor sich aufgehäuft, umtänzelt von den besten Flötenspielern, die sich ihre Kunst, die beiden Flöten zugleich zu blasen – die hochgestimmte im rechten, die niedergestimmte im linken Mundwinkel – mit Goldassen bezahlen ließen. Die Tarquinier erbleichten vor Wut, trieben das Fest unter wilden Schimpfworten auseinander und forderten dann Kollatinus auf, sie in sein Haus zu bringen.

Dort trafen sie lange nach Mitternacht die Frau des Feldherrn, die edle Lukretia, noch am Spinnrad an. Die Königssöhne sprachen Kollatinus den Siegespreis zu und kehrten ins Feldlager zurück.

Sextus Tarquinius war beim Anblick des schönen Weibes von solch wilder Leidenschaft erfaßt worden, daß er beschloß, in der nächsten Nacht heimlich einen Besuch im Haus des Kollatinus zu machen. Überraschend erschien er vor der Gattin seines Mitfeldherrn und erklärte der Erschreckten seine Liebe. Dabei umschlang er sie mit dem unbarmherzigen Griff seiner Arme und bedeckte den Mund und den Nacken Lukretias, die noch nie ein andrer als ihres Gatten Mund berührt hatte, mit heißen Küssen. Verzweifelt wehrte sich das keusche Weib, doch vergeblich.

Als Sextus fortgegangen war, sandte Lukretia nach ihrem Gemahl, ihrem Vater und Brutus, dessen wahres Herz sie als einzige schon seit langem erkannt hatte. Diesen drei Männern gab sie einen erschütternden Bericht von der ihr angetanen Schmach. Dann ergriff sie einen Dolch und stieß ihn sich in die Brust.

Brutus gewann am schnellsten seine Fassung wieder. Er warf die Maske der Blödsinnigkeit von sich und zog erschüttert den Stahl aus der Todeswunde. Hoch hob er den Dolch gegen das Licht des Himmels und sprach die Worte: »Ich gelobe Vernichtung dem Tyrannen und seinem ganzen Haus. Diese Frau hat uns ein Zeichen der Freiheit gegeben. Lieber sterben, als in Schmach und Knechtschaft leben!« Die beiden anderen Kampfgefährten wiederholten den Schwur: »Tod und Vernichtung dem Tyrannen!«

Dann eilten die drei Männer hinaus auf die Straße und gelangten zum Forum. Volk lief zusammen, und mit Sturmesgeschwindigkeit verbreitete sich die Nachricht von dem Unglück im Hause des Kollatinus. Bald quoll der große Versammlungsplatz über von Menschen aller Stände, Patriziern und Plebejern, Senatoren und Tribunen.

Brutus entriß einem der Liktoren sein Rutenbündel und schwang sich damit auf die Rednertribüne hinauf. »Dieses Zeichen der Macht ergreife ich im Namen des Volkes«, rief er und fuhr fort: »Für euch, ihr Männer, und in eurem Namen will ich es führen.« Tosender Beifall antwortete. Und dann begann Brutus seine große Rede. So hinreißend hatte noch nie ein Mann zum Volk gesprochen. In dieser Stunde wurde die große Freiheitsrede geboren, die in hundert Zungen, von tausend Männern immer wieder nachgesprochen worden ist, die in dem Ruf gipfelt: »In tyrannos! – Gegen die Tyrannen!«

Nun brach der Aufstand los. Die Bürger zogen zum Königspalast und trafen dort auf die Königin Tullia, der sie trotz der Verachtung, die ihr das Volk entgegenbrachte, kein Haar krümmten. Sie wurde aus Rom gewiesen und flüchtete in das Lager bei Ardea. Auch sonst floß kein Blut. Die Anhänger des Tarquinius Superbus, soweit sie sich in der Stadt aufhielten, mußten ihre Waffen abgeben, dann geschah ihnen kein Leid. In aller Eile bot Brutus neue Legionen auf und besetzte mit ihnen die Mauern der Stadt.

Nachdem Tarquinius Superbus durch seine Gemahlin von den Ereignissen erfahren hatte, warf er sich mit seinem engsten Gefolge aufs Pferd und begab sich nach der Hauptstadt. Doch er fand die Tore verrammelt. So eilte er schleunigst nach Ardea zurück, um mit dem dortigen Heer nach Rom zu ziehen. Aber Brutus war ihm zuvorgekommen, Tarquinius Superbus fand seine Truppen bereits im hellen Aufruhr vor. Die Krieger waren entschlossen, die Belagerung von Ardea abzubrechen und an den Tiber zurückzukehren. Mit wutverzerrtem Antlitz mußte der König vor den gezückten Schwertern seiner eigenen Truppen fliehen, doch vergriff sich auch hier niemand am Leben des Königs. Unbehelligt vermochte er mit zwei Söhnen Etrurien zu erreichen, während Sextus Tarquinius in Gabii um Aufnahme bat, wo man ihm allerdings das schuldbeladene Haupt vor die Füße legte. So war die Umbildung des römischen Königsstaates in eine Republik mit ungeheurer Würde geschehen.

Brutus zog nun an der Spitze der Legionen in Rom ein. Sofort wurden die Kurien und Zenturien einberufen, um der Stadt ein neues Oberhaupt zu geben. An die Stelle des Königs sollten zwei immer nur für ein Jahr gewählte Konsuln treten und über die gleichen Vollmachten verfügen wie jener. Das Einmalige und Besondere dieses Beschlusses lag darin, daß es zwischen den beiden Konsuln keine Verteilung ihres Wirkungsbereiches gab und daß sie immer gemeinsam, als ob sie eine einzige Person wären, auftraten. Die Verfassung des Romulus und Servius Tullius erschien wieder in ihre Rechte eingesetzt mit der einzigen Änderung, daß die Königsmacht in Zukunft nicht mehr auf Lebenszeit, sondern nur auf ein Jahr verliehen wurde. Als erste Konsuln Roms bestiegen Brutus und Kollatinus, der Gatte der tapferen Lukretia, die kurulischen Stühle.

DIE RÖMISCHEN HELDEN

DULCE ET DECORUM EST PRO PATRIA MORI!

GLORREICH UND SÜSS IST'S, FÜR DAS VATERLAND ZU STERBEN!

Horaz

BRUTUS, DER ERSTE RÖMISCHE KONSUL

Was Rom bisher an Gefahren und Mühsalen erlebt hatte, war nur ein Kinderspiel gegenüber dem, was noch kommen sollte. Die Folgen jener dem Tarquinius Superbus erwiesenen Großmut, bald darauf die in aller Heftigkeit aufflammenden Kämpfe zwischen Adel und Plebs drohten die Siebenhügelstadt zu vernichten. In diesen schweren Zeiten erwuchsen der Stadt am Tiber immer wieder Retter in der Gestalt jener Volkshelden und tapferen Frauen, deren unsterbliche Taten uns die Sage aufbewahrt hat. Zwei Jahrhunderte dauerte es, bis Rom jene innere Ausgeglichenheit und Festigkeit erreichte, die es zur Herrin Italiens und der Welt aufsteigen ließ.

Tarquinius, der in Etrurien Unterschlupf gefunden hatte, gab seine Sache noch keineswegs verloren. Er schlug sein Quartier in der Stadt Klusium auf, wo er die Freundschaft des Königs Porsenna – des mächtigsten der zwölf Stammesoberhäupter der Tusker – gewann. Vorerst freilich nahm er davon Abstand, Porsenna zum Krieg gegen Rom zu hetzen, denn er wollte nicht ein König von der Etrusker Gnaden werden, sondern lieber versuchen, aus eigener Kraft sich des Zepters wieder zu bemächtigen. Durch Schlauheit und List hoffte er an das Ziel seiner Wünsche zu gelangen. Tarquinius Superbus besaß noch Anhänger in Rom. Sogar die Söhne des Brutus, am königlichen Hofe aufgewachsen, fühlten sich innerlich ihm und nicht den neuen Konsuln verbunden. Darauf baute Tarquinius Superbus seinen Plan. Er schickte Gesandte nach Rom mit dem Auftrag, öffentlich über die Rückgabe seines Privatvermögens zu verhandeln, insgeheim aber eine Verschwörung anzuzetteln, die das Konsulat beseitigen sollte. Das römische Volk erklärte sich tatsächlich bereit,

Tarquinius Superbus seine Ländereien zurückzugeben und auch seine persönlichen Wertsachen, wie den kostbaren Schmuck und vieles andere, auszuliefern. Man wollte sich in allen Ehren mit dem Königtum auseinandersetzen, dessen Verdienste niemand leugnete. Während dieser Verhandlungen traten die Bevollmächtigten des verjagten Königs mit seinen heimlichen Anhängern in Verbindung und verabredeten eine entscheidende Zusammenkunft in dem abgelegenen Haus eines Verschwörers. Vorsorglich wurde das ganze Gesinde auf Feldarbeiten fortgeschickt.

Der Zufall fügte es jedoch, daß ein junger Sklave sein Ackergerät vergessen hatte und zurückkehrte, um es zu holen. Wie er das Haus wieder verlassen wollte, sah er zu seinem Schrecken eine große Schar von Männern, darunter seinen Herrn, darauf zueilen. Aus Angst vor Strafe für seine Nachlässigkeit verbarg er sich in einem Schrank. So wurde er unfreiwilliger Mitwisser der Verschworenen. Er konnte durch die Ritzen des Holzes genau beobachten, daß die Söhne des Brutus dem königlichen Gesandten Briefe mit Angaben über die Einzelheiten des Planes aushändigten. Sodann gewahrte er, wie die Verschwörer, zu denen auch die Neffen des zweiten Konsuls Kollatinus gehörten, Blutsbrüderschaft schlossen, indem sie ihre Adern aufritzten und das Blut in einen Becher träufeln ließen, aus dem sie dann alle tranken. Als die Männer wieder gegangen waren, zitterten dem Sklaven vor Erregung die Knie. Was sollte er tun? Den Vorfall bei sich behalten?

Damals lebte in Rom ein bekannter Volksfreund, Publius Valerius mit Namen. Jedermann besaß bei ihm freien Zutritt, und stets drängten sich in der Vorhalle seines Hauses die Angehörigen der Proletarierklasse. Diesem Anwalt der Armen vertraute sich der Sklave an, und Publius Valerius unterbreitete den Fall unverzüglich den Konsuln. Brutus erbebte bis in das tiefste Herz, als er erfuhr, daß seine eigenen Söhne in den Verrat verwickelt waren. Doch gab er, ohne sich die geringste Erschütterung anmerken zu lassen, den Liktoren Befehl, unverzüglich das Quartier der etruskischen Gesandten zu durchsuchen. Und dort fand man in der Tat die belastenden Schriftstücke. Brutus ordnete die Verhaftung der überführten Römer an. Den tuskischen Mitbeteiligten, die unter dem Schutz des heilig gehaltenen Gesandtenrechts standen, wurde die sofortige Abreise nahegelegt.

Kopf an Kopf stand die Menge auf dem Forum, als am nächsten

Morgen die beiden Konsuln den Prozeß gegen die Verschwörer eröffneten. Brutus hielt die schriftlichen Beweise ihrer Schuld in die Höhe und sprach zu seinen Söhnen: »Ich frage euch, Titus und Tiberius, ob ihr willens seid, das Verbrechen des Hochverrates einzugestehen?« Da keine Antwort erfolgte, fuhr er fort: »Das Schweigen nehme ich als Geständnis. Titus und Tiberius, die Söhne des Konsuls Lucius Junius Brutus, werden zum Tod durch das Beil verurteilt. Die Strafe wird durch vorangehende Geißelung verschärft. Liktoren, waltet eures Amtes!«

Das Volk schrie auf, als die Diener den beiden Verurteilten die Kleider vom Leib rissen, und aller Augen wandten sich von dem Schauspiel der Auspeitschung ab. Nur die Blicke des eigenen Vaters nicht! Wie zu einer Bildsäule erstarrt, stand Brutus regungslos da, und er zuckte auch mit keiner Wimper, als die Köpfe seiner einzigen Kinder auf die Steinplatten des Forums rollten. Dann wandte er sich den anderen Angeklagten, den Neffen seines Amtskollegen Kollatinus, zu und fragte: »Bekennt ihr euch schuldig?« Auch diese Verschwörer blieben stumm.

Doch nun brach der zweite Konsul, nicht so ehernen Gemüts wie Brutus, unter der Last des Unglücks zusammen. Er wollte wenigstens den Versuch unternehmen, den Söhnen seiner heißgeliebten Schwester das Leben zu retten. Er erhob die Hand, um sich Gehör zu verschaffen, und sprach: »Ich mache von meinem Recht, mich an das Volk zu wenden, Gebrauch, indem ich die Quiriten um Gnade für meine Neffen bitte. Sie sind noch halbe Kinder. Ihr Sinn wurde von der mystischen Größe des Königtums verwirrt, denn sie sind zu jung, um dessen Fehler zu erkennen. Zudem gebe ich zu bedenken, daß sie eure Bereitschaft, Tarquinius Superbus sein Besitztum zurückzugeben, irreleiten mußte. Konnte in ihren Augen der Mann so schlecht sein, dem man so viel Land überläßt, daß man auf ihm gut und gern tausend Proleten hätte ansiedeln können? Das alles überlegt, und dann habt den Mut, meine Neffen in das Reich der Schatten zu schicken!«

Kollatinus hatte die Menge gerührt, und manch einer weinte. Die Versammlung beriet hin und her, doch die Gnadenbitte wurde schließlich verworfen. Auch diese Jünglinge wurden hingerichtet.

Jetzt erst gab sich Brutus ganz seinem Schmerz hin. Er zerriß voll Trauer seine Gewänder und ließ die heilige Opferflamme entzünden. So hatte Brutus zwei Söhne verloren, Rom aber die Zuversicht gewonnen, daß die Würdenträger der Volksherrschaft zu gleicher Seelengröße fähig seien wie die Könige. Kollatinus, von der Größe seines Mitkonsuls beschämt, bat um Enthebung von seinem Amt. Man gewährte sie ihm und gab ihm noch ein Stück Land, wo er den Rest seines Lebens dem Andenken seiner tapferen Gattin Lukretia widmete. An seiner Stelle wurde Publius Valerius, der Volksfreund, gewählt. Er setzte es durch, daß der Senat auch plebejische Mitglieder aufnehmen durfte, »Die Dazugeschriebenen« genannt, zum Unterschied von den adeligen Senatoren, denen die Anrede »Väter« gebührte.

Über Tarquinius Superbus goß sich nun die volle Schale des Zorns aus. Man überließ seine bewegliche Habe dem Volk, was so viel bedeutete, daß jedermann im königlichen Palast nach Herzenslust plündern durfte. Sodann wurde dieser bis auf die Grundmauern zerstört. Der Grundbesitz des Königs verfiel dem Staat.

Die Kunde von diesen Ereignissen erhitzte das Gemüt des Tarquinius Superbus bis zur Weißglut. Da er sich aber noch immer nicht in die Abhängigkeit des mächtigen Porsenna begeben wollte, versuchte er die Heimatstadt seiner Väter, Tarquinii, zu einem Kriegszug gegen Rom zu bewegen. Dies gelang. Dem Heerbann schlossen sich auch Truppen aus Veji an. Die römischen Legionen warfen sich dem Feind entgegen, wobei Brutus die Reiterei, sein Mitkonsul das Fußvolk befehligte. Ein Mißgeschick fügte es, daß die im hellen Sonnenschein blitzenden Beile der Rutenbündel, die Brutus vorangetragen wurden, seinen Standort dem Feind kundmachten. Daher gelang es einem der Söhne des Tarquinius, den großen Volkshelden aufzuspüren und in einem erbarmungslosen Einzelkampf zu töten.

Die Schlacht wogte unentschieden auf und nieder, und erst der hereinbrechende Abend trennte das blutige Treffen. Während der Nacht nun hörte man aus dem nahen Wald eine mächtige Stimme erschallen, die verkündete: »Im Heer des Tarquinius ist *ein* Mann mehr gefallen, der Sieg gehört den Römern!«

Mit Grauen vernahmen die Krieger des Königs den Ruf – war das nicht die Stimme eines Gottes? Allen entfiel der Mut zu neuem Kampf. Die Tusker warteten den Morgen nicht ab, sondern zogen in der Stille der Nacht von dannen. Die geheimnisvolle Stimme aber schrieb man dem Waldgott Silvanus zu, der die naturverbundenen Römer sehr liebte.

Großer Schmerz ergriff die Siebenhügelstadt bei der Nachricht von dem hohen Preis, den ihr der Sieg abgefordert hatte. Die Frauen Roms trugen ein ganzes Jahr Trauerkleider für Brutus, den Vater der Freiheit.

HORATIUS KOKLES

Nach dem Mißlingen seines ersten Feldzuges gegen Rom entschloß sich Tarquinius Superbus nunmehr doch, Porsenna, den König von Klusium, um Hilfe zu bitten. Dieser schwankte lange. Der Gedanke, keinen gekrönten Herrscher als Gegner anzutreffen, sondern mit den neuen und ihn erschreckenden Kräften einer Volksherrschaft sich messen zu müssen, erfüllte ihn mit dumpfer Sorge. Als Porsenna sich dann zum Kriege entschloß, traf er ungewöhnlich große Vorbereitungen. Nie noch hatte Italien ein so großes und glänzend ausgerüstetes Heer gesehen wie jenes, das Porsenna zum Sturm gegen die Quiriten führte. Die Konsuln wagten es daher nicht, dem Feind in offener Feldschlacht gegenüberzutreten, sondern stellten die Legionen gedeckt hinter den mächtigen Verschanzungen Roms auf.

Zu allem Unglück ließ der König von Klusium den Angriff nicht aus der erwarteten Richtung entlang des linken Tiberufers hervorbrechen, sondern befahl ihn gegen den jenseits des Stromes gelegenen und nur schwach besetzten Höhenzug des Janikulum. An seinem Fuß aber führte die Tiberbrücke unmittelbar in das Weichbild Roms, denn die servianische Mauer sparte die sich an den Fluß anlehnende Stadtgrenze aus. Die kleine Besatzung auf der Bergkuppe wurde von der Übermacht schnell zusammengehauen. Die Tusker stürmten nun hinab zur Brücke, deren Zugang von einer Kohorte verteidigt wurde. Der Mut der Römer brach kläglich zusammen, als eine fast unübersehbare Zahl von Streitern sich auf sie zuwälzte. Ängstlich wie eine Herde von Schafen drängten sich die Männer auf dem Steg, um nach der Stadt hinüberzuflüchten. Hatte aber Porsenna erst einmal die Brücke in der Hand, war ihm der Sieg sicher. Die Stadt des Quirinus lag dann offen vor ihm!

Doch einer der römischen Kriegsleute behielt klaren Kopf. Horatius hieß der Tapfere, ein alter Legionärveteran, der dem Vaterland einst vor Gabii ein Auge geopfert hatte und darum den Beinamen »Kokles«, das heißt »der Einäugige«, führte. Er brachte Ordnung in den von der Angst zügellos gewordenen Haufen und wies ihn an, mit allem verfügbaren Werkzeug die Brücke einzureißen. Der Zwischenruf eines Zweiflers unterbrach diesen Befehl: »Die Tusker werden uns nicht den Gefallen tun, zu warten, bis wir mit unserer Arbeit fertig sind.«

Der Einäugige lachte laut auf: »Ei, sieh an, du Schlaukopf, wie gut du die Absicht des Feindes errätst. Meiner Treu, dich sollte man zum Heerführer machen.« Von solchem Hohn plötzlich in den Ton finsterer Entschlossenheit hinüberwechselnd, fuhr der Veteran fort: »Tut nur, wie ich euch befahl. Ich will eure Arbeit mit meinem Schwert decken.«

Erstaunen malte sich bei dieser Ankündigung in aller Gesichter, und nun faßten sich noch zwei Legionäre ein Herz und sprachen:

»Laß uns an deiner Seite kämpfen, Horatius.« Der Tapfere nickte zufrieden.

Die eiserne Gelassenheit des in hundert Schlachten erprobten Kriegers strahlte auf seine Kameraden aus und hob ihren Mut. Sie machten sich unverzüglich mit ihren Waffen daran, das Mittelglied der Brücke einzureißen, indem sie das Schwert als Axt, ihre Lanzen als Brecheisen benützen.

Indes stürmten die Tusker gegen den Steg an. Horatius Kokles stellte sich mit seinen beiden Gefährten, ein kleines Stück vom Ufer entfernt, auf der Brücke zum Widerstand. So vermochten seine Feinde ihre Übermacht nicht voll zu entfalten und waren gezwungen, hintereinander gestaffelt vorzudrängen, wobei das vorderste Glied immer nur drei oder vier Mann umfaßte. Furchtbar und blitzschnell begann nun das Schwert der Römer gegen die Tusker zu wüten. Allen voran leuchtete aber die Tapferkeit des Horatius Kokles. In der Zeit, da seine Freunde zusammen zwei der Gegner umwarfen, sandte er deren vier hinab in den Orkus. Wie erbittert die Tusker auch gegen das lebendige Bollwerk anrannten, keinen Schritt vermochten sie Boden zu gewinnen, und bald kamen sie an die drei Quiriten überhaupt nicht mehr heran, da sich zwischen den Gegnern ein Leichenberg auftürmte.

Während die Tusker ihre Toten wegschafften, um wieder Raum für den Angriff zu bekommen, reinigte Horatius Kokles in aller Seelenruhe sein blutiges Schwert und sagte: »Hoffentlich wirst du mir nicht schartig und müde, mein Stahl, denn mein Arm wird es noch lange nicht.« Derartige Gelassenheit schien den Gefährten des Tapferen, selbst hartgesottene Legionäre, über irdisches Maß hinauszugehen, und einer von ihnen meinte: »Wir haben noch nie einen Menschen wie dich gesehen, Einäugiger.« Der zuckte mit den Achseln: »Na, dann freut euch, daß ihr wieder etwas dazugelernt habt. Doch es ist noch lange nicht alles, was ich euch gezeigt habe. Hinter mir höre ich nämlich schon die Brücke verdächtig knistern, und bald wird es für euch zu spät werden, nach Hause zu gehen. Darum macht, daß ihr fortkommt! Ich bleibe allein hier.«

Die zwei Männer nahmen das Anbot an, ein wenig beschämt zwar, aber doch glücklich, in einer beinahe ausweglosen Lage das Leben neu geschenkt zu erhalten. Jetzt hatten die Tusker ihre Toten fortgeschafft und griffen erneut in wilder Verbissenheit an. Es erging ihnen nicht besser als beim ersten Sturm. Reihenweise sanken sie unter den Hieben des Horatius Kokles zusammen. Doch mußte der einsame Kämpfer nunmehr langsam Schritt um Schritt vor der andrängenden Masse des Feindes zurückweichen. Da aber erschütterte ein furchtbares Krachen die Luft. Das Mittelglied der schönen Tiberbrücke stürzte splitternd und ächzend in den Strom. Horatius Kokles stieß einen Freudenschrei aus. Er hatte seine Schuldigkeit getan, das Werk war gelungen Blitzschnell wandte er sich zur Seite und sprang in voller Rüstung in die hochgehenden Wogen des Tiberflusses. Tosender Jubel der Menge, die vom römischen Ufer aus dem verwegenen Kampf zugesehen hatte, begrüßte den Tapferen, als er an Land stieg. Eine bronzene Statue auf dem Kapitol aber ehrte das Andenken an Horatius Kokles, der ein Soldat war und tapfer . . .

MUCIUS SCÄVOLA UND DIE EDLE KLÖLIA

Porsenna mußte seinen Plan, Rom in einem einzigen Ansturm zu erobern, aufgeben. Er ließ eine Besatzung auf dem Janikulum zurück, wandte sich mit dem Hauptheer nordwärts und ging dann unbehelligt über den Tiber und den Anio. Nunmehr erschien er vor Rom und schloß es von allen Seiten ein. Aller Zufuhrmöglichkeiten beraubt, brach für die Siebenhügelstadt eine schwere Zeit an. Als die Not immer höher und höher stieg, faßte ein Jüngling aus dem altem Patriziergeschlecht den Entschluß, sich ins feindliche Lager zu schleichen und den König Porsenna zu töten, um auf diese Weise das Belagerungsheer zum Abzug zu zwingen. Mucius hieß der Tapfere, dem später der Beiname »Scävola«, das heißt »Linkshand«, gegeben wurde; wir werden noch sehen, warum.

Mucius zog ein etruskisches Kriegergewand an, das man einem getöteten feindlichen Späher abgenommen hatte, verbarg einen Dolch an seiner Brust und begab sich auf geheimen Pfaden ins Hauptquartier des Königs von Klusium. Es fügte sich, daß an diesem Tag den tuskischen Soldaten die Löhnung ausgezahlt wurde, und so drängten sie sich in dichten Scharen um Porsennas Zelt. Mucius gelang es, sich unauffällig in den Zug einzureihen, und so kam er denn schließlich auch in den großen, prunkvoll ausgestatteten Raum, wo der Sold ausgegeben wurde. Der junge Römer sah zwei Männer auf kostbaren Stühlen sitzen, von denen einer unter vielen Schwatzen den Kriegern die schweren Bronzeasse zuschob, während der andere die Vorbeiziehenden schweigend musterte. In seiner kindlichen Unschuld glaubte Mucius, der Zahlmeister sei der König, und bohrte jenem den Dolch in die Brust. Der Römer knirschte vor Wut, als er, von den Wachen dingfest gemacht, seinen Irrtum erkannte.

Porsenna nahm den Jüngling sofort ins Verhör und fragte: »Bist du allein gekommen, oder treiben sich noch andere Meuchelmörder in meinem Lager umher?« Um den König zu schrecken, antwortete Mucius ausweichend: »Es sind viele bereit, das gleiche wie ich zu tun, und keiner von ihnen wird so einfältig sein, den Schreiber für den Herrn zu halten.«

Der König versuchte Näheres herauszubekommen, aber Mucius schüttelte abweisend sein Haupt. Porsenna erbleichte vor Wut: »Ich werde dich zwingen, mir dein ganzes Geheimnis preiszugeben.« Damit winkte er seinen Dienern, die ein in einen Dreifuß gehängtes Opferbecken entzündeten. Helle Flammen loderten bald aus der bronzenen Schale. Mucius lachte: »Mehr als mich bei lebendigem Leib zu verbrennen, vermagst du nicht, o König. Ich will dich aber der Mühe des Befehls entheben und freiwillig meine Rechte den Flammen überlassen.« Was Mucius angekündigt hatte, führte er auch aus. Ohne einen Schmerzenslaut von sich zu geben, ließ der Jüngling seinen rechten Arm bis auf einen kleinen Stumpf verkohlen.

Schweiß trat auf die Stirn des Tuskerfürsten. Ihn schauderte vor einem Volk, dessen Söhne, ohne einem König zu gehorchen, Proben eines solchen Mutes ablegten wie dieses Milchgesicht.

Porsenna schickte Mucius nach Rom zurück, um den Quiriten zu melden, daß die Etrusker zu Friedensverhandlungen bereit wären. Mit grenzenlosem Jubel wurde der Jüngling empfangen und ihm als Lohn ein Grundstück übereignet, das fortan den Namen »Mucis prata«, die Mucische Wiese, führte.

Aber erst ein dritter Beweis des römischen Heldenmuts sollte den Angriffsgeist der Etrusker endgültig brechen. Die Belagerten traten nämlich, wie ihnen angetragen worden war, mit König Porsenna in Verbindung. Die Unterhändler kamen überein, daß zum Beweis gegenseitiger Friedensbereitschaft und zur Bekräftigung eines Waffenstillstands die Etrusker das Janikulum räumten, die Römer aber zwölf edle Jungfrauen als Geiseln stellen sollten. Eines der Mädchen, die tapfere Klölia, litt jedoch so unter der Schmach der Gefangenschaft, daß sie ihre Leidensgefährten überredete, unter ihrer Führung zu entfliehen. Den Römerinnen gelang es, die Wachen zu täuschen und in den Tiber zu springen. In diesem Augenblick entdeckte man ihre Flucht, und die Posten riefen sie an, zurückzukehren. Doch Klölias Mut riß die anderen mit sich fort, und unbeirrt durch den Hagel von Pfeilen und Steinen, den man ihnen nachsandte, schwammen sie weiter und erreichten glücklich das rettende Ufer. In Rom kargte zwar das Volk nicht mit Anerkennung und Bewunderung, der Senat fühlte sich aber an sein gegebenes Wort gebunden und sandte die Mädchen wieder an König Porsenna zurück, als dieser ihre Auslieferung forderte. Die edle Klölia trat stolz und unerschrokken vor das finstere Antlitz des Königs. Dieser blickte die Römerin lang an. Allmählich hellten sich seine Züge auf, und bewundernd sprach Porsenna zu der edlen Jungfrau: »Ich wollte nur einmal der jungen Römerin ins Auge sehen, die an Heldenmut manchen ruhmreichen Kriegsmann überragt. Es sei dir erlaubt, einige Geiseln auszuwählen, die dir in die Freiheit folgen mögen.« Klölia erwählte die Jüngsten und kehrte im Triumph nach Rom zurück.

König Porsenna zog ohne jede weitere Bedingung aus Latium ab. Rom war aus seiner bisher schwersten Gefahr errettet. Der tapferen Klölia, die man Heldenjungfrau nannte, wurde ein Reiterstandbild aus Bronze errichtet, eine Ehre, die keiner Frau mehr in Rom später widerfahren ist.

Tarquinius, der sich um seine Hoffnung betrogen sah, mit Hilfe der Tusker seinen Thron wieder besteigen zu können, gewann nun die latinische Stadt Tuskulum, wo sein Schwiegersohn regierte, für einen Feldzug gegen Rom. Auch viele andere Gemeinden Latiums glaubten sich dem Treueid verpflichtet, den sie einst dem römischen König geleistet hatten, und schlossen sich dem Tarquinischen Heere an. Am See Regillus kam es zu einer gewaltigen Schlacht. Zum erstenmal befehligte ein Diktator die römischen Truppen. Die Quiriten hatten das Amt der Diktatur für den Kriegsfall geschaffen, um in äußerster Notzeit die Nachteile in der Staatsführung zu beseitigen, die durch die Herrschaft von zwei Konsuln entstanden. Für die Höchstdauer von sechs Monaten berufen, vereinigte der Diktator alle Gewalt über Bürger und Heer in seinen Händen. Die Sage berichtet, daß trotz dieser außergewöhnlichen Maßnahme erst ein göttliches Eingreifen am Regillus-See die Entscheidung herbeizuführen vermochte. Darnach seien die Dioskuren Kastor und Pollux auf weißen Pferden aus den Lüften herangesprengt und als erste über den Wall des feindlichen Lagers gestiegen. Sie brachten dann, so erzählt die Legende weiter, die frohe Kunde des Sieges nach der Tiberstadt. Nachdem sie ihre Schwerter in einem Quell des Vestatempels gereinigt hatten, kehrten sie wieder zu den Göttern zurück. Tarquinius Superbus floh nach Kumä, wo er bald darauf in Verzweiflung gestorben ist. Es gab nun keinen Anwärter mehr auf den römischen Thron.

MENENIUS AGRIPPA

Die Beseitigung der Gefahr, die von den Anhängern des Königtums gedroht hatte, ließ jetzt eine andere, weit größere, riesenhaft ihr Haupt erheben. Mit vernichtender Gewalt brach der offene Krieg zwischen den Adeligen und dem gemeinen Mann aus. Das reiche Patriziat machte sich den Buchstaben der Servianischen Verfassung zunutze, ohne deren Geist zu beachten. Jedes von der Zenturienversammlung beschlossene Gesetz, den drückenden Zinsfuß von fünfundzwanzig vom Hundert für das Jahr zu ermäßigen, die Grausamkeiten des Schuldrechts, das den säumigen Borger samt seiner Familie in das Zuchthaus führte, abzuschaffen, den entsetzlichen Marterungen in den Gefängnissen Einhalt zu gebieten, verfiel dem Einspruch des Senats. Bei den »Vätern« fanden die Berichte kein mitleidiges Ohr, wonach man den Häftlingen der Schuldtürme die Beine mit schweren Ketten schloß, die Rücken wundpeitschte und die Hälse in Eisenkrausen von unerträglichem Gewicht steckte.

Eines Tages wallte denn auch der Kessel über. Ein in elende Lumpen gehüllter Mann erschien auf dem Forum und lockte durch lautes Schreien die Menge an sich. Auf die mitleidige Frage, wer er sei und was ihn so in Not gebracht habe, antwortete er: »Hört, Bürger, ich war Hauptmann in jenem Heer, das den Tyrannen Tarquinius am Regillus-See niederwarf. Glaubt mir, ich habe gekämpft wie ein Löwe.« Mit diesen Worten entblößte er seine Brust und wies zum Beweis der Wahrheit seiner Rede auf die Narben, die seine Haut furchten. Ein Raunen der Bewunderung ging durch die Reihen der Neugierigen, das gleich darauf einer Totenstille wich, da der Landstreicher fortfuhr: »Als ich nach Beendigung des Krieges auf mein kleines Gut in der Umgebung Roms heimkehrte, fand ich das Haus verwüstet vor, die Scheuern verbrannt, die Herden fortgetrieben. Söldner des Tarquinius Superbus waren durch diese Gegend gezogen und hatten keinen Stein auf dem andern gelassen. Ich borgte Geld, um alles wieder aufzubauen, doch mußte ich zu viel von der Summe für die nackte Notdurft des Leibes verzehren. Das Ende werdet ihr erraten, Bürger. Ich konnte meine Schuld nicht rechtzeitig zurückzahlen, wanderte ins Gefängnis, und wie es mir dort erging, das will ich euch zeigen.« Der Unglückliche riß sein Hemd vom Körper, und ein von unzähligen Striemen gezeichneter Rücken wurde sichtbar. Unter allgemeiner Empörung schloß der Veteran seinen Bericht: »Trotz unsäglicher Qualen habe ich meine Schuld abgearbeitet, ich bin ehrlich geworden und will nun als Landstreicher mein Grab in der Gosse suchen.«

Die Wut der Menschenmenge kannte nun keine Grenzen mehr. Das Forum glich einem Hexenkessel. Patrizier strömten herzu, es kam zu handgreiflichen Auseinandersetzungen, in denen die Adeligen den kürzeren zogen und erschreckt in ihre Häuser flüchteten. Die Bewegung, in die jetzt die Massen geraten waren, wuchs zum Aufstand. Gefängnisse wurden erstürmt und die Häftlinge befreit. In ihren Beinketten und mit den erzenen Halskrausen behängt, zogen diese Schuldner auf den Markt und stachelten die Wut noch mehr auf. Der Konsul Publius Servilius bot allen Einfluß auf, um das Volk zu beruhigen.

Er warf sich der Menge zu Füßen und ließ öffentlich ausrufen, daß niemand mehr einen römischen Bürger wegen seiner Schulden belästigen dürfe, bis neue Weisungen durch den Senat ergingen. Nun trat etwas Ruhe ein.

Am andern Tag versammelten sich die Väter, um über die Lage zu beraten. Da trafen Boten mit der Nachricht ein, daß ein volskisches Heer gegen Rom heranrückte. Die Konsuln mußten sich nun an die Plebs wenden, um sie zur Teilnahme an dem Feldzug zu bewegen. Dabei gaben sie das Versprechen ab, nach Beendigung des Krieges alle gerechten Forderungen des gemeinen Volkes zu erfüllen. Kaum aber waren die Feinde zurückgetrieben, zeigte der Konsul Appius Klaudius sein wahres Gesicht. Er erklärte die Zusagen seines Mitkonsuls für null und nichtig.

Doch noch standen die plebejischen Krieger unter den Waffen. Als die Legionäre von dem Wortbruch des Appius Klaudius hörten, bemächtigte sich ihrer eine furchtbare Erregung. Und da geschah es, daß ein einfacher Mann namens Sicinius den Vorschlag machte, die Plebejer sollten geschlossen die Siebenhügelstadt verlassen und an einem günstigen Platz in der Nähe ein neues und besseres Rom gründen. »Wir wollen alles mit uns nehmen, was wir lieben«, erklärte Sicinius, »Frauen, Kinder und unser gutes, altes Recht, das wir hinfort zum Nutzen und nicht zum Schaden der Gemeinschaft anwenden werden. Was aber schlecht ist an der Siedlung des Quirinus, lassen wir zu Hause!« Stürmischer Beifall folgte dieser Rede. Man kam überein, als Ort der Neugründung den Heiligen Berg am Aniofluß zu wählen. Dieser genoß seit des Äneas Zeiten göttlichen Schutz.

Der Beschluß wurde unverzüglich in die Tat umgesetzt. Die plebejischen Legionäre marschierten auf den Heiligen Berg. Ihnen schlossen sich auch die nicht unter Waffen stehenden Standesgenossen an.

Nach dem Weggang der Plebs lagen viele Straßen verödet da, es fehlte an Handwerkern und Händlern. Auch mußte man fürchten, daß die durch solchen Aderlaß geschwächte Stadt sehr leicht die Beute ihrer Feinde werden könnte. Tiefe Bestürzung erfaßte den Adel, und er sah ein, den Bogen überspannt zu haben.

Die Patrizier berieten nun, was zu tun sei. Zur besseren Wahrung der Rechte des gemeinen Mannes beschloß der Senat, Volkstribunen einzusetzen. Diese konnten jedes gegen die Plebs gerichtete Gesetz für ungültig erklären, in schwebende Gerichtsverhandlungen eingreifen und die Vollstreckung von Urteilen hemmen. Obwohl die Volkstribunen keine Amtstoga tragen und auch keinen Liktor zu ihrer Begleitung beanspruchen durften, wurden sie bald nicht minder geachtet wie die Konsuln. Gingen sie über den Markt, dann steckte das Volk die Köpfe zusammen, wie man es früher nur bei den Königen tat.

Außerdem wollten die Patrizier der Plebs noch einen Nachlaß aller augenblicklich bestehenden Schuldverpflichtungen, Freilassung der Schuldhäftlinge und eine Herabsetzung des Zinsfußes gewähren.

Der Senat bestimmte sodann den beim Volk sehr angesehenen Redner Menenius Agrippa dazu, dieses Friedensangebot den Auswanderern nach dem Heiligen Berg zu überbringen. Als Menenius Agrippa dort ankam, staunte er über den Fortschritt der Arbeiten für die Grundsteinlegung neuer Häuser. Er wußte, daß er so tüchtige Männer um jeden Preis zurückholen mußte. Dabei setzte er ihnen die Vorteile der neuen Gesetze in aller Eindringlichkeit auseinander, doch wollten die Plebejer zunächst von einer Rückkehr nichts wissen. Sie erklärten, sehr gut auf eigenen Füßen stehen zu können, zumal die meisten von ihnen fleißige Handwerker und Bauern seien.

Menenius Agrippa überlegte einen Augenblick. Dann erzählte er den Leuten die berühmt gewordene Fabel vom Magen und den Gliedern des Leibes: »Einst empörten sich die Glieder des Körpers gegen den Magen, der, wie sie meinten, ein ganz fauler Geselle sei, da er das, was sie erarbeiten, nur aufnähme und genösse. Das solle nun aufhören, erklärten die Glieder, und stellten ihre Arbeit ein. Die Füße liefen nicht mehr, die Hände werkten nicht mehr, der Mund nahm keine Speise mehr zu sich, und die Zähne brauchten nichts zu kauen. Diesen Vorsatz führten die Glieder eine Zeitlang aus. Bald jedoch merkten sie, daß ihre Kräfte verfielen. Sie erkannten, daß sie allesamt absterben würden, wenn sie fortfuhren, den Magen auszuhungern. Und es ging ihnen nunmehr ein Licht darüber auf, daß der Magen, den sie für ihren Feind gehalten, in Wahrheit die Quelle ihres Lebens sei, und daß sie allesamt ohne seine stille Tätigkeit verderben müßten. Diese Einsicht brachte sie zur Vernunft; sie söhnten sich mit dem Magen aus, führten ihm Speise und Trank zu und wurden mit ihm wieder stark und glücklich.«

Die Plebejer begriffen den Sinn dieses Gleichnisses. Das gemeine

Volk stellte die Glieder dar, der Magen aber bedeutete die Staatskunst des Senats. Diese will, wie alles im menschlichen Leben, durch reiche Erfahrung gelernt sein. Daher würden die werkenden Glieder des römischen Volkes den Magen, der jede Arbeit erst zu Blut und Kraft macht, nicht so rasch ersetzen können. Nach dieser klugen Rede gaben die Plebejer ihren Trotz auf und kehrten nach Rom zurück.

GAJUS MARCIUS KORIOLANUS

Ergreifend zu uns hier über die Zeiten klingt die Sage vom Helden und Verräter Koriolan. Die Phantasie vieler großer Künstler, Dichter, Komponisten und Maler*, hat sich an dem Schicksal des Mannes entzündet, der seine politische Überzeugung höher als das Vaterland stellte und in diesem Zwiespalt, von seiner Mutter bezwungen, elend zugrunde ging.

Gajus Marcius hieß ein Held aus patrizischem Geschlecht, der sich im Volskerkrieg durch die Eroberung der Stadt Korioli großen Ruhm erwarb. Seither nannte man ihn Koriolan, worüber sein wirklicher Name in Vergessenheit geriet. Unermeßlicher Jubel umbrandete den siegreichen Kriegshelden, als er, mit ehrenvollen Narben bedeckt, aus dem Feld heimkehrte. Doch er wurde seiner Erfolge und aller Lobpreisungen nicht froh. Die Veränderung, die in Rom mit der Einsetzung der Volkstribunen vor sich ging, nagte an seinem Herzen, in dem der Glaube an eine göttliche Berufung des Patriziats brannte. König Romulus, jetzt unser Gott Quirinus, so dachte er, hat einst ein unauflösliches Bündnis zwischen sich und den alten Geschlechtern geschlossen. Nicht Machtgier, sondern himmlischer Wille ist es daher, wenn die Staatsführung, die Priesterämter und die Offiziersstellen in den Legionen von ihnen allein beansprucht werden. Und – so grübelte er weiter – es sei auch zum Besten der Stadt, wenn alles so bleibt, wie es ist; wer sich vom Althergebrachten löst, der rüttelt an den Grundfesten der Ordnung, denn das Neue bedeutet nicht immer auch etwas Gutes. Bei solcher Überzeugung fiel es Koriolan

* Die berühmte dichterische Verarbeitung des Koriolan-Stoffes stammt von William Shakespeare, zu dessen Drama Ludwig van Beethoven eine Ouvertüre komponiert hat.

sehr schwer, zuzusehen, wie die Volkstribunen, erst vier an der Zahl, dann sechs, schließlich gar zwölf, sich in alles einmischten und die ihm heilig dünkenden Beschlüsse der ehrwürdigen Väter im Senat nach Gutdünken umstürzten. Mit wahrem Haß erfüllte es ihn dann, als sich die Tribunen noch Gehilfen zulegten, die Ädilen, die mit der besonderen Aufgabe betraut wurden, die staatlichen Vorratshäuser zu überwachen. Aber noch viel unfaßbarer dünkte Koriolan, was sich in nächster Zukunft vorbereitete: das gemeine Volk pochte mit immer dröhnenderer Gewalt an die heiligsten Mauern, die es vom Adel trennte, es forderte die Zulassung von Eheschließungen zwischen den Bürgern aller Klassen, es verlangte plebejische Priester, ja sogar plebejische Konsuln! »Ach!« klagte Koriolan, »wo ist die Zeit, da noch der große Augur dem König Tarquinius Priskus in den Arm fallen durfte, als dieser sich zum erstenmal anschickte, dem Pöbel die vollen Bürgerrechte zu verleihen. Fluch dem neuen Geist, der das alte, heilige Rom überwältigt und es am Ende zugrunde richten wird!«

Während das Patriziat mit verhaltenem Grimm den Vorstoß der Plebs beobachtete, verschlimmerten sich die wirtschaftlichen Verhältnisse in der Stadt. Durch die langen Kriege gegen die Etrusker und Volsker war viel Ackerland verwüstet worden oder unbestellt geblieben, so daß man in den Nachbarstädten und sogar im fernen Sizilien Getreide aufkaufen mußte. Solange rotes Kupfer in den Staatskassen lag, konnte die Notlage verschleiert werden, aber nach Erschöpfung der öffentlichen Mittel griffen Teuerung und Hunger schnell um sich. Versuche der Konsuln, Lebensmittel aus den umliegenden Ländern auf Borg zu erhalten, scheiterten. Schon begann das Volk in den Straßen zu murren, als Rom in dem Tyrannen Gelos von Syrakus ein Retter in höchster Not erwuchs. Dieser versprach eine Flotte von Getreideschiffen und noch dazu ohne jegliches Entgelt, weil er die Siebenhügelstadt, die ihm als Bollwerk gegen die räuberische Seemacht der Etrusker wichtig schien, nicht untergehen lassen wollte.

Als sich die Kornspeicher wieder zu füllen begannen, dachte Koriolan, daß die Stunde gekommen sei, in der sich das Rad der Geschichte zurückdrehen ließe. Er verlangte im Senat, daß man das Getreide an das Volk nur dann herausgeben solle, wenn dieses auf die Einrichtung der Tribunen verzichte. Dieser Antrag rief bei den

Plebejern einen Sturm der Entrüstung hervor. Die Straßen füllten sich mit wutentbrannten Volkshaufen, Koriolan aber scheute sich nicht, in Begleitung fanatischer Anhänger unter die Menge zu treten und seine Forderungen zu wiederholen. Man wurde handgemein, es setzte da und dort blutige Köpfe, immer mehr Menschen strömten auf das Forum und vor die Regierungsgebäude, und auch die hereinbrechende Nacht vermochte die Ansammlungen nicht zu zerstreuen. Nun traten die Volkstribunen zur Beratung zusammen und verlangten schließlich vom Senat, daß er ihnen Koriolan zur Erhebung einer Hochverratsklage überliefere. Unter dem Druck der Straße willfahrten die Väter zähneknirschend dem Begehr, zumal auch sie fühlten, daß Koriolan zu weit gegangen war.

Die Anklage gegen den Patrizier vertrat der Tribun Sicinius, einst der Anführer der Plebs beim Auszug auf den Heiligen Berg. Die Verteidigung lag in den Händen des Menenius Agrippa, jenes großen Redners, der mit dem Gleichnis vom Magen und den Gliedern des Leibes berühmt geworden war. Zur Überraschung der vieltausendköpfigen Menschenmenge überging Sicinius in seiner Anklagerede den Antrag des Koriolan auf Beseitigung des Volkstribunats, der den Prozeß ausgelöst hatte, vollkommen. Doch war dies nur logisch, weil ein in der Volksvertretung ordnungsgemäß eingebrachter Antrag niemals eine gesetzwidrige Handlung darstellen kann. Statt dessen erhob der rachedürstende Tribun die Beschuldigung, daß Koriolan Kriegsbeute aus dem Volskerfeldzug, die stets der Staatskasse gebührte, widerrechtlich für sich behalten habe. Menenius Agrippa entkräftete zwar in einer glänzenden Rede alle Behauptungen des Anklägers, aber das Urteil lautete dennoch auf lebenslängliche Verbannung. An diesem finsteren Tag war die Gerechtigkeit aus Rom verbannt. Und als die Nacht hereinbrach, so berichtet Plutarch, dem wir die schönsten Erzählungen über Leben und Taten der Helden im republikanischen Rom verdanken, sah man viele Patrizier weinen, die Plebejer aber Freudenfeuer entzünden; jeder wahrhafte Patriot aber wurde tief bedrückt beim Anblick der Kluft, die in jenen Tagen die Stadt des Quirinus so sichtbar in zwei Teile zerriß.

Koriolan nahm voll flammender Empörung über die ihm angetane Schmach Abschied von seiner Mutter, von Weib und Kind. In ein Bettlergewand gehüllt, floh er nach Antium, der Hauptstadt der Volsker, zu seinen ehemaligen Feinden. Es ist nun vielen geschehen, daß sie von der Heimat ungerecht behandelt wurden. Die große Schuld, die Koriolan auf sich lud, bestand darin, daß er nicht vergeben konnte, wem man immer vergeben muß, dem Vaterland. Aus Rache für die ihm angetane Schmach und aus Haß gegen die staatliche Ordnung, die ihm nicht zusagte, beschloß er, Rom zu vernichten.

Die Volsker nahmen den Flüchtling bereitwillig auf, denn sie schätzten sich glücklich, einen so kriegserfahrenen Mann in ihren Mauern zu beherbergen. Bald darauf trat Koriolan mit dem Ansinnen vor die Volsker, sie möchten ihm ein Heer zum Kampf gegen Rom anvertrauen. Dieser Vorschlag klang wie Musik in den Ohren jener Männer, die erst vor kurzem eine so empfindliche Niederlage durch die Quiriten hatten einstecken müssen. Ein Kriegsgrund ergab sich, als die wegen der Beherbergung Koriolans erbosten Römer volskische Besucher der großen Zirkusspiele von den Tribünen wiesen. Diese Maßnahme stellte eine Verletzung des heiligen Gastrechts dar, die nach antiker Sitte nur mit Blut gesühnt zu werden vermochte. Die Volsker fielen also unter dem Befehl des Koriolan in das Gebiet Roms ein, das zu jener Zeit schon weit über die Mauern der Siebenhügelstadt hinausreichte und viele Dörfer in der latinischen Ebene umfaßte. Sofern diese von Plebejern bewohnt wurden, ließ Koriolan die Häuser niederbrennen; die Siedlungen und Gehöfte der Patrizier blieben ungeschoren. Und ehe Rom seinem abtrünnigen Sohn ein Heer entgegenzuwerfen vermochte, erschien dieser bereits vor den Mauern der Stadt.

Angesichts der Sturmvorbereitungen Koriolans befiel die Römer große Angst. Denn niemand wußte besser um die Tüchtigkeit des feindlichen Feldherrn als seine eigenen Landsleute. In solcher Not beschloß man, Abordnungen des Senats und des Priesterkollegiums zu dem Verräter zu entsenden. Diese Gesandten sollten Koriolan klarmachen, daß niemand das Recht besitze, sein Vaterland nur deshalb zu verleugnen, weil ihm seine Gesetze nicht zusagten. Doch der Feldherr überschüttete die Bittsteller mit einer Flut von Haß und Hohn und rief endlich: »Ich bin der Überzeugung, daß Rom vom Antlitz der Erde verschwinden muß, weil anders das plebejische Gift nicht auszurotten ist. Da ihr, Väter und Pontifices, wie ich sehe, gemeinsame Sache mit dem Pöbel macht, so will ich nunmehr auch gegen euresgleichen rasen, bis das, was ich einst Heimat genannt habe, sich auflöst in eine Brandwolke der Vernichtung!«

Die Kunde von der Antwort Koriolans versetzte die quiritische Bürgerschaft in tiefste Bestürzung. In dieser schweren Stunde erboten sich die Mutter und die Gattin des Verräters, um Gnade für seine Heimatstadt zu bitten. Als Koriolan die Frauen im Lager erscheinen sah, erschrak er sehr. Er, der keine mörderische Schlacht fürchtete, begann vor diesem Angriff der Sanftmut und der Liebe zu zittern. Und schon sank seine Mutter ihm zu Füßen. »Kind«, so jammerte sie, »willst du wirklich, daß man einst von dir sagt: ›Der Mann war edel, doch seine letzte Tat löscht alles aus?‹ Willst du mit deinem Haß auch den Namen deiner Mutter schänden? Geh hin und erobere Rom! Aber wisse: wenn du durch seine Tore einziehst, mußt du über den Leichnam deiner Mutter schreiten!« Da fiel die Gattin des Verräters ein: »Und auch über meinen, den entseelten Körper deines Weibes.« Hell mischte sich nun die Stimme eines Kindes, des Söhnleins des Feldherrn, das sich bisher ängstlich in den Falten des Gewandes seiner Mutter verborgen hatte, in den Chor des Jammers ein. »Mich wird der Vater nicht töten«, sagte das Kind in aufwallendem Trotz, »denn ich laufe einfach davon. Aber wenn ich erst größer bin, dann werde ich gegen ihn kämpfen und seine schlechten Taten rächen.«

Ein schmerzliches Zucken lief über das Gesicht Koriolans. Jetzt erst spürte er, wie allein er stand. Er beugte sich zum Boden nieder, half seiner Mutter auf und sprach leise: »Wenn ich die Belagerung aufhebe, dann breche ich meinen den Volskern abgelegten Soldateneid. Man wird mir den Prozeß machen und mich töten. Bleibst du, Mutter, nachdem du dies weißt, trotzdem bei deinem Verlangen?« Die Mutter strich ihrem Sohn über das Haar und erwiderte: »Ich liebe dich. Wie sollte es auch anders sein? Doch müssen die römischen Frauen alle Kinder römischer Mütter lieben ... du bist nur *ein* Sohn, die andern sind viele ...«

Da schrie Koriolan verzweifelt: »Geh, Mutter! Du hast Rom gerettet, aber deinen eigenen Sohn getötet!«

Zur gleichen Stunde noch zog der Feldherr mit seinem Heer von Rom ab. Über sein Ende ist kein sicheres Zeugnis aufbewahrt. Gewiß ist nur, daß er elendiglich verdarb, entweder auf dem Galgen oder als Landstreicher irgendwo zwischen Latium und der Kampania. Seine

Vaterstadt hat ihn nie wieder gesehen, und es erfüllte sich die ewige Wahrheit, daß der Vaterlandsverräter sich in ein Netz begibt, aus dem kein Entrinnen ist.

SPURIUS KASSIUS

Nachdem der Plebs die Abwehr von Koriolans Anschlag so glänzend geglückt war, glaubte sie die Zeit reif für einen entscheidenden Angriff auf die Macht des Adels. Dessen Grundpfeiler stellte – wie wir schon hörten – das Recht dar, die in den Kriegen eroberten Staatsländereien steuerfrei zu bewirtschaften. Nun traf es sich, daß mit dem Konsul Spurius Kassius ein dem Neuen sehr aufgeschlossener Mann, der noch dazu viel Liebe zum gewöhnlichen Volk empfand, ans Ruder gekommen war. Diesen Spurius Kassius bewogen die Volkstribunen, jenen unter dem Namen »Ackergesetz« berühmt gewordenen Antrag einzubringen. Das Patriziat sollte in Hinkunft für die von ihm verwalteten Gebiete eine Nutzungsgebühr entrichten.

Der Adel tobte, und ein gewaltiges Kesseltreiben gegen Spurius Kassius setzte ein. Zugleich trafen die Patrizier sorgsame Vorbereitungen, um nach dem Vernichtungsschlag gegen den seiner Klasse untreu gewordenen Konsul einen Aufstand der Plebs niederhalten zu können. Es gelang der Adelspartei in den Zenturien, die Abstimmung über das Gesetz bis zum Ablauf der Amtsperiode des Spurius Kassius zu verzögern. Wenige Stunden, nachdem der Unglückselige die goldgestickte Konsulstoga abgelegt hatte, ergriffen ihn die Quästoren, die Gehilfen seiner Nachfolger, und schleppten ihn ins Gefängnis. Zugleich besetzten Truppen von schwerbewaffneten Adeligen die wichtigsten Punkte der Stadt. Die Anklage lautete auf Hochverrat, und es war eine seltsame Laune des Schicksals, daß sie sich fast wörtlich mit jener einst gegen Koriolan erhobenen Klage deckte. Auch sie stand auf schwachen Beinen, denn die Einbringung des Antrages an sich konnte ja niemals ein Verbrechen darstellen. Aber ungeachtet dieses schwachen Rechtsgrundes wurde das Verfahren diesmal bis zum bitteren Ende durchgepeitscht. Denn der Adel glaubte den Mann, der einen so gefährlichen Plan wie das Ackergesetz ausgeheckt hatte, um jeden Preis austilgen zu müssen.

Alle Versicherungen des Unglückseligen, daß ihm nie etwas andres als die Versöhnung zwischen den beiden Parteien der römischen Bürgerschaft und damit die Wohlfahrt seiner Heimat vor Augen gestanden hätten, halfen nichts. Das Urteil lautete auf den Tod. Als einzige Vergünstigung wurde dem Verdammten gewährt, daß die Hinrichtung nicht auf dem Frevelfeld, sondern daheim durch die Hand seines eigenen Vaters erfolgen dürfe. Dieser, ein alter Mann, vollzog, einem zweiten Brutus gleich, den Befehl des Senàtes. So furchtbar war der Haß der Patrizier gegen Spurius Kassius, daß sie sogar das Haus des Hingerichteten bis auf die Grundmauern zerstörten. Dessen Söhne waren empört über das Unrecht, das man ihrem Vater angetan hatte. Sie verließen die Adelsklasse und traten freiwillig der Plebs bei. Den Zenturien aber wurde von den Konsuln bedeutet, daß sie das Ackergesetz nicht weiter verfolgen dürften. Denn mit der Hinrichtung seines Schöpfers sei es ebenfalls der Vernichtung anheimgefallen. Doch das nützte alles nichts, denn unerbittlich geht die Zeit ihren Gang. Einmal mußten diese Vorrechte der Patrizier fallen.

DIE FABIER

Nur für kurze Zeit duckten sich die Volkstribunen nach dem Schlag, der auf sie herabgesaust war. Dann aber traten sie, als aufsteigende Kriegswolken Truppenaushebungen notwendig machten, mit einem äußerst gefährlichen Plan hervor. Sie versuchten nämlich Rekrutierungen innerhalb der Plebs zu verhindern, solange das Ackergesetz nicht Rechtskraft erhielt! Nun geriet die Sicherheit des Staates in Gefahr, und laut vernehmlich begann es im Gebälk der jungen Republik zu knistern.

In dieser dunkelsten Epoche der frühen Geschichte Roms rettete Heldentum und Opfermut eines angesehenen Patriziergeschlechtes die Stadt des Romulus. Es nannte sich die Fabier und führte seinen Stammbaum bis auf jene Gefährten des Remus zurück, die nach dessen jammervollem Tod sich dem ersten König Roms unterwarfen. Der erste Konsul aus dem fabischen Geschlecht – es sollte dann durch sieben Konsulate hintereinander an der Spitze des Staates stehen – verdankte die Berufung seinem großen Anhang, der geeignet schien, die Plebs im Zaum zu halten. Aber mit dem Amt wuchs das Verantwortungsbewußtsein, und am Ende hatten die Fabier nicht mehr ihren Stand, sondern nur mehr das Wohlergehen ihres Vaterlandes vor Augen.

Wieder einmal lag Rom mit Veji, der Etruskerstadt nördlich der Quiritensiedlung, im Krieg. Mit Mühe und Not gelang es dem Konsul Käso Fabius, die Plebejer unter seinen Willen zu zwingen und die Legionen mit vollen Mannschaftsbeständen ins Feld zu führen. Doch da geschah das Ungeheuerliche: das der Plebs entstammende Fußvolk verweigerte den Gehorsam. Das hatte sich noch nie ereignet seit dem Tag, da Romulus mit dem Pflug die Grenzen seiner Stadt festlegte. Käso Fabius riß nun in wilder Entschlossenheit die Reiterei vor. In todesmutigem Angriff stürmten die patrizischen Krieger auf die feindliche Linie los und brachten sie dermaßen in Verwirrung, daß der feindliche Feldherr zum Rückzug blasen ließ. Da die Plebejer auf ihrem Entschluß, abseits zu stehen, beharrten, blieb es Käso Fabius verwehrt, seinen Erfolg auszunützen. Man feierte ihn zwar als Triumphator, doch der halbe Erfolg machte ihn nicht froh, und er verbat sich einen Siegeszug. Voll düsterer Ahnung übergab er seinem Nachfolger Markus Fabius das Rutenbeil.

Die Bewohner von Veji erkannten die Gunst der Stunde und warfen ein so gewaltiges Heer wie nie zuvor gegen Rom. Die Plebejer sahen ein, daß ohne ihre Mitwirkung das Vaterland verloren war, und nahmen von ihrer alten Forderung nach dem Ackergesetz vorläufig Abstand. Doch verfielen sie in ihrem Haß gegen die Patrizier auf den Gedanken, zu verlangen, daß sie als geschlossenes Heer ins Feld ziehen sollten. Die Patrizier mochten einen eigenen Truppenverband bilden. Dieses Ansinnen schien deshalb so gefährlich, weil die Plebejer innerhalb des Legionsverbandes nur die leichten hinteren Glieder stellten, während die schwerbewaffneten Nahkämpfer der ersten Reihen dem Patriziat entstammten. Trotzdem mußten die Konsuln in ihrer Zwangslage dem Begehren zustimmen. So wurden also zwei Heere gebildet: ein patrizisches unter dem Befehl von Markus Fabius und ein plebejisches unter dem Kommando seines Mitkonsuls Manlius. Da jedes Heer im Grunde nur ein halbes darstellte – dem einen fehlten die schweren, dem andern die leichten Waffen – wurden die Konsuln von tiefer Besorgnis erfüllt. Nun riß aber Jupiter ob solchen himmelschreienden Parteihaders die Geduld.

Voll flammender Empörung warf er einen Blitzstrahl in das Kommandozelt des Plebejerhaufens, der den darin aufgestellten Altar vernichtete. Diese Bekundung des Götterzorns beeindruckte die Plebejer so, daß sie sich reumütig mit den patrizischen Abteilungen wieder zu einem einzigen Verband zusammenschlossen und feierlich schworen, in dem bevorstehenden Kampf zu siegen oder zu sterben.

Die Feinde, die von dem Zwist in den Reihen der Römer gehört hatten, schickten nun Kundschafter aus, die den Wall des vermeintlichen Patrizierheeres umschlichen und dabei allerlei häßliche Beschimpfungen ausstießen. Sie wußten nämlich nicht, daß dieses Lager in Wahrheit bereits das gesamte römische Heer barg. Wie erschraken daher die Krieger aus Veji, als sich die Lagertore plötzlich öffneten und Manipel in endloser Zahl hervorquollen, um sich voll grimmiger Wut auf den Gegner zu werfen.

Die Römer erwiesen sich an diesem Tag ihres alten Soldatenruhmes würdig, doch alles überstrahlend leuchtete die Tapferkeit des Fabiergeschlechts. Da sank zuerst Konsul Manlius unter den Streichen der Tuskerschwerter sterbend dahin. Über seinem Leichnam rissen Markus Fabius und sein Vorgänger im Amt, Käso Fabius, die Führung an sich. Ihre Tapferkeit spornte die Legionäre an, und bald verkündete der schmetternde Klang der Tuben, daß die Göttin Viktoria über dem Römerheer erschienen war. Überall wandten sich die Tuskerscharen zur Flucht, und ihre Gefallenen bedeckten weithin das Schlachtfeld. Käso Fabius rief nun, indem er seinen Blick zum Himmel erhob: »Dank euch, ihr Überirdischen, daß ihr mir vergönnt habt, meinen halben Sieg von einst heute zu einem ganzen zu runden!«

Der Konsul Markus Fabius aber verzichtete so wie sein Vorgänger und Vetter auf die Ehrung durch einen Triumphzug. Wenn der Sieg, so meinte er, dazu beitragen würde, den inneren Frieden in Rom wiederherzustellen, wäre ihm das Lohn genug. Doch ging dieser Wunsch nicht in Erfüllung. Nach der Rückkehr der Legionäre auf ihre Äcker, in ihre Handwerksstuben, auf die Bauplätze und Werften entbrannte der alte Zwist sofort wieder aufs neue.

Sieben Jahre waren die Fabier nun schon für das Geschick ihrer Heimat verantwortlich. Der letzte Konsul aus diesem Geschlecht glaubte sich dazu berufen, noch einmal einen großen Ausgleichsversuch zwischen den streitenden Parteien zu wagen. Käso Fabius, ein Vetter des siegreichen Feldherrn aus dem Vejenterkrieg, trug als siebenter Angehöriger der Fabiersippe die Konsulstoga. Einst war er als Richter in jenem Bluttribunal gesessen, das den Schöpfer des Ackergesetzes, Spurius Kassius, zum Tode verurteilte. Doch welcher Wandel in seiner Gesinnung: der gleiche Käso Fabius beantragte nunmehr, das Ackergesetz in Kraft zu setzen! Aber der Staatsmann irrte sich, noch immer war die Stunde der Aussöhnung zwischen Patriziern und gemeinem Volk nicht gekommen. Wie unter einem gewaltigen Peitschenhieb schrie das Patriziat auf: »Sind die Fabier alt und müde geworden? Ist ihre Kraft verbraucht? Haben sie nicht Mark genug mehr in den Knochen, dem Pöbel die Stirn zu bieten?«

Der neu entflammte Hader ermunterte den alten Feind vor den Toren Roms, das etruskische Veji, wiederum zum Krieg zu rüsten. Die Quiriten sahen sich also gezwungen, Gegenmaßnahmen zu treffen, und dies benützte die Plebs zur Erneuerung ihrer alten Bedingung, nur dann Mannschaften für die Legionen zur Verfügung zu stellen, wenn das Ackergesetz verwirklicht würde. Die Fabier erkannten, daß ihr Versöhnungsversuch gescheitert war. Ja, er hatte die Dinge sogar noch schlimmer gemacht! Ungebrochen allein war aber der alte, heroische Geist, der in jedes Römers Brust, in der des Plebejers gleicherweise wie in jener des Adelsmannes, lebte. Ihm verdankte es die Stadt des Romulus, auch die Düsternis dieser Tage überdauert zu haben. In ihrer ausweglosen Lage, bedrängt vom gemeinen Volk und beschimpft von ihren eigenen Standesgenossen, beschloß die Fabiersippe einhellig, sich allein den Vejentern entgegenzuwerfen. Es gibt für diese Tat kaum ein zweites Beispiel in der Weltgeschichte, bedeutete sie doch den bewußten Freitod eines ganzen Geschlechts. Keiner der dreihundertsechs Männer, die durch das Karmentalische Tor zu ungleichem Kampf mit dem übermächtigen Feind hinauszogen, konnte damit rechnen, die Heimat je wieder zu sehen. Das Volk verstand den gewaltigen Sinn dieses Opferganges sehr wohl. Kopf an Kopf drängte es sich an jener Pforte, die später nur mehr »Unglückstor« genannt wurde.

Auf dem flachen Land vereinigten sich die Fabier mit ihren Anhängern. So mögen es an die viertausend Streiter gewesen sein, die auf abschüssigem Felsen über dem Kremerabach ein festes Lager bezogen. Von dort aus störten sie die Kriegsvorbereitungen der Vejenter, indem sie sich in überraschenden Vorstößen großer Viehherden und auch der Waffenrüstungen ihrer Feinde bemächtigten.

Dieser Kleinkrieg zog sich lange hin und fügte den Vejentern immer schwerere Verluste zu. So entschlossen sich die Tusker, einen großen Truppenverband in der Nähe des Kremerabaches zusammenzuziehen und den Feind in eine Falle zu locken.

Nunmehr vollendete sich das Geschick der tapferen Schar. Durch ihre Erfolge leichtfertig geworden, stürzte sie sich, ohne Späher auszusenden, auf eine in einer Talmulde weidende große Viehherde. Schnell mußte sie erkennen, daß sie in einen Hinterhalt geraten war. Rings auf den Hügeln tauchten die Vejenter auf, und von allen Seiten hagelten die Wurfgeschosse auf die Römer hernieder. Doch so leicht brach ihr Mut nicht. Sie bildeten einen Keil – eine damals zum Durchbruch der feindlichen Phalanx sehr häufig angewandte Gefechtsordnung – und vermochten sich, freilich unter starken Verlusten, bis auf eine kleine Anhöhe emporzuarbeiten. Dort aber nahte das Ende der tapferen Helden. Sie sahen sich bald wieder umringt, und ein letzter Verzweiflungskampf hob an. Mann für Mann wurden die Fabier zusammengehauen, die Patrone genau so wie die Schutzbefohlenen.

Nur ein männliches Mitglied des Geschlechts entging dem Blutbad, ein zehnjähriger Knabe, der in Rom zurückgeblieben war. Aus ihm erwuchs dann ein neuer Stamm der ruhmvollen alten Familie. Wie die Überlieferung berichtet, fiel der Untergang der Fabier auf den 18. Juli, den gleichen Tag aber, an dem einige Jahrzehnte später die Römer ihre furchtbare Niederlage durch die Gallier am Alliafluß erleiden sollten. Der 18. Juli wurde daher in Rom als ein »dies ater«, ein »schwarzer Tag« angesehen, an dem man sich hüten mußte, Wichtiges auszuführen, sei es in der Staatsführung, im Krieg, in Geschäften oder auch im persönlichsten Leben.

CINCINNATUS

Wenn man sich aufmerksam in die Sagen der römischen Geschichte vertieft, dann dünkt einen, als hätte ein großer Meister mit Absicht bisweilen den Hintergrund seines Gemäldes in sehr düsteren Farben gehalten, um die Lichtgestalten seiner Helden um so reiner hervortreten zu lassen. Wie der Untergang der Fabier ein Beispiel für höchsten Opfermut im Dienst des Vaterlandes gab, so lehrt uns die Legende vom Landmann Cincinnatus, daß Uneigennützigkeit und Schlichtheit die vorzüglichsten Tugenden des Staatsmannes sein sollen. In der neuen Welt trägt sogar zum Zeichen ihrer Verwurzelung im Geist der alten eine große Stadt* den Namen jenes einfachen römischen Bauern, der nur für sechzehn Tage den Pflug mit dem Zepter eines Diktators vertauschte und sein allmächtiges Amt in die Hand der Väter zurücklegte, als seine Aufgabe erfüllt war.

Nach dem Unglückstag am Kremerabach brachen schwere Zeiten für Rom herein. An der römischen Grenze im Norden brodelte es weiter. Die Äquer, ein Volksstamm sabinischen Geblüts, verwüsteten die Ländereien quiritischer Besitzer, und die verängstigten Bauern flüchteten in die schützenden Mauern ihrer nahen Hauptstadt. Soweit es sich um Patrizier handelte, besaßen sie dort auch Wohnhäuser, die Plebejer aber mußten, eng zusammengepfercht, in Notunterkünften untergebracht werden. In den überfüllten Elendsquartieren brach die Pest aus und breitete sich schnell in der ganzen Siebenhügelstadt und ihrer Umgebung aus. So fürchterlich wütete die Seuche, daß, wie überliefert wird, zwei Konsuln, alle Auguren, die Mehrzahl der Volkstribunen und der vierte Teil der Senatoren von ihr hinweggerafft wurde. Freilich befreite diese Plage Rom von einer anderen. Die im Anmarsch befindlichen Äquer machten am dritten Meilenstein der Gabinischen Straße wieder kehrt, als sie dort auf Pestkranke trafen und hörten, daß der schwarze Tod in der Tiberstadt umgehe.

Doch nun begann der große Maler der römischen Historie auch zuckend grelle, erschreckende Farben in das düstere Grau dieser Totenlandschaft zu setzen. Erdbeben und Vulkanausbrüche erschreckten die Römer. Viele der Tuffkegel, die Mittelitalien sein eigenartiges Gepräge geben, verwandelten sich damals in feuerspeiende Berge, die Asche und Lava weithin schleuderten. Und noch Unheimlicheres geschah: die Menschen hörten seltsame Laute in der Luft, beobachteten am Firmament das Auftauchen und Zerfließen riesenhafter Figuren und wurden eines Tages Zeugen, wie es Fleischstücke vom Himmel regnete, die nicht in Verwesung übergingen, wenn sie den beutegierigen Raben entgangen waren und am Boden liegenblieben. Jedermann glaubte, der Weltuntergang sei gekommen.

* Cincinnati ist heute die große Stadt am Ohio im Nordosten der Vereinigten Staaten von Amerika.

Die Ordnung in der Tiberstadt löste sich auf. Die patrizische Jugend schloß sich zu Banden zusammen, die an den verhaßten Plebejern ihr Mütchen kühlten. Als die gräßlichen Himmelserscheinungen abzuklingen begannen und sich die furchtbare Bedrückung des Gemüts milderte, hofften die Älteren, daß die Jugend wieder zu Zucht und Gesittung zurückkehren werde. Doch unter ihr befand sich ein Heißsporn namens Käso Quinktius, Sohn des kleinen patrizischen Bauern Lucius Cincinnatus. Allgemein wunderte man sich, wie der ob seiner Schlichtheit und Redlichkeit allgemein geachtete Landmann zu solch einem verwilderten Sproß kam. Man schob dafür allein den düsteren Zeitläuften die Schuld zu. Doch war Käso Quinktius nicht schlecht von Charakter, sondern nur mit übermäßiger Phantasie ausgestattet. Allerlei dunkle, mystische Pläne gingen in seinem Kopf um, und so setzte er mit seinen Freunden sein ungezügeltes Treiben fort, von dem er hoffte, es würde seiner Vaterstadt den Glanz des Königtums zurückbringen können. Es kam schließlich so weit, daß kein Bürger nachts auszugehen wagte. Die Konsuln mußten schließlich einem Antrag der Volkstribunen zustimmen, in dem die Auslieferung des Käso Quinktius an ein Plebejertribunal gefordert wurde.

Der Tag des Prozesses sah ganz Rom auf den Beinen. Zum allgemeinen Erstaunen erschien der Angeklagte, der mit Hilfe seiner patrizischen Freunde auf freiem Fuß belassen worden war, in Begleitung seines Vaters Lucius Cincinnatus vor dem Tribunal. Doch fand es allgemeine Zustimmung, als Cincinnatus mit schlichter Würde erklärte, es sei eines Vaters Pflicht, auch für den sündigen Sohn zu bitten. Er wies auf die Kriegsleistungen des Käso Quinktius hin und auch darauf, wie das wilde Soldatenhandwerk die Sitten verderbe. Es traten dann auch noch andere Zeugen auf, Patrizier wie Plebejer, die bekundeten, daß der Verklagte dem Vaterlande manchen Dienst geleistet habe. So schien der Prozeß einem Freispruch zuzusteuern.

Im letzten Augenblick meldete sich ein Mann, der behauptete, sein Bruder wäre nachts von dem Verklagten so schwer mißhandelt worden, daß er bald darauf gestorben sei. Dieser Bericht gab dem Verfahren eine neue Wendung. Die Tribunen erweiterten die Anklage auf vorsätzlichen Mord und gaben Befehl, Käso Quinktius sofort in Ketten zu legen. Da schrien aber nun wieder die auf dem

Forum zusammengeströmten Patrizier in wilder Empörung auf, und ein blutiger Zusammenstoß schien unausweichlich.

In ihrer Zwangslage, einen gefällten Entscheid weder zurücknehmen zu wollen, noch durchsetzen zu können, verfielen die Volkstribunen auf einen überraschenden Ausweg. Sie erklärten, den Verklagten gegen die Erlegung von dreitausend As auf freiem Fuß belassen zu wollen.

Die von den Tribunen verlangte Summe wurde von reichen Patriziern auf der Stelle Käso Quinktius vorgeschossen. Wieder zu Hause angekommen, sagte Lucius Cincinnatus: »Sohn, ich vermag dieses Geld nur zurückzuzahlen, wenn ich mein Haus in Rom verkaufe. Ich will es tun und fortan als Bauer auf meinen Äckern leben. Nun gestalte deine Zukunft, wie du glaubst. Wäge allein in deiner Brust, was dich recht dünkt: dich deinen Anklägern noch einmal zu stellen oder zu fliehen. Ich darf mit deinem Entscheid nichts zu tun haben. Er ist zu schwer für mich, denn ich bin ein einfacher Mann und dem alten Gesetz ergeben. Das neue verwirrt mich.«

So sprach Cincinnatus und verkaufte, ohne ein Wort der Bitternis zu verlieren, sein schönes Haus am Hang des Palatinischen Hügels, um die Schuld seines Sohnes zurückzahlen zu können. Nachdem dies geschehen war, zog er sich in die Einsamkeit und Fron seiner Äcker zurück.

Käso Quinktius' abenteuerlicher Geist heckte indessen einen phantastischen Plan aus. Mit seinem Freund Appius Herdonius und anderen Gefährten wollte er das Kapitol stürmen und die Alleinherrschaft ausrufen. Von einem sicheren Asyl in Etrurien aus wurde das Unternehmen ins Werk gesetzt. Doch hatten die Jünglinge den Freiheitssinn auch ihrer eigenen Standesgenossen unterschätzt. Von einer aus patrizischen und plebejischen Mannschaften zusammengesetzten Legion wurden sie nach der Besetzung des Kapitols überwältigt. Wer nicht im Kampf fiel, wurde ans Kreuz geschlagen.

Cincinnatus, mit dem jeder Mitleid empfand, wurde das traurige Ende seines Sohnes verheimlicht. Bis zu seinem Tode blieb er im Glauben, Käso Quinktius habe in der Fremde ein neues Leben begonnen. Dieses gemeinschaftliche Schweigen des Volkes, das niemand durchbrach, war am Ende der einzige Lohn für den großen Dienst, den der schlichte Bauer dem Vaterland erweisen durfte.

Denn es begab sich nun, daß die Äquer auf die Kunde von dem Rebellen Käso Quinktius hin ein rasch zusammengerafftes Heer wider Rom warfen. Sie glaubten, in der allgemeinen Verwirrung leichtes Spiel mit der Stadt zu haben. Darin befanden sie sich freilich in einem großen Irrtum. Nicht weit vor der servianischen Mauer trat ihnen ein starker römischer Verband entgegen. Doch ließ sich dieser durch eine List betören und in seinem Lager umzingeln. Die Gefahr stieg, denn es trafen Nachrichten ein, daß sich auch die Volsker wieder zu rühren begannen. Es kam also darauf an, die Eingeschlossenen möglichst schnell herauszuhauen und dann im Süden, den volskischen Grenzbergen zu, eine Verteidigung aufzubauen. In dieser Bedrängnis erinnerte man sich des Lucius Cincinnatus als eines echten Römers von altem Schrot und Korn und großer Feldherrngabe dazu, wie er einst in einem Volskerkrieg bewiesen hatte. Die Konsuln beschlossen, ihn zum Diktator zu ernennen und ihm die uneingeschränkte Amtsgewalt zu übergeben.

Der Liktor, der den Beschluß zu überbringen hatte, traf den Erwählten auf dem Feld an, wo er eben den Pflug über die frühjahrsfeuchte, schwere Ackerkrume führte. Der Landmann ließ sich durch das Erscheinen des in die prächtige Amtstoga gehüllten Boten nicht aus der Fassung bringen und rief ihm zu, daß er erst das angefangene Joch fertig umbrechen wolle und der Besucher am Feldrain warten möge. Murrend setzte sich der Liktor auf einen Grenzstein.

Endlich kam Cincinnatus, der sich mit der Stola seines schlichten Bauernkittels den Schweiß von der Stirne wischte, über das Feld gestapft und fragte den Abgesandten aus Rom um sein Begehr. Da sprang dieser auf, reckte das Rutenbündel in die Höhe und verkündete: »Heil dem Bürger Cincinnatus, den die Konsuln zum Diktator ernannt haben, auf daß er die Äquer, die uns tödlich bedrohen, aus den Gemarkungen Latiums vertreibe.«

»Mich gelüstet nicht nach Ehre und Ruhm«, gab der Landmann zurück, »hier auf dem Acker ist meine Welt, und hier verteidige ich mein Vaterland, indem ich Korn für seine Soldaten säe.«

Der Liktor erschrak. Er vermochte sich gar nicht vorzustellen, daß der Glanz der hohen Stellung so ohne jede Lockung auf den Berufenen geblieben sei. Darum stammelte er: »Eine Ablehnung wurde nicht in Rechnung gestellt.«

Breit lachte Cincinnatus auf: »Das kann ich mir denken. Jeder schätzt den andern nach sich ein, und wie viele gibt es schon, die auf einen ehrenvollen Posten verzichten, weil sie glauben, einen schlichten besser ausfüllen zu können?«

Nun bemühte sich der Liktor, gepeinigt von der Angst, Cincinnatus könne tatsächlich die Berufung zurückweisen, dem schlichten Mann auseinanderzusetzen, daß niemand das Recht habe, ein ihm angebotenes Staatsamt auszuschlagen, nur weil ihm die damit verbundenen Begleiterscheinungen nicht paßten.

Aufmerksam lauschte der Landmann den Ausführungen des Liktors, wiegte dann bedächtig seinen Kopf und erwiderte: »Gut denn, das Vaterland soll jedes Opfer haben, die Machtgier die in jedes Menschen Brust wohnt, keines!« Der Liktor glaubte, den Sinn dieser Worte recht gut zu verstehen. Doch dachte er boshaft, der Hunger würde schon mit dem Essen kommen, falls der Erwählte wirklich daran denke, sein Amt nach erfülltem Auftrag sofort wieder zurückzugeben.

Cincinnatus holte nun seinen alten, verbeulten Helm, den zerschrammten Schild und das scharfe Schwert. Er umgürtete sich mit der Wehr und sprach: »So verschlissen meine Rüstung ist, so blitzblank schneidend ist meine Klinge. Denn es ist weniger wichtig, mein Leben zu schützen, als dem Feind seines zu rauben.«

In Rom waren während dieser Zeit neue Legionen aufgeboten worden. Cincinnatus übernahm das Kommando und führte die Truppen in der Nacht an den Feind heran. In aller Eile ließ er rings um den Ring, mit dem die Äquer ein römisches Heer eingeschlossen hatten, einen Palisadenzaun errichten. Zur ständigen Ausrüstung des für heutige Begriffe mit unvorstellbar großem Marschgepäck belasteten Legionärs gehörte nämlich auch ein zugespitzter Pfahl, der vor allem für den Lagerbau benötigt wurde.

Als der Morgen graute, sahen sich die Feinde zwischen zwei Wällen eingeklemmt. Vor ihnen lag die Mauer des römischen Lagers, in ihrem Rücken die über Nacht aus dem Boden gewachsene Palisadenwand. Die Tuben schmetterten, und die Schlacht begann. Zwischen den beiden Verschanzungen wurden die Äquer förmlich zerquetscht. Der kluge Plan des Diktators errang seiner Vaterstadt einen glänzenden Sieg. Als die Volsker davon hörten, bliesen sie ihre Kriegsvorbereitungen schnell wieder ab. Rom war wieder einmal aus großer Gefahr gerettet worden.

Das siegreiche Heer kehrte im Triumph nach Hause zurück. Auf dem Forum angelangt, übergab Cincinnatus die ihm verliehene Gewalt in die Hände der Konsuln zurück. Genau sechzehn Tage war er an der Spitze des Staates gestanden, die er nach dem Gesetz hätte sechs Monate einnehmen dürfen. Auch fernerhin bewarb er sich nicht um ein Amt. Nie mehr in der Geschichte hat ein Mann, ohne durch die Verhältnisse dazu gezwungen worden zu sein, freiwillig in so würdevoller Weise auf die Macht verzichtet. Ewig leuchtet darum der Ruhm des Landmanns Cincinnatus!

APPIUS KLAUDIUS

Bald nach der glücklichen Abwehr des Äquereinfalls trat ein alter Krieger namens Sicinius Dentatus vor das gemeine Volk und sprach: »Quiriten, hört mich an: ich habe in hundertzwanzig Schlachten mitgefochten, habe fünfundvierzig Wunden aufzuweisen, alle auf dem Vorderleib, habe dreißig Jahre bald hier, bald dort als Offizier im Feld gestanden, besitze vierzehn Bürgerkronen, weil ich ebensovielen Bürgern das Leben rettete, drei Mauerkronen, weil ich bei drei Erstürmungen als erster auf der feindlichen Mauer stand, acht andere Kronen für weitere rühmliche Taten, dazu achtzig goldene Halsketten, sechzig Armbänder, achtzehn Lanzen, fünfundzwanzig Pferdezeuge, alles dem Feind abgenommen, das meiste davon im Zweikampf. Trotzdem nenne ich nicht eine Spanne Land mein eigen, denn die räuberischen Patrizier beanspruchten allen Boden für sich, den ich miterobern half. Es wird Zeit, daß man ihrem Übermut steuert und Gerechtigkeit wieder in Rom walte.«

Der alte Kampfruf ertönte also aufs neue, und die kurze Ruhepause nach schweren Kämpfen ging zu Ende. Doch trat die Forderung nach dem Ackergesetz noch einmal vor einer anderen Sache zurück. Das gemeine Volk wünschte die Aufzeichnung aller Gesetze, die bisher nur mündlich von Generation zu Generation überliefert worden waren. Dadurch wurde das Recht stets willkürlich ausgelegt, sehr zum Nachteil der Plebs. In dieser Zeit gelang es einem Patrizier von wilder Herrschsucht, sich in den Gang der Ereignisse einzuschalten: Appius Klaudius.

Von allen Patrizierfamilien Roms galt die Sippe der Klaudier als die verstockteste. Es überraschte daher, als das gegenwärtige Oberhaupt des Geschlechts mit leutseliger Miene dem Begehren des Volkes beitrat. War einer seiner Ahnen doch mitschuldig gewesen am Auszug der Plebs auf den Heiligen Berg! Appius Klaudius machte voll heuchlerischer Freundlichkeit den Vorschlag, ein Zehnmännerkollegium – unter dem Namen Dezemvirat erlangte es ewige Berühmtheit – möge ein Tafelgesetz ausarbeiten. Zur ungestörten Erledigung seiner Arbeit sollte ihm gleichzeitig die ungeteilte Macht unter Stillegung aller anderen Gewalten verliehen werden. Fünf Sitze im Dezemvirat wurden der Plebs angeboten.

Die in das Dezemvirat gesetzten Erwartungen erfüllten sich zunächst voll und ganz. Eine glückliche Fügung wollte es, daß gerade im Augenblick, als die Zehnmänner ihr Amt antraten, drei römische Rechtsgelehrte, die man zum Studium der Gesetze des Solon nach Athen geschickt hatte, wieder in der Heimat eintrafen. Auf Grund der von ihnen gesammelten Erfahrungen wurde es möglich, das große Werk in seinen wesentlichsten Teilen binnen Jahresfrist zu vollenden. Zwar berührte es die alten Forderungen der Plebs nach Neuregelung des Grundbesitzes wiederum nicht, ja es hielt überdies das Verbot einer Eheschließung zwischen Angehörigen des Adels und des gemeinen Volkes ausdrücklich aufrecht; da es aber ansonsten mancherlei Vorteile für die niederen Klassen enthielt, nahmen es auch die plebejischen Abgeordneten in den Zenturien an. Man grub es in zehn bronzene Tafeln ein, die auf dem Forum aufgestellt wurden. Im zweiten Jahr der Amtsführung der Dezemvirn folgten noch zwei Tafeln mit weniger wichtigen Texten. Damit schien das Vorhaben abgeschlossen. Rom erwartete, daß die Zehnmänner ihren Auftrag in die Hände der Bürgerschaft zurücklegen und allsogleich die Neuwahl von Konsuln ausschreiben würden.

Doch nichts von alldem geschah. Während der zweijährigen Herrschaft des Kollegiums war es nämlich Appius Klaudius gelungen, die Herrschaft an sich zu reißen und sich zum unbestrittenen Herrn über seine Untergebenen aufzuwerfen. Jetzt, da sein Rücktritt immer stürmischer gefordert wurde, warfen er und sein Anhang die Masken ab. Was edel begonnen hatte, endete in Tyrannei und Unterdrückung. Jeder von diesen Patriziern kam nur in Begleitung von zwölf Liktoren auf das Forum, und wer Widerspruch zu erheben wagte, den ließen sie auf der Stelle ergreifen und in den Kerker werfen. Bald schmachteten Hunderte in den Staatsgefängnissen, und es wurde klar, daß diese von der Macht berauschten zehn Männer auch über Leichen schreiten würden, wenn sie sich nicht anders zu behaupten vermochten.

Als einziger wagte sich schließlich wieder jener grauhaarige Krieger Sincinius Dentatus hervor. Dieser übte schärfste Kritik an den Zuständen, wobei er damit rechnete, daß sich an seinem, mit ehrenvollen Narben bedeckten Leib niemand vergreifen würde. In der Tat schien es Appius Klaudius auch nicht ratsam, den Tapferen seinen Urteilsvollziehern zu übergeben, und er beschloß, ihn heimlich zu beseitigen. Unter dem Vorwand, daß eine in Kämpfe mit den Äquern verwickelte Legion den Rat eines erfahrenen Kriegsmannes brauche, schickte der Dezemvir den vertrauensseligen Veteranen in das Feldquartier. Dort lag bei seiner Ankunft bereits der durch Eilboten überbrachte Befehl vor, den greisen Helden in eine Falle zu locken und zu ermorden. Die Legionäre, die nicht wußten, was für ein heimtückisches Spiel hier getrieben werde, widersetzten sich der Anordnung nicht. Unmittelbar darauf ergab sich eine günstige Gelegenheit, die Bluttat auszuführen. Sincinius Dentatus erklärte, das Lager der Legion sei in einem ungünstigen Gelände aufgeschlagen. Er machte sich erbötig, einen besseren Platz auszukundschaften. Man gab dem Veteranen eine Begleitung mit, die den insgeheimen Befehl zur Ausführung des Mordanschlags erhalten hatte. Doch wagten sich die Männer, so viele ihrer auch waren, lange nicht an den alten Haudegen heran. Schließlich führte der Weg durch eine Schlucht, die für die Ausführung der grausigen Tat geeignet schien. Die Legionäre fielen auf ein verabredetes Zeichen über den Greis her. Dieser aber parierte blitzschnell, denn nach der Soldatenregel, auf dem Marsch stets für einen Zusammenstoß mit dem Feind bereit zu sein, lag seine Hand fest am Schwertgriff. Sincinius Dentatus preßte sich an eine Felswand und streckte fünfzehn Angreifer tot nieder, dreißig schlug er bis zur Kampfunfähigkeit zusammen. Erst als einige Legionäre den Rand der Schlucht erkletterten und von dort Steine auf den Tapferen herabrollen ließen, gelang es, das Verbrechen zu vollenden.

In Rom löste die Kunde von der Ermordung des geachteten Mannes großes Entsetzen aus. Doch da niemand den Mut fand, Appius Klaudius offen anzuklagen, verschärfte dieser sein blutiges Regiment immer mehr. An diesem Übermaß von Frevelmut zerschellte die Herrschaft des Dezemvirats.

Als Appius Klaudius eines Tages über das Forum schritt, begegnete ihm ein liebliches Mädchen. Sein Herz entbrannte beim Anblick dieses schönen und unschuldsvollen Geschöpfes in hellen Flammen. Die keusche Jungfrau ließ aber seine auffordernden Blicke unbeantwortet. Dies entflammte den Tyrannen noch mehr. Es fiel ihm nicht schwer, zu ermitteln, daß jene Unbekannte Virginia hieß und als Tochter des Legionshauptmannes Virginus im Plebejerquartier wohnte. Appius Klaudius verstand es, sich dem Mädchen zu nähern und ihm seine Liebe zu gestehen. Doch Virginia wies den Werber ab mit dem Bedeuten, daß sie bereits verlobt sei und zudem eine Ehe zwischen ihr und Appius Klaudius schon aus dem Grunde nicht möglich sei, da er doch bereits verheiratet wäre. Der in Leidenschaft entflammte Tyrann erwiderte: »Wohl ist noch nie in Rom eine Ehescheidung vorgekommen, doch verbietet diese das Gesetz nicht. Ich werde der erste sein, der das Nichtverbotene durch die Tat zu neuem Recht macht.« Virginia schüttelte abweisend ihr Haupt und sprach: »Du hast, Appius Klaudius, am Tag der Hochzeit das Brot gemeinsam mit deinem Weib gegessen zum Zeichen dessen, daß eine völlige Einheit zwischen Mann und Frau herrsche. Ich möchte nicht auseinanderreißen, was zusammengehört.« Als der Werbende trotzdem weiter drängte, fuhr das edle Mädchen fort: »Wie du weißt, bin ich eine Plebejerin. Noch besteht das Gesetz, das Ehen zwischen Patriziern und dem gemeinen Volk untersagt.« Appius Klaudius erklärte, von zügelloser Leidenschaft hingerissen, er selbst werde dieses Gesetz aus den ehernen Tafeln am Forum auskratzen, und stürmte von dannen.

Doch freilich mußte der Tyrann bald einsehen, daß seine ganze willkürlich angeeignete Macht nicht ausreichte, um sein Versprechen wahr zu machen. Nur mit Hilfe einiger Patriziersippen, die seine blutigen Taten der Volksherrschaft vorzogen, konnte Appius Klaudius seine unrechtmäßige Stellung behaupten. Diese Männer drohten ihm mit blutiger Rache, falls er seinen Vorsatz, Adel und Plebs durch Ehen sich mischen zu lassen, ausführte.

Appius Klaudius erkannte, daß er auf diesem Weg nicht weiter komme, und faßte daher einen wahrhaft teuflischen Entschluß. Er winkte einen seiner Anhänger zu sich und sagte: »Geh hin und verklage den Hauptmann Virginus, daß seine Tochter das ihm unterschobene Kind einer deiner Sklavinnen sei.« Der seinem Herrn bedingungslos ergebene Mann verstand, worauf Appius Klaudius hinaus wollte. Wurde die edle Virginia ihm als Sklavin zugesprochen, dann war sie gleichzeitig auch Sklavin seines Patrons. Damit würde Appius Klaudius an das Ziel seiner Wünsche gelangen und das stolze Kind ihm wehrlos ausgeliefert sein.

Der Mann ging also hin und erhob die Klage, wie ihm geheißen. Appius Klaudius zog sie an sich und hieß Virginia, vor ihm zu erscheinen. Man mag es glauben, daß der übermütige Dezemvir mit höhnischem Lächeln im Richterstuhl Platz nahm, wie die Sage berichtet. Denn schamloser war das hohe Amt der Rechtsprechung noch nie mißbraucht worden als von diesem Mann. Virginia trat in Begleitung ihres Vaters und ihres Verlobten vor die Schranken dieses Scheingerichts. Ohne ihre tiefe innere Bewegung zu verraten, hörte sie die Vorbringung des Klägers an. Ihr Glaube an die Gerechtigkeit ließ sie auch in dieser bitteren Stunde nicht verzweifeln. Der Hauptmann Virginus trat dem Kläger fest entgegen. Er führte Zeugen und unwiderstehliche Beweisstücke an, die dartaten, daß der Kläger gelogen habe. Doch da erhob sich plötzlich der Richter und verkündete: »Ich kenne den Fall durch persönliche Erfahrung sehr gut und verzichte auf weitere Beweise. Ich schließe das Verfahren und spreche das Mädchen Virginia dem Kläger als Sklavin zu.«

Der Verlobte der Jungfrau schrie entsetzt auf und wollte sich mit gezücktem Dolch auf Appius Klaudius stürzen. Nur mit Mühe vermochten die Liktoren den Rasenden zu bändigen. Andere Büttel ergriffen das in heiße Tränen ausbrechende Mädchen, um es dem Kläger zu überantworten.

Der Hauptmann Virginus faßte nun einen schnellen und harten Entschluß. Mit großer Ruhe, als hätte er sich von der Gerechtigkeit des Urteils überzeugt, wandte er sich an Appius Klaudius mit der Bitte, ob er seinem betrübten Kind einige Worte des Trostes sagen dürfe. Sie wurde ihm gewährt. Hierauf nahm der unglückselige Vater seine Tochter beiseite und sprach zu ihr: »Meine heißgeliebte Virginia, ich weiß nur einen Weg, um deine Freiheit und Ehre zu retten. Geh, Kind, zu deinen Vätern!« Mit diesen Worten zog er blitzschnell einen Dolch hervor und stieß ihn dem Mädchen in die Brust. Dann hielt er den blutigen Stahl Appius Klaudius entgegen und rief: »Durch dieses Blut weihe ich dein Haupt den Göttern der Unterwelt!«

Noch ehe die erschrockenen Liktoren zufassen konnten, schwang sich der kühne Offizier auf sein in der Nähe haltendes Pferd und sprengte davon.

Eine wilde Verfolgungsjagd setzte ein. Aber Virginus entzog sich in einem kühnen Ritt den ihm nachsetzenden Schergen des Tyrannen und gelangte glücklich in das Legionslager am Heiligen Berg. Dort berichtete er, was sich in Rom ereignet hatte. Nun ging den Männern ein Licht darüber auf, zu welch schamloser Tat sie bei der Beseitigung des Sincinius mißbraucht worden waren. Die Legionäre entbrannten in heller Empörung über die Schandtaten des Dezemvirs. Sie beschlossen, so lange dem Befehl ihrer Anführer nicht zu gehorchen, bis das Dezemvirat aufgehoben sei.

Die Bewegung griff auf Rom über und verbreitete sich dort wie ein reißendes Feuer. Die Dezemvirn erkannten, daß sie nicht mehr die Macht besaßen, es einzudämmen. Ja selbst das Patriziat, durch die Schandtaten eines seiner hervorragendsten Vertreter schwer belastet, sah ein, daß es nur durch ein neuerliches Nachgeben gegenüber der Plebs die Lage wiederherstellen konnte.

Zwei volksfreundliche Senatoren namens Horatius und Valerius übernahmen es, einen Vermittlungsvorschlag auszuarbeiten. Er sah vor, daß die alte Verfassung unverzüglich wieder in Kraft zu setzen und durch drei neue bedeutsame Gesetze zu ergänzen sei. Diese, nach ihren Schöpfern die Horatisch-Valerischen Gesetze genannt, verstärkten die Befugnisse der Volkstribunen. Das Patriziat wurde durch Schaffung zweier neuer Staatsämter entschädigt. Die damals entstandenen Ämter der Zensoren und Quästoren zählten später zu den wichtigsten im Staat. Ersteren oblag zunächst die Steuerschätzung, letzteren die Verwaltung der öffentlichen Gelder, doch erweiterte sich schon im Lauf der nächsten Jahre ihr Wirkungskreis immer mehr.*

Der horatisch-valerische Gesetzesvorschlag wurde angenommen. Als erste Regierungshandlung ließen die neugewählten Konsuln Appius Klaudius und seine Anhänger festnehmen und in den Kerker werfen. Wenige Tage vor Eröffnung des Prozesses starben Appius Klaudius und einer seiner Freunde im Gefängnis von eigener Hand. Die übrigen Dezemvirn wurden des Landes verwiesen, ebenso wie

* Für die Leiter der Kriminalgerichtsbarkeit, die ursprünglich Quästoren hießen, kam nunmehr der Titel Inquisitoren auf. Näheres siehe Anhang.

der Kläger des Tyrannen, dem auf besondere Fürbitte des Hauptmanns Virginus, dessen edler Sinn Rache nicht kannte, die Todesstrafe erlassen worden war.

Nun traten Ereignisse ein, die von außen her entscheidend auf das Schicksal der Quiriten einwirkten. Rom durchbrach den Bezirk seiner kleinen Stammesheimat Latium, um zu seiner ersten großen Eroberung zu schreiten.

MARKUS FURIUS KAMILLUS

Der Wanderer, der den Tiber abwärts nach Rom pilgert, sieht wenige Meilen, bevor er die Ewige Stadt erreicht, am rechten Ufer des Stroms einen nach allen Seiten schroff abfallenden Tuffkegel aufragen. Der einsame Fels trägt kein Haus, und nur Ziegen weiden zwischen dem schütteren Gestrüpp. Diese Bergkuppe krönte einst das stolze Veji. An Umfang seines Gebietes und an Zahl seiner Einwohner kam es der Stadt des Quirinus ungefähr gleich, an Schönheit seiner Bauten und Reichtum seiner Kultur übertraf es diese bei weitem. Mit der Fülle seiner prächtigen Tempel und prunkvollen Paläste war Veji eine herrliche Stadt. Von ferne wirkte es auf dem von drei Flußläufen umspülten Felsen wie eine mächtige Burg. Doch gab es auch viel Elend neben dem Reichtum. Veji hatte zum Unterschied von den anderen Mitgliedern des etruskischen Bundes an der Tyrannis festgehalten. Die Vejenter kannten die wahre Freiheit nicht und auch nicht die Kraft, die aus ihr strömt. Ein Alleinherrscher gebot über das Patriziat der Stadt, und diesem wieder diente ein Volk von Sklaven.

Mit dem schnellen Wachstum von Rom und Veji verstärkten sich die Gegensätze zwischen den beiden Städten. Dauernd gab es Reibereien an den Grenzen, und eine Unzahl von Kämpfen, die von der Sage in Übertreibung oft zu Schlachten gemacht wurden, war die Folge. Lange Zeit dachte niemand an eine Entscheidung. Doch erreichte die Erbitterung zwischen den beiden Nachbarn einmal einen so hohen Grad, daß nur die Vernichtung eines der beiden Völker der Fehde ein Ende machen konnte. Ein Waffengang auf Biegen und Brechen, eine Auseinandersetzung von so furchtbarer Gewalt, wie sie das locker besiedelte Italien bisher nicht kannte, schien unausweichlich geworden.*

Veji bereitete sich auf den Kampf durch die Inbesitznahme von Fidenä vor, der ursprünglich sabinischen, später in etruskische Hände übergegangenen Siedlung am rechten Tiberufer. Das seiner Selbständigkeit beraubte Fidenä wurde von den Vejentern zu einem starken Brückenkopf ausgebaut und stellte eine furchtbare Bedrohung des nur wenige Meilen entfernt liegenden Rom dar. Die Sage berichtet über das blutige Vorspiel, das den zehnjährigen Krieg auslöste:

Als der König von Veji, Tolumnus, einmal in Fidenä weilte und gerade beim Würfelspiel saß, wurde ihm eine römische Gesandtschaft gemeldet. Er ahnte, daß die Quiriten ihm Fidenä durch Verhandlungen abjagen wollten, und geriet deshalb in helle Empörung. Tolumnus weigerte sich, die Sendlinge zu empfangen. Doch diese ließen nicht locker, und aus dem Vorraum vernahm der König die energischen Vorstellungen, mit denen die Römer darauf drangen, gehört zu werden. Der jähzornige Monarch entflammte immer mehr und befahl schließlich, die Gesandten auf der Stelle zu enthaupten.

Um diesen unerhörten Frevel zu rächen, warf Rom sofort seine Legionen wider Fidenä. Vor den Toren der Stadt kam es zu einer großen Schlacht. Während die Kämpfe hin und her wogten, öffneten sich plötzlich alle Pforten, und aus ihnen stürzte eine furiengleiche Schar, Fackeln und giftige Nattern in Händen schwingend. Erst wichen die Römer entsetzt zurück. Dann aber wußte ein kühner Reiteroberst Rat. Einem alten Brauch zur Vertreibung böser Geister folgend, zäumte er sein Roß ab und warf sich mit dem ledigen Pferd mitten hinein in die gräßlichen Lemurengestalten. Und siehe – diese flatterten auseinander wie Nebelstreifen vor dem Licht der aufgehenden Sonne. Dem Offizier nach stürmte nun Manipel um Manipel durch die Tore, die jener Zauberspuk entriegelt hatte. Die Stadt wurde restlos zerstört und die Macht Vejis damit wieder hinter den Tiberstrom zurückgedrängt. Das war ein bedeutender Anfangserfolg, aber den Angriff auf das schier unbezwingliche Felsennest Veji wagten die Römer noch lange nicht.

* Die Einzelheiten der Eroberung Alba Longas gehören wohl ganz der Sage an. Der Feldzug gegen Veji gilt aber trotz seiner Ausschmückung durch die Sage als erster Krieg Roms, der nach auch heute noch gültigen strategischen Regeln ausgetragen wurde.

Zwanzig Jahre vergingen. Die Römer waren mit ihren eigenen Angelegenheiten beschäftigt. Inzwischen vollzogen sich in Italien gewaltige Veränderungen. Der Druck der Rutuler und Volsker gegen die Siebenhügelstadt hörte auf, da sich diese alten Feinde Roms von dem tapferen Volk der Samniter bedroht sahen. Im Norden gerieten die wilden Gallier in Bewegung und beunruhigten die etruskischen Völker an ihrer Grenze. Die Römer erkannten sehr wohl, daß Veji solcherart kaum auf Hilfe seitens der elf anderen Mitgliedsstädte des tuskischen Bundes rechnen könne, wenn es angegriffen würde.

Die Konsuln forderten nun nach dieser langen Zeit von König Tolumnus Genugtuung für den Gesandtenmord. Es wurde ihnen verweigert. »Krieg, Krieg«, schrien die Massen, die sich Tag um Tag auf dem Forum drängten. Die Senatoren, die alles getan hatten, um den Anlaß für diesen Waffengang herbeizuführen, erhoben jetzt Einspruch. »Um Veji bezwingen zu können«, so sagten sie, »brauchen wir ein ganz anderes Heer, als es uns augenblicklich zur Verfügung steht. Wir fordern daher eine stehende Armee, die in der Lage ist, Sommer und Winter im Feld zu bleiben. Mit Leuten, die schon nach wenigen Wochen ihres Dienstes in den Legionen nach Hause drängen, weil sie für Weib und Kind zu sorgen haben, vermag man nicht einen Kampf auf Leben und Tod auszutragen. Wir müssen also die Soldaten besolden, dafür dürfen wir die schärfste Zucht und Ordnung von ihnen verlangen.« Da die Bürger dieses hörten, machten sie freilich lange Gesichter. Denn sie ahnten, daß die Senatoren auf erhöhte Steuern hinauswollten. Aber eine wunderbare Welle der Heimatliebe spülte schließlich alle Bedenken hinweg, und Patrizier und Plebejer wetteiferten darin, die vom Staat verlangten Summen aufzubringen. Nun wurde aus Freiwilligen ein starkes Heer aufgestellt. An die Spitze der Legionen traten sechs Kriegstribunen, von denen jeweilig immer einer durch zwei Monate über den Verband befehlen sollte. Man sorgte auch für Ausrüstung mit Schanzzeug und Sturmmitteln, denn es stand ein Waffengang bevor, der mit keinem der vorangegangenen an Bedeutung nur irgendwie verglichen werden konnte.

Die Kriegserklärung wurde durch die römischen Fetiales in Veji überreicht, und unmittelbar darauf rückte ein starkes Heer auf etruskischem Gebiet ein. Der erste Plan sah vor, alle Zufahrtsstraßen nach der Festung auf dem Felsen zu sperren, und an geeigneten Punkten schlugen die Legionen feste Lager auf. Doch bald zeigte sich, daß diese Maßnahmen nicht ausreichten, um die Versorgung von Veji zu unterbinden. Auf Seitenpfaden hielt der Gegner die Zufuhr aufrecht und vergrößerte auf diese Weise ununterbrochen seine ohnedies schon gewaltigen Vorratslager. Die Römer errichteten nun in weitem Bogen einen geschlossenen Belagerungswall rings um die Stadt. Dann begannen sie Gräben vorzutreiben und diese gegen schärfsten feindlichen Widerstand erreichten Punkte wiederum durch Mauern zu verbinden, wodurch sich eine bedeutende Verengung des Ringes ergab.

Diese Arbeiten hatten den quiritischen Mannschaften äußerste Anstrengungen abverlangt. Die Erschöpfung der Krieger machten sich die Verteidiger zunutze. Die Vejenter faßten alle Kräfte in einem gewaltigen Ausfall zusammen. Sie eroberten den größten Teil des Belagerungswalles und griffen, darüber hinausstürmend, die in festen Lagern liegenden römischen Reserven an. Es war, als ob eine ungeheure Lähmung die Legionen erfaßt hätte. Unter schweren Verlusten zogen sie sich zurück, indes die Besatzung auf dem Wall bis auf kümmerliche Reste von den Vejentern niedergehauen wurde.

Man zählte das dritte Jahr des Krieges. Der Rückschlag nach den schweren Opfern erschütterte die Bürgerschaft der Siebenhügelstadt schwer. Doch sie biß die Zähne zusammen und zeigte erneut ihren Glauben an die Tiberstadt. Die reichsten Patrizier und Plebejer traten vor den Senat und erklärten, »auf eigenen Pferden ins Feld abzugehen«, das heißt, auf eigene Kosten zu dienen. Dieses Beispiel zündete. Nun erfaßte es auch die ärmeren Schichten wie ein Rausch. Man hörte nicht mehr auf die Volkstribunen, die jetzt die Gelegenheit zu benutzen suchten, wieder einige Vorteile für die Plebs herauszuschlagen, und mancherlei Bedingungen für eine Heeresverstärkung stellten. Das ganze römische Volk trat unter die Waffen. Von heißen Segenswünschen begleitet, zogen die jungen Truppen vor die belagerte Stadt. Ihr Erscheinen gab den ermüdeten Legionen, die in verschanzten Lagern untätig verharrten, frischen Mut. Unter unsäglichen Mühen und ständig vom Feind gestört, wurde der Einkreisungsring erneuert. Fest bauten die Legionen jetzt auf den kommenden Sieg. Um dieses Gefühl noch zu verstärken, ernannten die Konsuln zum erstenmal bei einer der Legionen plebejische Kriegstribunen, und die den Patriziern entstammenden Schwerbewaffneten fügten sich willig. Doch fehlte den plebejischen Führern die Erfahrung, und so erlitt ihr Verband bei einem begrenzten Ausfall der Belagerten eine schwere Niederlage.

Bald darauf geschah ein neues Unglück. Hilfstruppen der Vejenter, die in abgelegenen Dörfern heimlich zusammengezogen waren, erschienen überraschend vor dem Lager einer römischen Legion und machten diese bis auf den letzten Mann nieder.

Bei der Nachricht über diese schweren Rückschläge bemächtigte sich Roms eine bittere Enttäuschung. Das zehnte Jahr des Krieges begann, und noch immer ließ sich kein Ende des Ringens absehen. Zugleich erschreckten böse himmlische Zeichen die Bevölkerung. Es geschah nämlich, daß inmitten eines überaus trockenen Frühjahrs der Albanersee so hoch zu steigen begann wie nie zuvor. Als die Fluten den Rand des Seebeckens zu überspülen drohten, entschlossen sich die Römer, eine Gesandtschaft nach Delphi zu entsenden, um das Orakel des Apollo zu befragen.

Während die quiritische Bürgerschaft, zwischen Furcht und Hoffnung schwankend, des Götterspruches harrte, begaben sich auch vor Veji, wo das Heer beinahe schon am Gelingen des Feldzugs verzweifelte, geheimnisvolle Dinge. Ein alter Mann trat aus der belagerten Stadt bis dicht vor die Wachen auf dem Einkreisungswall und verkündete ihnen höhnend, daß der Krieg für die Römer verloren sei. Erst hielt man den Greis für einen närrischen Sonderling, der es sich ob seiner weißen Haare erlauben dürfe, mit dem Feinde Spaß zu treiben. Als er jedoch ein zweites und ein drittes Mal kam, begannen seine Weissagungen Aufsehen zu erregen, und die Legionäre beschlossen, ihn einzufangen. Bei seinem vierten Erscheinen sprang ein hünenhafter römischer Krieger auf den Alten zu, umschlang ihn mit seinen Armen und trug ihn ins Hauptquartier. Dort bekundeten einige tuskische Kriegsgefangene, daß der Greis ein berühmter Eingeweidebeschauer sei und den Römern gewiß wichtige Eröffnungen machen könne. Die Legionäre schickten den Haruspex daraufhin nach Rom. Zur größten Überraschung aller erzählte er dort: »In den Schicksalsbüchern der Etrusker steht geschrieben, daß Rom dann Veji erobern wird, wenn der Albanersee überläuft und es gelingt, mit seinem Wasser die Fluren Latiums zu tränken.«

Zur gleichen Zeit kamen die römischen Gesandten von der Stätte Apollos zurück und brachten die Auskunft des Delphischen Orakels mit: »Der Albanersee soll so abgeleitet werden, daß sein Wasser nicht ins Meer fließt, sondern die Felder netzt. Sobald dieses geschehen ist, möge der Sturm auf Veji beginnen.«

Nunmehr beschloß der Senat, dem etruskischen Propheten hohe Ehren zu erweisen, nach dem Albanersee aber so viele Arbeiter und Sklaven unter der Führung tüchtiger Männer zu entsenden, daß der Befehl des Gottes in kürzester Frist ausgeführt werden könne. Noch hatte der Sommer seinen Scheitelpunkt nicht erreicht, als das Werk vollendet war.

Entscheidend in dem schweren Ringen aber war die glückliche Wahl, die von den Konsuln mit der Ernennung des Markus Furius Kamillus zum Diktator und Führer des Belagerungsheeres getroffen wurde. Mit ihm trat jener Mann an die Spitze der Legionen, in dem sich unbeugsamer Siegerwille und kluge Berechnung vereinigten.

Kamillus traf zu Beginn des Sommers bei den vor Veji liegenden Truppen ein. Er ließ keinen Zweifel, daß er noch vor Einbruch des Winters die Festung niederzwingen wollte. Die Erstürmung Vejis nach sorgsamsten Vorbereitungen bietet denn auch ein Bild voll schaudervoller Größe, das ewig im Gedächtnis des Volkes haften blieb. Kein Waffengang ist von der Sage liebevoller ausgeschmückt worden als dieser.

Mit der Ankunft des neuen Befehlshabers im römischen Hauptlager vor Veji schlug die Stimmung der Truppen jäh um. Jedermann spürte, daß ein sorgfältig planender, aber zum Sieg unerbittlich entschlossener Geist die Anordnungen des Kamillus beseelte. Jede Manipel erhielt zusätzlich Sturmleitern zur Ausrüstung. Die mächtigen Rammböcke, deren Anfertigung der Feldherr selbst aufs peinlichste überwachte, flößten den Legionären jenes Vertrauen ein, das die Vorbedingung jedes Erfolges ist. Die Scheu vor den gewaltigen Mauern der Festung, die bis jetzt schwer auf den Seelen der Soldaten gelastet hatte, begann zu schwinden. Und dann auf einmal setzte unter dem Erdboden ein Hämmern, Dröhnen und Krachen ein. »Ein unterirdischer Gang wird gegraben«, so rief es flüsternd von Mund zu Mund, und die römischen Krieger ahnten, daß Kamillus etwas noch nie Dagewesenes plane.

Und in der Tat – die Leute irrten sich nicht. Auf Befehl des Feldherrn wurde ein unterirdischer Schacht angelegt, der genau im Herzen des Feindes, im Allerheiligsten des Junotempels, enden sollte. Wie es möglich wurde, ihn aus dem wenn auch verhältnismäßig weichen Tuffgestein herauszuschneiden, wird genauso ein Rätsel bleiben wie das Auftürmen der gewaltigen Quadern der ägyptischen Pyramiden. Das Werk schritt mit unheimlicher Schnelligkeit voran, und zu Ausgang des Sommers waren die Vorbereitungen zum Sturm auf das Felsennest abgeschlossen. So sicher dünkte sich Kamillus seiner Sache, daß er die Römer aufforderte, sich mit Pferd und Wagen im Lager einzufinden, um die zu erwartende Beute nach Hause fahren zu können.

Wer hätte sich solcher Aufforderung widersetzt? Ganz Rom pilgerte zu Wagen, zu Pferd, zu Fuß, mit Säcken und Körben, Kisten und Kasten hinaus zum römischen Hauptlager, um das Schauspiel des Sturms auf die Festung mitzuerleben und dann so viel Beutegut wie möglich wegzuschleppen.

Kurz nach Sonnenaufgang schmetterten die Tuben und gaben das Zeichen zum Angriff. Wie ein Unwetter brach der Sturm los. Die schweren Rammböcke wurden an die Tore und Mauern herangezogen, und mit unbarmherziger Wucht dröhnten die furchtbaren Belagerungsmaschinen wider die Bollwerke des Feindes. Zugleich legten die Legionen die Sturmleitern an, und ungeachtet des Hagels von Speeren und Brandpfeilen, der von den Mauerkränzen herniedersauste, erklommen die Römer mit Todesverachtung die Zinnen der feindlichen Stadt. Dort setzte ein verzweifelter Kampf ein. Hier sah man, wie die eine Manipel wieder die Felsen hinabgeschleudert wurde, dort eine andere festen Fuß fassen und sich langsam Raum schaffen. Die Entscheidung jedoch führte Kamillus selbst herbei. Mit einer sorgfältig ausgewählten Schar von Helden stieg er in den unterirdischen Gang und gelangte unter den Junotempel im Herzen der Stadt. Schwer atmend hielten die Männer einen Augenblick inne. Da hörten sie, wie über ihnen ein Priester sagte: »Wie sehr auch die Feinde unsere Mauern bedrohen, den Sieg wird nur der davontragen, der die Eingeweide dieses Opfertieres den Göttern vorlegen wird.«

Da winkte Kamillus seinen Männern bedeutungsvoll zu. Die Schultern und Nacken der Römer stemmten sich wider die dünne Schicht von Granitplatten, die sie noch von ihrem Ziel trennte. Der lodernde Schein der Fackeln zuckte über die schweißtriefenden Leiber.

Dann geschah ein Splittern und Bersten, der Stein gab nach,

und vor den Augen der zu Tode erschrockenen Priester stieg als erster Markus Furius Kamillus in das Allerheiligste des Junotempels. Er entriß dem Oberpriester die Schale mit dampfendem Opferfleisch, hielt sie gegen Himmel und sprach: »In Ehrfurcht reiche ich euch, Götter, diese Gabe. Ich bitte euch, verleiht mir den Sieg.«

Ein Strom von erzgepanzerten Kriegern quoll aus dem Schacht, stieg ans Tageslicht und ergoß sich in die Straßen der unglücklichen Stadt. Nun brach auch der Widerstand der Vejenter auf den Mauern zusammen. Doch mit einer dem Tode geweihten Tapferkeit setzten sich die in den Häusern Verbliebenen zur Wehr. Greise, Sklaven und Weiber, Kinder sogar, schleuderten von den Dächern der Paläste, Tempel und Hütten auf die Legionäre, was sie zur Hand hatten: Steine, Pechkränze, Ziegel, siedendes Wasser. Ein Gemetzel ohnegleichen begann. Das römische Kurzschwert schonte nicht das weiße Haupt und nicht das zarte Leben der Jungfrau. Es hieb sich durch die Gassen freie Bahn und sandte jung und alt, Freie und Sklaven unerbittlich zu den Lemuren der Unterwelt.

Dieses Morden machte den Feldherrn Kamillus schaudern. Die Seele dieses tapferen Mannes, der unerbittliche Härte nur im Kampf dulden wollte, empörte sich gegen diese Grausamkeit, die allen Glanz seines herrlichen Sieges zu verdunkeln schien. Er schickte Herolde durch die Straßen, die verkündeten, daß jeder das Leben behalten würde, der seine Waffen wegwürfe und sich den Römern ergäbe. Diesem Aufruf leistete der Rest der Einwohnerschaft von Veji Folge, und der Kampflärm verstummte. Nun gab man den Legionären und römischen Bürgern die Häuser zum Plündern frei. Sie machten so unermeßlich reiche Beute, daß der Feldherr die Götter anflehte, sie möchten die Augen schließen und die Römer um dieses großen Gewinnes nicht neidvoll bestrafen.

Als der Feldherr sich umwandte, stolperte sein Fuß, und er fiel auf die stützende Hand. Alle, die es sahen, erschraken, denn sie erblickten in dem Sturz eine üble Vorbedeutung.

Am anderen Tag befahl Kamillus, die Gefangenen am Markt zusammenzutreiben und an die Meistbietenden zu verkaufen. Die Sklaven sollten allerdings nicht allzulange in der Knechtschaft schmachten; außergewöhnliche Verhältnisse brachten ihnen bald die Freiheit wieder und gaben ihnen die vollen Bürgerrechte.

Menschenleer lagen die Straßen der Stadt da, aus Häusertrümmern qualmten Brandschwaden, zwischen den Resten des Forums lagerten die römischen Soldaten. Inmitten solcher Vernichtung durften die Götterbilder nicht in ihren Tempeln verbleiben. Deshalb wurde den auserlesensten Jünglingen des Heeres die Aufgabe zuteil, die Statue der Juno nach Rom fortzuschaffen. Mit aller Sorgfalt bereiteten sie sich für dieses Werk vor, fasteten, badeten in einem heiligen Quell und legten weiße Gewänder an. Ehe man das Marmorbild der erhabenen Frau, Schutzherrin der Ehe und der Nachkommenschaft, mit Winden auf den bereitgestellten Wagen hob, fragte einer der Jünglinge, ob es der Göttin recht sei, nach Rom geleitet zu werden. Und die Statue, so kündet die Sage, habe genickt und aus dem dunklen Hintergrund des Tempelbaues sei ein geflüstertes »Ja« zu vernehmen gewesen. In Rom wurde das Standbild vom ganzen Volk ehrfürchtig empfangen und auf dem Aventin aufgestellt.

Für den Triumphzug, den man Markus Furius Kamillus nun bereitete, gab es bisher kein Beispiel. Der Feldherr hatte sich ein Gespann von vier milchweißen Pferden ausbedungen, eine Ehrung von himmelschreiender Hoffart, wie es schien. Denn das Volk glaubte, daß es nur dem Sonnengott Sol gebühre, sich von makellosen Schimmeln ziehen zu lassen. Doch an diesem Tag voll stolzer Siegesfreude verstummten alle Bedenken. Schien nicht der Mann wirklich einem Gott gleich, dessen Genius unübersteigbare Felsmauern wider alle in damaliger Zeit geltenden Gesetze der Kriegskunst zu überfliegen vermochte? Im Augenblick, als der Wagen des Feldherrn im Bogen des Karpenischen Tores sichtbar wurde, brauste unermeßlicher Jubel auf. Ohne Unterlaß bewarf die Menge den Sieger mit Lorbeerkränzen. Das Forum war so mit Blumen ausgelegt worden, daß der Triumphator über einen Rosenteppich hinwegzufahren schien. Weiter ging der Weg über die steil ansteigende Straße zum Kapitol. Dort brachte Kamillus sein Dankopfer an Jupiter dar.

Vejis Ende aber war vollkommen. Sogar die noch stehengebliebenen Tempel und Paläste riß man später ein und brachte die Steine nach Rom, um sie dort wieder zu verwenden. Nur der Hohn, der dem Besiegten zuteil wird, haftete noch an dem Namen der unglücklichen Stadt, als von ihrem einstigen Glanz auch nicht der kümmerlichste Rest mehr zeugte. Auf Volksfesten und Jahrmärkten führte man in

Rom bis tief in die Kaiserzeit das »Vejenterspiel« auf, in dessen Mittelpunkt der »König der Vejenter« stand, eine Hanswurstfigur, zu deren Darstellung man sich den häßlichsten Krüppel suchte, der in weitem Umkreis aufzutreiben war.

Der Sieg über Veji hatte vor allem das südliche Etrurien in Unruhe versetzt, und so geriet Rom mit der Stadt Falerii, deren Einwohner Falisker genannt wurden, in Streit. Die Tusker schickten ein Heer in das Gebiet von Veji, das aber nun zu Rom gehörte. Die Quiriten antworteten unverzüglich durch Einberufung der Legionen. Der Feldzug nahm freilich ein überraschendes und schnelles Ende. Der Senat übertrug Kamillus die Führung des römischen Heeres, und der große Ruf, der seiner Feldherrnkunst voranging, ließ es den Faliskern geraten erscheinen, sich eilends hinter die festen Mauern ihrer Stadt zurückzuziehen. Diese lag gleich ihrer unglücklichen Schwester auf einem steilen Basaltkegel. Kamillus befahl seinen Truppen, Falerii einzuschließen und sich, ähnlich wie damals vor Veji, in Gräben gegen die Befestigungswerke heranzuarbeiten. Doch kam es anders, als gedacht: nicht Rammbock und Sturmmaschinen, sondern das ritterliche Herz des großen Feldherrn bezwang das tuskische Felsennest.

Und das ging so zu: Ein Lehrer, der mehrere Knaben aus vornehmsten faliskischen Familien unterrichtete, pflegte seine Schüler auf einem Anger vor der Stadt in Spielen und sportlichen Übungen zu unterweisen. Das tat er auch jetzt. Im Angesicht der waffenstarrenden Legionen tummelte er sich mit seinen Schutzbefohlenen auf der Wiese. Die römischen Soldaten schauten vergnügt dem Treiben zu und ließen den Schulmeister samt seiner Kinderschar ungeschoren von dannen ziehen. Am nächsten Tag wiederholte sich das Schauspiel, am dritten aber wagte sich der Lehrer schon ganz dicht an den römischen Wall heran. Zur Überraschung der Posten bat er, zum obersten Feldherrn geführt zu werden. Die Legionäre machten zwar verdutzte Gesichter, aber schließlich erfüllten sie den Wunsch des Erziehers. Dieser erwies sich nun als ein gar ungetreuer Sohn seiner Stadt. Er trat vor den Feldherrn hin und sagte: »Erhabener Diktator, ich liefere Falerii in deine Hände, indem ich dir die Kinder der vornehmsten Bürger als Geiseln übergebe. Dafür erwarte ich nur einen kleinen Lohn aus der Kriegsbeute, und ich bin zufrieden, wenn du, Erlauchter, meine Hände mit Gold füllst.«

Empört fuhr Kamillus auf: »Schurke, du irrst, wenn du einen römischen Kriegsmann für deinesgleichen hältst. Ich führe Krieg gegen Soldaten und nicht gegen wehrlose Kinder. Dein Anerbieten ist abgewiesen, und du wirst dem Gericht deiner Heimatstadt überliefert.« So sprach der Feldherr voll Zorn und ließ den Verräter entkleiden. Dann hieß er die Knaben, ihren Lehrer mit Ruten nach Hause peitschen.

Auf dem Marktplatz von Falerii lief das Volk zusammen, als es den seltsamen Zug sah. Mit Erstaunen erfuhren die Falisker von den Kindern, was sich im Lager des römischen Feldherrn begeben hatte. Nun wandelte sich der Haß gegen den Mann, der siegheischend vor den Toren der Stadt lag, in Bewunderung und Ehrfurcht. »Es könne das Schlechteste nicht sein, mit einem Volk zusammenzuleben, das so edle Söhne hervorbringt«, so ging es flüsternd von Mund zu Mund. Bald darauf schloß sich auch der Senat von Falerii dem Wunsch der Bürger an. Er schickte eine Gesandtschaft in das römische Feldquartier mit der Weisung, die Stadt gegen die Zusicherung, das Leben der Bürger zu schonen, zu übergeben. Kamillus schloß einen großmütigen Vergleich. Falerii mußte der römischen Belagerungsarmee einen Jahressold auszahlen, dafür erhielt die Stadt Frieden und Freiheit.

Nachdem Kamillus das gefährlichste Hindernis, das dem Aufstieg Roms im Wege stand, beiseite geräumt hatte, zeigte sich wieder einmal der Undank der Menschen. Der große Feldherr war wegen seines stolzen Wesens beim Volk nicht sehr beliebt. Besonders verübelte man ihm immer noch sein milchweißes Gespann beim Triumphzug. Der Unwille, der gegen den Sieger von Veji schon lange gärte, kam zum offenen Ausbruch, als dieser von jedem Einwohner Roms verlangte, den zehnten Teil seiner Kriegsbeute für ein großes Weihegeschenk an den delphischen Apollo zu stiften. Wenn der Bürger bei seinem Geldsäckel gefaßt wird, dann pflegt er seine gute Laune zu verlieren. So ging es auch damals in Rom. Die Quiriten murrten laut ob dieser Zumutung, und ganz offen konnte man die Bemerkung hören, Kamillus möge das Weihegeschenk aus eigener Tasche bezahlen, da er doch auch den Löwenanteil der Beute von Veji für sich behalten habe. Daran war wohl kein wahres Wort, aber der Feldherr hielt es unter seiner Würde, solchen Verdächtigungen entgegenzutreten.

In diesem ehrvergessenen Streit stellten die Patrizierfrauen den guten Ruf ihrer Heimatstadt wieder her. Sie erklärten sich bereit, all ihr Geschmeide für die Herstellung eines prunkvollen Weihekessels als Gabe an den delphischen Apollo, der Rom in schweren Tagen durch den Mund der Pythia so sehr geholfen hatte, zu spenden. Das kostbare Geschenk ging bald darauf nach Griechenland ab. Zum Dank für ihre edle Tat gestattete der Senat den Frauen Roms, in Hinkunft auf vierrädrigen Wagen zu den großen Spielen fahren zu dürfen.

Die Hetze gegen Kamillus ging aber weiter. Der Feldherr antwortete auf die Verdächtigungen überhaupt nicht mehr, zumal ihm auch der Schmerz über den Tod seines von einer tückischen Krankheit hinweggerafften Sohnes das Gemüt verdüsterte. Schließlich kam es so weit, daß die Volkstribunen vom Senat die Erlaubnis erwirkten, Kamillus wegen seiner angeblich unrechtmäßigen Bereicherung vorzuladen. Der Feldherr ließ ihnen aber bestellen, daß er gar nicht daran denke, sich vor diesem Tribunal zu verantworten. Zwar seien zwei bronzene Türflügel alles, was er aus dem Krieg gegen Veji heimgebracht habe, aber wenn man ihm nicht glaube, dann möge man ihn in seiner Abwesenheit verurteilen. Das geschah denn auch. Die undankbaren Volkstribunen legten dem großen Feldherrn eine Geldbuße von fünfzehntausend As auf. Als man Kamillus von diesem Entscheid des Tribunals Mitteilung machte, krampfte sich sein Herz in bitterem Schmerz zusammen. Er beschloß, seinem Vaterland den Rücken zu kehren und in die freiwillige Verbannung nach Ardea, der rutulischen Hauptstadt, zu gehen.

Mit wenig Gepäck und nur von einem Diener begleitet, stand der Sieger von Veji wenige Tage später im Bogen des Karpenischen Tores. Doch ehe er endgültig schied, wandte er sich noch einmal nach seiner Vaterstadt zurück, hob seine Hände gegen Himmel und sprach: »Götter, laßt mein Volk seinen Undank bereuen. Gebt es, ihr Unsterblichen, daß die Römer den Feldherrn Kamillus bald wieder nötig haben und sich nach seiner Hilfe sehnen.«

Der Wunsch des Feldherrn sollte nur allzubald in Erfüllung gehen. Wenige Monde nach seiner Abreise wanderte in einer sternhellen Nacht ein einfacher Mann durch die stillen, menschenleeren Straßen Roms. Auf dem Forum hielt er inne, denn es schien ihm, als vernähme er ein seltsames Sausen in den Lüften. Das dünkte ihm unerklärlich, denn ringsum lagen die Bürger in tiefem Schlaf in ihren Häusern, und auch die Tavernen hatten schon längst geschlossen. Auf einmal ertönte aus dem Brausen eine donnergewaltige Stimme, und aus unsichtbarem Mund hörte der Wanderer folgende Botschaft: »Melde den Vätern: die Gallier sind im Anmarsch! Bald werden sie in Rom sein!«

Der zu Tode Erschreckte begann nun zu lärmen, Liktoren stürzten herbei und brachten ihn zu den eilends geweckten Konsuln. Wie verstört wiederholte der Mann immer und immer wieder: »Die Gallier sind im Anmarsch!«

So wurde es Morgen. Der Senat versammelte sich, und wie man sich noch hin und her stritt, ob dem nächtlichen Wanderer eine echte Verkündigung zuteil geworden oder ob er einer Sinnestäuschung erlegen sei, meldeten die Liktoren: »Vor dem Palatinischen Tor wartet eine Gesandtschaft aus Klusium und bittet um Einlaß. Die Männer sagen, sie hätten Wichtiges auf dem Herzen, denn ein mächtiges Gallierheer steht mitten in Etrurien!«

DIE GALLIER IN ROM

Der römische Senat empfing die Gesandtschaft aus Klusium – jener etruskischen Stadt, die einst Porsenna regiert hatte –, und ihr Sprecher begann seinen Bericht:

»Hört, edle Väter, uns genau an und erwägt wohlwollend unsere Bitte, die wir am Schluß vorbringen werden. Schon seit geraumen Jahren wird die nördliche Grenze des Bundes der Tuskerstädte von den wilden Galliern beunruhigt. Doch waren es bis zu dem letzten Einfall, von dem wir Kunde zu geben haben, immer nur kleine Schwärme, die auf unserem Gebiet auftauchten und sich, wenn wir ihnen kräftig entgegentraten, rasch wieder zurückzogen. Da geschah es nun, daß ein tuskischer Edelmann seinem Vormund die Frau entführte und heiratete. Der betrogene Ehegatte ging vor das Gericht, wurde aber mit seiner Klage abgewiesen. Daraufhin bepackte der Betrogene voll Wut einen Maulesel mit den Proben etruskischer Leckerbissen, wie einen Schlauch voll köstlichen Weins, einen Korb erlesener Früchte, ein Gefäß mit in Butter gebackener Schnecken; in die Hand aber nahm er statt eines Schwerts einen

Spieß, an dem aufgereiht Lendenstücke des Rinds staken, wie nur wir sie zu schmoren verstehen. Diese Auswahl der etruskischen Küche brachte er zu den Galliern und bat deren König, namens Brennus, davon zu versuchen. Die vorgelegten Proben mundeten dem Barbarenfürsten so trefflich, daß er zungenschnalzend ausrief: ›Dieses Land muß ich einmal aufsuchen, um mich mit seinen wohlschmekkenden Genüssen ordentlich vollstopfen zu können.‹

Was der gehörnte Ehemann mit seinem Verrat bezweckt hatte, trat ein. Der Barbarenherrscher schlug lärmend auf den Schild und verkündete seinen langhaarigen Untertanen, die sich augenrollend um ihn versammelten, daß man unverzüglich in Etrurien einfallen wolle.

So wälzte sich das Gallierheer, einem wilden Wurm gleich, in unser gesegnetes Land. Erst in seinem Herzen, vor Klusium, machte die entmenschte Rotte halt und begann die Stadt zu belagern.« Der Gesandte hielt schweratmend einen Augenblick inne und beendete händeringend seine Erzählung mit der Bitte: »Wir Männer von Klusium sind nicht imstande, uns aus eigener Kraft des Ansturms zu erwehren. Daher flehen wir euch, ehrwürdige Väter Roms, an, uns mit euren starken Legionen zu Hilfe zu kommen.«

Die Senatoren wußten nicht recht, was sie von der Erzählung halten sollten. Einige lachten über die Schilderung des Barbarenfürsten, andere freuten sich insgeheim über die Anerkennung der Stärke Roms, die in dem Hilfsgesuch zum Ausdruck kam, dachten aber, es würde der Ausbreitung der quiritischen Macht förderlich sein, wenn ihre Nachbarn noch mehr in die Klemme gerieten. Niemand nahm die wilden und, wie es schien, auch recht zügellosen Barbarenhorden ernst. So fiel die Antwort des Senats sehr hochmütig aus: »Wenn der Senat und das römische Volk* auch finden, daß die Etrusker sich bei einiger Tapferkeit sehr gut selbst helfen könnten, so wollen wir die Gesandtschaft aus Klusium nicht ganz ohne Unterstützung entlassen. Rom wird bei König Brennus energische Vorstellungen erheben, um ihn zum Abzug aus Etrurien zu bewegen. Als Sprecher des Senats werden sich drei Brüder aus dem Geschlecht der Fabier in das gallische Feldlager vor Klusium begeben.«

* »Der Senat und das Römische Volk« (»Senatus populusque Romanus«, abgekürzt »SPQR«) war eine ständige Formel, mit der die Entscheidungen im Namen des Volkes bekanntgegeben wurden.

Wer war der Volksstamm der Gallier oder Kelten eigentlich, der sich wie ein reißender Gebirgsstrom über das italische Land ergoß? Heute wissen wir, daß er dem gleichen Mutterschoß wie Griechen und Römer entsprungen ist und auf seinen Wanderungen erst jenseits der Alpen siedelte. Von dort wandten sich starke Schwärme nach Oberitalien und ließen sich in den Niederungen des Po, damals Padus genannt, nieder. Doch die Gallier liebten die harte Arbeit auf den Äckern nicht. Sie trieben ihre Schweineherden in die Eichenwälder, wo sich diese ohne weiteres Zutun ihrer Besitzer an den von der Natur gespendeten Früchten mästeten. Die Gallier waren leichtlebig, tapfer ohne Maßen, aber auch großsprecherisch, prahlsüchtig und unstet. Fielen die Gallier über ein fremdes Land her, dann plünderten sie nach Herzenslust. Aber anders als die Römer, die dem Schwert den Pflug folgen ließen, zogen sie schnell wieder ab, um sich anderswo Beute zu suchen. So kam es, daß die Gallier alle Länder bedrohten, aber keines eroberten.

Die Zusage der Römer an die klusische Gesandtschaft wurde schnellstens ausgeführt. Als die drei Fabier das Lager der Gallier vor Klusium betraten, bot sich ihnen ein völlig ungewohntes und erschreckendes Bild dar. Nicht wie bei den Römern und den anderen italischen Völkern war dieses nach einer strengen Ordnung aufgebaut, nein, wirr standen die Zelte durcheinander, und vor ihnen herrschte ein unglaubliches Kunterbunt von Männern, Weibern, Pferden und Haufen sorglos übereinander geworfener Beutestücke. Die Krieger des barbarischen Volksstammes machten mit ihren langen Haaren, die ihnen bis auf die Schultern fielen, zwar einen wilden und furchteinflößenden Eindruck, aber spöttisch dachten die Quiriten bei sich, daß es den Legionen ein leichtes sein müßte, mit diesen Horden fertig zu werden. So trugen sie König Brennus in herrischer Rede den Wunsch Roms vor, daß er sich sofort wieder in seine Gebiete am Po zurückziehen möge.

Höhnisch lachte der Barbarenfürst auf. Dabei klirrte eine Unzahl von geraubten Goldketten, die ihm vom Hals hingen, gegen das Erz seines Brustpanzers. Nachdem sich Brennus endlich beruhigt hatte, erwiderte er: »Ich höre heute zum erstenmal von Rom. Doch glaube ich euch Bürschlein gern, daß die Römer tapfere Krieger sind, sonst hätte sie Klusium wohl nicht zu Hilfe gerufen. Damit ihr nicht ganz umsonst gekommen seid, will ich euch versprechen, vom Sturm auf die Stadt Abstand zu nehmen. Hingegen betrachte ich das klusische Land als mein Eigentum und gedenke es bis zur letzten Henne auszuplündern.«

Da schwoll den Fabiern die Zornader, und ihr Ältester stieß heftig hervor: »Mit welchem Recht, König, willst du dir einen Boden aneignen, der dir nicht gehört?«

Brennus stampfte auf, daß sein Zelt erzitterte, und schrie: »Auf den Schneiden meiner Schwerter liegt mein Recht. Dem Tapferen gehört die Welt!«

Die Römer verließen daraufhin wutentbrannt das gallische Lager. Statt sich aber nach Rom zurückzubegeben, eilten sie nach Klusium und reizten die Einwohner der Stadt zu einem Ausfall auf. Sie selbst stellten sich an die Spitze des Heerbanns, der aus den Toren gegen die Gallier vorbrach. In einem wilden Kampf wurden die Tusker geschlagen, und auch die Unerschrockenheit der fabischen Brüder, die wie Löwen kämpften und zwei gallische Unterführer mit eigener Hand niederstreckten, vermochte die Eroberung der Stadt durch König Brennus nicht zu verhindern. Die meisten Tusker fielen in der Schlacht, der Rest geriet in Gefangenschaft und wurde enthauptet. Nur die drei Fabier entkamen nach Rom.

König Brennus verlangte nun die Auslieferung der drei Brüder mit der Begründung, sie hätten durch ihre Beteiligung am Kampf das Gesandtenrecht verletzt. Die römischen Fetiales als Hüter des Völkerrechts traten der Forderung des Barbarenfürsten bei, doch konnten sich der Senat und das ganze Volk nicht entschließen, Angehörige eines so ruhmreichen Geschlechts einem fremden Herrscher zur Aburteilung auszuliefern. Man wählte kurz entschlossen die drei Fabier zu Kriegstribunen und bedeutete den Boten des Königs Brennus, daß Tribunen während ihrer Amtszeit unverletzlich seien. Die Gallier sollten nach einem Jahr wiederkommen und sich die Übeltäter holen.

Nachdem König Brennus die römische Antwort erfahren hatte, entflammte er in maßlosem Grimm. »Nach Rom! Nach Rom!« tobte er, und der Schall der auf die Schilde rasselnden Schwerter seiner Mannen gab einen schauerlichen Widerhall. Das gallische Heer brach unverzüglich auf. Ein unübersehbarer Haufe von Kriegsvolk, von einer Menge Weiber begleitet und mit hunderten beutebeladenen Wagen im Troß, ergoß sich über die nach der Tiberstadt führenden

Straßen. Erschreckt flüchteten die Bauern und die Einwohner der Dörfer vor den wilden Scharen. Doch ließen die Barbaren Menschen und Häuser an ihrem Weg ungeschoren, denn der Wille, bald nach Rom zu kommen, trieb sie vorwärts.

Auf die Nachricht vom Nahen der Gallier rückten die Konsuln mit den Legionen ins Feld ab. Noch immer nahmen die Römer den Gegner nicht ernst. Sorglos stellten sie sich am Ufer der Allia – jetzt im Sommer ein dünnes Rinnsal, mehr einem Bach als einem Flusse gleichend – so auf, daß das Zentrum nur sehr lose Verbindung zu den Flügeln besaß. Die Konsuln verzichteten ferner auf die Anlage eines festen Lagers hinter der Front und auf die Bereitstellung eines Ersatzheeres, wie Kamillus sie gelehrt hatte; auch unterließen sie es, die Götter durch Opfer gnädig zu stimmen.

Der rechte Flügel des römischen Heeres setzte sich aus weniger geübten Mannschaften zusammen. Und gerade ihn griff Brennus an, indem er seine Krieger durch die Allia trieb. Beim Anblick dieser nie gesehenen Feinde erfaßte die Quiriten panischer Schrecken. Die riesenhaften Leiber der Barbaren, ihr funkelnder, trotziger Blick, die ihnen wirr über die Schulter flatternden Haare, das schreckliche Kampfgeheul, die gellenden Töne der Hörner, der Ungestüm der ihre Schwerter beidhändig haltenden Krieger, all das zusammen bewirkte, daß der römische Widerstandswille im Nu zerbrach. In regelloser Flucht strömte der rechte Flügel des Heeres zurück. Damit aber gerieten Zentrum und linker Flügel in Gefahr, von hinten aufgerollt zu werden. Die quiritischen Feldherrn glaubten die Hauptmasse dadurch retten zu können, daß sie ihr den Befehl gaben, über den Tiber zu gehen und sich in den Ruinen von Veji zu sammeln. Denn die von dem Schlachtfeld nach Rom führende Straße – die Salarische Straße – wurde bereits von den Barbarenhorden überflutet. Die Legionen räumten also den Kampfplatz und stürzten gegen das nahe Tiberufer. Mit ungeheurer Wucht warfen sich die Gallier in dichtgeballten Haufen auf die dem Strom zustrebenden Legionen. Bald war die feste Ordnung der Römer gesprengt. Aus dem Rückzug wurde eine regellose Flucht. Jeder versuchte das eigene Leben zu retten, so gut es ging. Im dichten Gewühl der Fliehenden wurde der eine vom anderen niedergetreten, die Nachdrängenden hieben auf die Vordermänner ein, und um möglichst rasch den rettenden Tiber zu erreichen, tötete der Bruder den Bruder, der Freund den Freund.

Nur den Stärksten gelang es, sich bis zum Ufer durchzuschlagen. Doch viele von ihnen fanden, beschwert durch die Rüstung und ermattet von den vorangegangenen Anstrengungen, ihr Grab in den Wellen. Nur ein kleines Häuflein war es schließlich, das sich über den Strom auf dem Basaltkegel von Veji in Sicherheit zu bringen vermochte.

Die siegestrunkenen Gallier unterließen es, auf das wehrlos vor ihnen liegende Rom loszumarschieren. Statt dessen ergossen sie sich wie in einem Rausch über das Schlachtfeld und plünderten die Gefallenen aus. Erst nach zwei Tagen setzten sich die Sieger nach der Siebenhügelstadt in Bewegung.

Von Veji aus aber hatte Rom rechtzeitig von den Ereignissen an der Allia unterrichtet werden können. Die Konsuln ritten entlang des rechten Tiberufers in die Heimatstadt zurück und trafen dort die dringendsten Maßnahmen. Sie zogen tausend Mann ausgesuchter Truppen auf dem Kapitol zusammen, wo sich auch der gesamte Senat und eine Reihe ehrwürdiger Frauen einfanden. Den Befehl übernahm Markus Manlius, dessen Name später unsterblich geworden ist. Die übrige Bevölkerung wurde zur Räumung der Stadt aufgefordert. Ein unübersehbarer Strom von Flüchtlingen zog auf den Landstraßen nach Süden und Westen, nach den Ländern der Volsker, Rutuler und Etrusker. Von all den Heiligtümern Roms, den prunkvollen Tempelgeräten, den Gesetzestafeln des Numa Pompilius und der Dezemvirn, den unermeßlichen Schätzen des Staates und der Bürger war nur das heilige Feuer der Vesta von ihren Priesterinnen in einem Ölkrüglein in Sicherheit gebracht worden. Beinahe hätten die Vestalinnen nicht die nächste Siedlung erreicht, denn vor Erschöpfung brachen sie am Straßenrand zusammen. Da aber kam ein einfacher Römer, ein Angehöriger der Proletarierklasse, mit seinem Wagen vorbei. Ohne zu zögern, warf er sein gerettetes Gut von dem Gefährt und lud dafür die heiligen Jungfrauen der Vesta auf. Von der Ebene herauf konnte man auf dem Kapitol schon den Staub, der unter den Tritten der gallischen Heerhaufen aufwirbelte, beobachten. Da beschlossen die hervorragendsten Mitglieder des Senats, zur Sühnung für das unterlassene Opfer am Tag der Schlacht an der Allia und zur Rettung ihrer Heimat sich im Opfertod den Himmlischen zu weihen. Im feierlichem Zug schritten sie unter Führung des Pontifex maximus vom Kapitol hinab zum Forum. Dort ließen sie sich auf den kurulischen Stühlen nieder, mit den Feiertagskleidern angetan und das elfenbeinerne Zepter in Händen. Lange verharrten sie schweigend und lauschend. Die lastende Stille zerriß schließlich Pferdegetrappel vom Kollatinischen Tor her. Die ersten Scharen der Gallier tasteten sich durch die Straßen.

Nur langsam und vorsichtig bewegten sich die riesigen Gestalten zwischen den öden Häuserreihen vorwärts. Endlich gelangten sie auf das Forum. Dort angekommen, warfen die Gallier ihre staunenden Blicke ringsum, die endlich auf den herrlichen Bauten des Kapitols haftenblieben. Dabei gewahrten die Barbaren das Blitzen der Waffen auf den Zinnenkränzen der Mauern, und sie stießen ein furchtbares Geheul aus, schlugen mit den Schwertern auf die Schilde, so daß es in der gespenstig daliegenden Stadt schauerlich Widerhall gab. Dann jedoch entdeckten sie im Hintergrund des großen Platzes die Greise, die wie Wesen aus einer anderen Welt auf ihren elfenbeinernen Sesseln thronten. Einer der Krieger trat ganz nah hinzu, um zu erkunden, ob die regungslos vor sich hinstarrenden Männer Bildsäulen oder lebendige Menschen seien. Da sie auf seinen Anruf keine Antwort gaben, stieß er schließlich einer Gestalt mit dem Schwertknauf vor die Brust. Und es rötete sich voll Zorn das scheinbar marmorne Gesicht, es hob sich die wie aus Wachs modellierte Hand, es schwang der Greis seinen Stab und schlug damit dem Vorwitzigen auf den Kopf. Dies aber betrachteten die rohen Kriegsknechte als Signal, ihre Schwerter zu ziehen und Mann für Mann die ehrwürdige Schar niederzuhauen.

Nach dieser furchtbaren Tat riefen die Kundschafter ihre vor den Toren der Stadt wartenden Horden herbei, und wie reißende Ströme ergossen sich die Schwärme der Gallier durch die Straßen. Tagelang dauerte das Plündern, und voll ohnmächtiger Wut mußten die Männer auf dem Kapitol zusehen, wie unermeßlicher Reichtum auf die Packpferde verladen wurde. Die Gallier ergrimmten aber sehr, daß sie noch unendlich mehr an wertvollem Gut zurücklassen mußten, als sie fortschleppen konnten. So warfen sie den Feuerbrand in die Gemäuer, und es vollendete sich der Untergang alles dessen, was unter sieben Königen und unter mehr als zweihundert Konsuln erbaut worden war. Nur einige Häuser auf dem Palatin, in denen Brennus mit seinen Unterführern wohnte, entgingen dem Glutbrand der Vernichtung.

Zähneknirschend verfolgten die Verteidiger des Kapitols das

grausige Schauspiel. Sie wußten aber, daß ihre Stunde bald kommen würde. Und in der Tat – noch schwelte es in den Trümmern, noch lag beizender Rauch über den Hügeln und Senken, als König Brennus den Befehl gab, das Werk zu vollenden und die Stadtburg zu stürmen. Doch hier erhielt der Barbar die erste Lehre darüber, daß er trotz aller seiner bisherigen Siege die höhere Weihe der Kriegskunst noch nicht empfangen hatte. Die wild auf allen Seiten die Steilhänge des Kapitolinischen Hügels hinanklimmenden Gallier wurden von den Scharen des Markus Manlius mit Leichtigkeit die Felsen wieder hinabgeworfen. Brennus erneuerte den Angriff nicht mehr. Er erkannte, auf diese Weise keinesfalls etwas ausrichten zu können. Das Herz von Rom schien vorerst gerettet. Brennus beschloß, den Stadtfelsen zu belagern. Dafür besaß er aber weder die notwendigen Kriegsmittel noch die Erfahrung. Zudem verfügte er auch über keinen Nachschub; die gallischen Heerhaufen pflegten sich aus dem Land, über das sie herfielen, zu ernähren. Doch die Umgebung Roms war bald kahlgefressen. Dabei zerstörten die Barbaren in sinnloser Wut Dörfer und Städte. Weitum glich die Landschaft einer Wüstenei. Mancher Ort, den die Sage und die Geschichtsschreiber nennen und der später nicht mehr aufscheint, ist damals verschwunden. Nun kamen die Herbststürme, Regen und Nebel. Fiebrige Dämpfe stiegen aus den Sümpfen. Jetzt rächte sich das Niederbrennen der festen Häuser. Bei den im Freien lagernden Horden brachen Seuchen aus, und ein großes Sterben kam über sie. Die Barbaren stapelten ihre Leichen in Hügeln auf und zündeten diese an. Noch nach Jahrhunderten hieß der Ort, wo dies geschah: »Zu den gallischen Totenstätten.«

Da die Lebensmittelnot der Belagerer immer höher stieg, entschloß sich Brennus, seine Beutezüge über Latium hinaus auszudehnen, und er fiel in das Land der Rutuler ein. Hier aber stieß er auf den größten Meister der Kriegskunst damaliger Zeiten – auf Markus Furius Kamillus.

Als die Nachricht vom Nahen der Barbaren in Ardea, der Hauptstadt Rutuliens, eintraf, erinnerten sich die Gemeindeältesten daran, daß der große Feldherr als schlichter Bürger unter ihnen lebe. Man holte Kamillus in den Rat und bat ihn um seine Ansicht, wie man des furchtbaren Feindes am besten Herr zu werden vermöchte. Das Herz des alten Kriegers bebte vor Stolz, sich wieder bewähren zu dürfen, und er sprach: »Ich habe in den letzten Tagen auf vielen einsamen Streifzügen die im Land umherschweifenden Gallier beobachtet. Diese Barbaren mögen furchtbar sein am Tag, in der Nacht sind sie harmlos wie Kinder. Wenn sie auf ihren Märschen abends ein Ziel erreicht haben, dann strecken sie sich einfach auf dem Boden zur Ruhe aus. Sie sorgen für keine Wache, sie ziehen keinen Lagerwall, sie schlafen wie eine Herde eng aneinandergepreßter Schafe. Wenn ihr, Ardeaten, mir den Befehl über eine gehörige Zahl von Soldaten gebt, dann will ich, bei den ewigen Göttern, die ganze Rotte, die vor euren Toren liegt, unter mein Opfermesser nehmen!«

Diese Worte riefen einen Sturm der Begeisterung hervor. Man wußte, daß Kamillus nicht mit schönen Reden zu fackeln pflegte und hinter seinen Ankündigungen stets reifliche Überlegung und entschlossener Wille zur Tat stand. Zeigte sich der große Feldherr zuversichtlich, dann brauchte niemand mehr zu verzweifeln. Nur eine warnende Gegenstimme meldete sich: »Noch nie ist bisher in Italien eine Schlacht in der Nacht ausgefochten worden.« Mit einem höhnischen Lächeln um die Lippen gab Kamillus zurück: »Dann werde eben ich das erste Nachtgefecht schlagen. Im übrigen, ehrenwerter Vater, ist auch noch nie eine Festung wie Veji im Sturm erobert worden.« Auf diese stolzen Worte hin erhob sich die ganze Versammlung und brachte dem großen Feldherrn nicht endenwollenden Beifall dar.

Kamillus hatte also das Heer, das er brauchte. Lautlos ließ er es in der Nacht an den Ruheplatz der Gallier heranschleichen und die ganze Rotte, Mann für Mann, niederhauen. Ardea war gerettet.

Nun nahte die Stunde, die sich Kamillus damals, als er Rom verlassen mußte, so sehnlichst herbeigewünscht hatte. Das Vaterland brauchte ihn, das Vaterland rief ihn zurück. Die Kunde von diesem ersten Sieg über die Gallier drang nämlich nach Veji, wo sich nach und nach zu den Resten des an der Allia geschlagenen Heeres viele waffenfähige Männer, die beim Nahen der Barbaren aus Rom geflohen waren, einfanden. Bei ihnen allen herrschte Einmütigkeit darüber, daß man in solcher Gefahr des Vaterlandes ein Feldherrntalent vom Rang des Kamillus nicht abseits stehen lassen konnte. Doch bedurfte es zu seiner Berufung einer Entscheidung der Konsuln. Die aber saßen vom Feind umringt auf dem Kapitol! Nach reiflicher Überlegung kam man in Veji zur Überzeugung, daß es am besten wäre, einen Boten nach der belagerten Stadtburg zu entsenden. Er sollte die Regierung Roms zu den nötigen Beschlüssen auffordern und diese dann wieder nach Veji zurückbringen. Mit der schweren Aufgabe, sich durch den Belagerungsring der Gallier hindurchzuschleichen und den Kapitolinischen Fels zu erklettern, wurde ein Jüngling betraut, den noch von der Allia her der Ruhm großer Tapferkeit umschwebte.

Der junge Krieger verfertigte sich aus Eichenrinde eine Schwimmweste, und mit ihrer Hilfe gelang es ihm, in regenschwerer Nacht die lange Strecke von Veji bis Rom in den Wellen des Tiber zurückzulegen. Es fiel ihm dann nicht schwer, sich durch die schlafenden Gallierhaufen hindurchzuwinden. Auf einem geheimen Pfad erreichte er glücklich das Kapitol. Dort war die Stimmung wegen der Erschöpfung der Lebensmittelvorräte sehr gedrückt. Nun hielt neue Hoffnung in den Herzen Einzug. Die Konsuln ernannten Kamillus zum Diktator und sandten den Jüngling nach Veji zurück.

Dieses kühne Wagestück hätte um ein Haar die schwersten Folgen für die Verteidiger der Stadtburg gehabt. Einige Krieger der Gallier entdeckten nämlich an dem Punkt, wo der Bote den Fels emporgestiegen war, Fußstapfen und benachrichtigten den König. Brennus besichtigte die Stelle und entdeckte auf diese Weise den geheimen Pfad in dem bisher von ihm für unbezwingbar gehaltenen Bergabsturz. Er beschloß daher, in der kommenden Nacht eine Schar seiner tapfersten Krieger über diesen Weg zur Höhe zu schicken, um das Kapitol durch einen kühnen Handstreich zu überwältigen.

Bei sternklarem Himmel begann das Unternehmen. Ein Unbewaffneter ging voran. Auf Vorsprüngen in der Bergwand hielt er inne und ließ sich die Waffen seiner Kameraden heraufreichen. Die Krieger, der schweren Ausrüstung ledig, folgten, wobei sie sich beim Klettern gegenseitig unterstützten. So gelangten die Gallier unbemerkt bis auf den Zinnenkranz der schützenden Mauer. Sie lauschten angestrengt in die Nacht, aber nichts rührte sich auf dem ganzen Kapitol. Von nagendem Hunger geschwächt, lag die ganze Besatzung in tiefem Schlaf, sogar die aufgestellten Wachen. Nicht einmal die Hunde schlugen an, denn auch sie dösten mit brennenden Eingeweiden dahin. Die Barbaren frohlockten und glaubten sich des Gelingens ihres Unternehmens gewiß. Schon gab der Führer der Rotte mit der Hand ein Zeichen. Die Soldaten sollten sich von der Mauer auf die Plattform, die noch der Burg vorgelagert war, hinabschwingen. Doch halt – wer schlug da plötzlich Lärm? Noch lauerten aufmerksame Wächter auf dem Kapitol, und sie meldeten sich jetzt mit Geschnatter, wütendem Flügelschlag und vorgestreckten Hälsen: die heiligen Gänse der Göttin Juno! Ihr Zetern riß zuerst Markus Manlius aus dem Schlaf. Eiligst sprang der Held vom Lager auf, griff zu den Waffen und stürzte den vordersten Gallier, den er zu fassen bekam, die Felswand hinab.

Die Barbaren, erschreckt von dem Geschnatter der Vögel, dem Erscheinen des Römers, den Alarmsignalen der Trompeten, zögerten, von der Mauer ins Innere der Burg zu springen. Drei Gallier hintereinander packte nun Markus Manlius mit starken Armen und weihte sie den Göttern der Tiefe. Aber jetzt kam auch Hilfe. Aus dem Tor eines Wachtturmes quoll eine Manipel Gepanzerter. Vor ihnen wichen die Angreifer auf den Fels zurück, die Römer drängten ihnen nach, wer nicht ihrem Schwert verfiel, fand mit zerschmetterten Gliedern sein Grab am Fuß des Kapitolinischen Berges. Zur ewigen Erinnerung an die wachsamen und treuen Tiere wurde alljährlich eine Gans in feierlichem Aufzug durch Rom getragen – ihr zur Seite jedoch ein ans Kreuz geschlagener Hund, weil die Hunde in jener denkwürdigen Nacht geschwiegen hatten.

Das Herz Roms schlug also nach der glücklichen Vereitelung des gallischen Handstreichs weiter – aber es schlug von Tag zu Tag schwächer. Die Hungersnot erreichte ein schreckliches Ausmaß. Markus Manlius, der hinfort den Zunamen Kapitolinus trug, hatte man noch als Siegeslohn einen Becher Wein und ein halbes Pfund Brot zubilligen können, jetzt, einen halben Monat später, wäre eine Schuhsohle bereits ein Göttergeschenk gewesen. Die Soldaten kauten die Lederriemen des Wehrgehänges, kratzten Wurzeln aus dem steinigen Boden, kochten jedes Hälmchen Gras, das zwischen Mauerritzen grünte, und warfen Sandalen dazu ins wallende Wasser, damit der Sud etwas nach Fleisch schmeckte. Und sosehr sich die Wächter auf den Türmen bemühten, mit ihren entzündeten Augen die Vortruppen des Kamillus zu erspähen, auch nicht der Staub eines einzigen Reiters zeigte sich am Horizont.

In dieser verzweifelten Lage entschlossen sich die auf der Burg verbliebenen Matronen zu einem großen Opfer. Ihren ganzen Schmuck wollten sie dahingeben, um König Brennus zum Abzug zu bewegen. Ein Beauftragter des Senats begab sich daraufhin in das Quartier des Barbarenfürsten, um mit ihm die Lösesumme auszuhandeln. Nun wußte Brennus durch seine Kundschafter von den Kriegsvorbereitungen, die Kamillus in Veji betrieb, und seit der Vernichtung seiner Streifschar vor Ardea fühlte er die Schwächen seiner regellosen Art der Truppenführung. Auch war ihm zugetragen worden, daß der große römische Feldherr die Legionen mit einer völlig neuen Art von Helm ausrüstete, der, außen aalglatt geschmiedet, die nach gallischem Kampfbrauch beidhändig gegen den Schädel des Gegners geführten Schwerter abgleiten lasse. Unter dem Eindruck dieser beunruhigenden Meldungen erklärte sich der König bereit, gegen ein Lösegeld von tausend Pfund lauteren Goldes abziehen zu wollen.

Männer, deren Knie vor Hunger schwankten, trugen in riesigen Körben das durch Generationen aufgehäufte Geschmeide römischer Patrizierfamilien in das gallische Hauptlager. Dort standen Knechte mit Wagen und Gewichten bereit; König Brennus und Markus Manlius Kapitolinus überwachten die Durchführung des Loskaufs. Da schrie plötzlich der Römer auf: »Betrug ist am Werk! Ihr Barbarenhunde verwendet gefälschtes Gewicht!« König Brennus' Gesicht verzog sich zu einer höhnischen Grimasse. Dann warf er sein Schwert auf die eine Waagschale und sagte das unsterblich gewordene Wort: »Wehe den Besiegten!«

Kaum war dieser grausame Ausruf seinem Mund entflohen, ertönte vom Kollatinischen Tor her der schmetternde Klang römischer Tuben. Durch die verwüstete Stadt sprengte Markus Furius Kamillus an der Spitze einer gepanzerten Schar heran. Er brachte seinen Hengst vor König Brennus zum Stehen und schrie dem Barbarenfürsten zu: »Halt ein mit diesem unwürdigen Spiel! Zerrissen ist der Vertrag, denn ich allein regiere Rom, ich, der Diktator Kamillus. Rom aber kauft sich nicht mit Gold frei, sondern mit Eisen!«

Brennus erbleichte. Sich auf den kühnen Römer zu stürzen, wagte er nicht, denn seine Männer lagen rings um die Stadtburg, und er hatte nur wenige Getreue zur Hand. Der römische Feldherr aber fuhr fort: »Ich könnte dich auf der Stelle töten, doch verschmähe ich es, ein Heer ohne Kopf zu besiegen. Auf dem Blachfeld vor Rom warten meine Legionen. Dich mit ihnen zu messen steht dir frei.« Nach diesen Worten wandte Kamillus sein Pferd und ritt von dannen.

Die Leute aus der Burg brachten also das Geschmeide wieder den Spenderinnen zurück. Brennus aber sammelte sein Heer und trat zur Schlacht gegen Kamillus an. Nun trugen die von dem großen Feldherrn durchgeführten Neuerungen ihre Früchte. Die Gallier erlitten eine so fürchterliche Niederlage, daß nicht einmal ein Bote entkam, um in den heimatlichen Wäldern am Po zu berichten, wie es den Kriegern ergangen war, die auszogen, um Italien zu verwüsten. Brennus, der lebend in die Hand der Römer fiel, wurde nach dem Spruch des Kamillus auf dem Schlachtfeld durch das Schwert hingerichtet. So erfüllte sich schließlich an ihm das erbarmungslose Gesetz: »Vae victis«, »Wehe den Besiegten!«

DAS ENDE DES KAMILLUS

Nun zog Kamillus mit seinem siegreichen Heer triumphierend in Rom ein. Soldaten und Bürger sangen Loblieder auf ihn, priesen ihn als den Retter des Vaterlandes und nannten ihn Romulus, den zweiten Begründer Roms. Schnell flog die Kunde von der Vertreibung der Gallier über Latium ins Land der Volsker und Rutuler und auch über den Tiber nach Etrurien. Die weitverstreut in den mittelitalischen Gauen lebenden Flüchtlinge aus Rom schnürten ihr Bündel und kehrten zu den heimatlichen Penaten zurück. Doch was sie vorfanden, waren rauchgeschwärzte Trümmer, gestürzte Altäre, geborstene Tempel. Mutlosigkeit befiel die Quiriten, und es gab manche Stimme, die riet, man solle die Gründung des Romulus überhaupt aufgeben und nach Veji übersiedeln, dessen verlassene Häuser zwar verwildert und ungepflegt, aber immer noch leichter instand zu setzen seien als der Schutthaufen Rom.

In solch schwerer Seelennot bewährte sich Markus Furius Kamillus abermals als eine Hauptstütze des in Kleinmut schwankenden Volkes. Mit nimmer erlahmender Eindringlichkeit mahnte er Männer und Frauen, der ihnen von den Göttern aufgetragenen Sendung treu zu bleiben. Geheimnisvolle Wundergeschichten, die von Mund zu Mund gingen, trugen das ihre dazu bei, die niedergedrückten Gemüter aufzurichten. So berichteten die einen, daß in der Brandruine des Fortunaheiligtums eine holzgeschnitzte Statue des Königs Servius Tullius aufgefunden worden wäre, andere erzählten von der glückverheißenden Bergung jenes Krummstabs, mit dem der Stadtgründer die Zeremonie der ersten Vogelflugbeschwörung eingeleitet und die Grundrisse der Tempel der Frühzeit in den Sand gezeichnet hatte.

Als der Senat eines Tages über diese Frage verhandelte, zog draußen ein Hauptmann mit einer Rotte Soldaten über das Forum. Mit gebieterischer Stimme rief plötzlich der Mann: »Halt! Hier bleiben wir am besten!« Senatoren und Volk hielten das für eine glückliche Vorbedeutung, und nun fiel endlich die Entscheidung für den Wiederaufbau. Zur Beschleunigung der Arbeiten wurde beschlossen, die Bauten von Veji abzutragen und die behauenen Steine nach Rom zu bringen; woraus sich erklärt, daß von der stolzen Etruskerfeste auch nicht eine Mauer übrigblieb. Um der Bürgerschaft neues Blut zuzuführen, schenkte der Senat allen Kriegsgefangenen Freiheit und Heimatrecht. Die Hast, mit der jetzt die Quiriten an den Wiederaufbau gingen, brachte es mit sich, daß in vielen Stadtteilen recht planlos verfahren wurde. Die engen, winkeligen und krummen Gassen, die später der Weltmetropole so wenig anstanden, stammten aus jener Zeit, da ein unbändiger Lebenswille die Gründung des Romulus aus den Trümmern neu emporwachsen ließ und nicht viel nach Schönheit oder Zweckmäßigkeit der Anlagen fragte.

Das Volk mußte den Löwenanteil der Lasten tragen und begann über die hohen Steuern zu murren. Zu allem Unglück zeigte Kamillus keinerlei Verständnis für die hartbedrängten Plebs.

Nachdem Kamillus zum drittenmal zum Diktator gewählt worden war, ereignete sich eine der größten menschlichen Tragödien des alten Rom. Zwar sind sich die Chronisten nie darüber einig geworden, ob Markus Manlius Kapitolinus der größte Hochverräter oder der edelste Volksfreund war – doch will es scheinen, als ob hier ein Mann, der ohne amtlichen Auftrag Gutes tat, vom Neid zu Tode gejagt wurde. Dem Diktator erwuchs nämlich in dem berühmten Verteidiger der Stadtburg ein Gegenspieler, der, selbst dem Patriziat entstammend und ohne Tribun zu sein, die ganze Liebe des Volkes auf sich zog. Denn nicht nur mit Worten forderte er die Beseitigung der Mißstände, er ging mit dem leuchtenden Beispiel der Tat voran. Sein ganzes Vermögen gab er dahin, um in das Schuldgefängnis geworfene Plebejer aus der grausamen Haft loszukaufen. So sahen sich die Volkstribunen immer mehr in den Hintergrund gedrängt. Plötzlich wurden Gerüchte laut, daß Markus Manlius das Haupt einer Verschwörung sei und die Alleinherrschaft anstrebe. Als der große Held verhaftet wurde, rührte sich keine Hand zu seiner Befreiung. Markus Manlius wurde der Hochverratsprozeß gemacht. Das Urteil lautete auf Herabstürzung vom Tarpejischen Felsen. Genau auf dem Punkt, da der tapfere Kapitolinus einst, vom Geschnatter der Gänse aufgeweckt, den ersten Gallier in die Tiefe geschleudert hatte, stürzte der Held und Retter Roms jetzt selbst zu Tode. Der Diktator Kamillus erfocht damit aber seinen letzten Sieg.

Nach dem Tode des Markus Manlius gärte es im Volke weiter. Das zahlenmäßig im Verhältnis zur Plebs immer schwächer werdende Patriziat vermochte dem von der Masse des Volkes ausgeübten Druck nun nicht mehr standzuhalten. Damals lebten in Rom zwei Schwestern, von denen eine den wohlhabenden Plebejer Licinius Stolo, die andere einen Patrizier zum Mann hatte. Eines Tages weilte die Gattin des Licinius Stolo bei der adeligen Schwester zu Gast. Während sie bei der Abendmahlzeit saßen, hörte man vom Eingang her ein großes Getöse. Die bürgerliche Frau horchte auf und fragte, was das zu bedeuten habe. »Ach«, erwiderte großsprecherisch die Schwester, »das sind nur die Liktoren, die mit den Rutenbündeln gegen die Haustür donnern.« Die Plebejerin rümpfte neidvoll die Nase: »Wie, Liktoren begleiteten deinen Mann nach Hause?« Die Patrizierin gab hochmütig zurück: »Weißt du denn nicht, daß mein Mann Kriegstribun ist? Da steht ihm ein Liktorengeleit zu. Die Ehrung, daß mir das Kommen meines Eheherrn durch Pochen mit dem höchsten Staatssymbol angezeigt wird, erlebe ich, Liebste, alle Tage. Daran bin ich bereits gewöhnt. Du Arme kommst freilich um solchen Genuß. Das hast du jetzt davon, daß du einen Gemeinen zum Gatten nahmst. Wenn er auch noch so viel Geld besitzt, ein Staatsamt darf er doch nie bekleiden.«

Nur mit Mühe vermochte die Gekränkte ihre Tränen zurückzuhalten. Daheim angekommen, stürzte sie sich aufgeregt in die Arme des Gatten. »Mein Gemahl«, schmeichelte sie, »ich will auch ein Liktorengeleit vor meiner Haustür sehen. Ich bitte dich, sieh zu, daß die Plebejer alle Rechte bekommen und man dir ein Staatsamt überträgt.« Licinius Stolo tröstete sein Weib: »Ich verspreche dir, daß du den Tag noch erleben sollst, an dem du dich vor deiner adeligen Schwester nicht mehr zu schämen brauchst.«

Da man weiß, welch großen Einfluß Frauen im geheimen auf die

Entschlüsse ihrer Männer haben, und da bezeugt ist, daß viele Ereignisse der Weltgeschichte weiblichem Willen und Rat ihre Entstehung verdanken, braucht die kleine Geschichte von der ehrgeizigen Frau des Licinius Stolo nicht nur eine schöne Erfindung zu sein. Die größere Wahrheit ist nun freilich, daß die Zeit eben reif für den Sturz der Patrizier geworden war. Licinius Stolo sicherte sich die Mithilfe des tüchtigen und rührigen Lucius Sextius, und beide wurden zu Volkstribunen gewählt. Nunmehr brachten sie jene Gesetzesvorschläge ein, die unter der Bezeichnung »Licinische Rogationen« einen Markstein in der Geschichte Roms darstellen.

Ein letztes, erbittertes Ringen setzte ein. Der Diktator Kamillus widersetzte sich mit Verzweiflung im Herzen dem entscheidenden Vorstoß des gemeinen Volkes. Er scheute nicht einmal davor zurück, acht Volkstribunen durch Bestechung zu bewegen, sich gegen die neuen Gesetze auszusprechen. Zehn Jahre währte der Kampf. Licinius Stolo und Lucius Sextus erneuerten alle Jahre die Rogationen, wobei es ihnen nach und nach gelang, die bestochenen Volksanwälte durch Männer aus ihrem Freundeskreis zu ersetzen. Schließlich gab sich Kamillus geschlagen. Er sah ein, daß der Durchbruch der Plebs nur mehr mit Waffengewalt aufzuhalten sei. Zu einem Bürgerkrieg vermochte sich der greise Feldherr nicht zu entschließen, und so riet er schweren Herzens dem Senat, den von den Zenturien bereits gebilligten Gesetzesvorschlägen zuzustimmen.

Zum ersten plebejischen Konsul wurde Lucius Sextius gewählt. Das Herz der Patrizier blutete, wenn sie nun den Gemeinen, in die Staatstoga gehüllt, unter dem Vorantritt der Liktoren über das Forum schreiten sahen.

Der Diktator Kamillus übergab seine Macht den Konsuln einer neuen Zeit. Nur dies wünschte er noch, daß die Niederlage des Patriziats wenigstens die Einigkeit des Vaterlandes begründe. Darum stiftete er kurz vor seinem Rücktritt vom höchsten Staatsamt einen Konkordiatempel. Bald darauf starb er.

TITUS MANLIUS TORQUATUS UND MARKUS VALERIUS KORVUS

Wiederum begannen die Gallier nach Süden zu drängen ... Der neue Diktator Lucius Manlius machte sich bald durch seine Strenge beim Volk verhaßt. Ebenso hart verfuhr er mit seinem Sohn Titus Manlius, dessen Zunge stotterte, dem dafür aber ein tapferes Herz in der Brust schlug und dessen starker Arm das Schwert trefflich zu führen wußte. Je mehr der Arme aber ins Stottern kam, desto ängstlicher und verwirrter wurde er, und jede seiner Reden endete schließlich in unverständlichem Gestammel. Dieses Gebrechen des Sohnes trieb dem Vater die Schamröte ins Gesicht. Er behandelte sein Kind lieblos, schlug es auch häufig ohne Grund. Doch das Vaterrecht stand in Rom an Strenge und Heiligkeit über allen anderen Gesetzen. Titus, ein echtes Römerkind, murrte deshalb nicht, so bitter es ihm auch manchmal wurde, die Ungerechtigkeiten zu ertragen.

Nun fügte es das Schicksal, daß der harte Vater selbst das Opfer einer Ungerechtigkeit wurde. Man beschuldigte ihn der Grausamkeit gegen seine Soldaten. Doch stimmten nicht alle Behauptungen; der Kriegstribun zog lediglich wegen der drohenden Galliergefahr die Zügel des Gehorsams straffer an. Das aber paßte insbesondere den Plebejern nicht, und so setzten sie die falschen Gerüchte in die Welt. Schließlich sollte sich der Beschuldigte gar wegen angeblicher Soldatenmißhandlungen vor Gericht verantworten.

Dies alles erfuhr noch zur rechten Zeit sein Sohn, der draußen auf dem Landgut lebte. Wohl hatte sein Vater ihn hart behandelt, aber daran dachte Titus jetzt nicht; er dachte nur an die Schmach, die der Tribun über seinen Vater gebracht, und an die Gefahr, in der Lucius Manlius schwebte. Da tat schleunige Hilfe not.

Titus verbarg einen Dolch unter seinem Gewand und eilte, ohne daß jemand darum wußte, in aller Frühe zur Stadt. Vom Tor ging er geradewegs vor das Haus des Tribuns Markus Pomponius. Dem Türsteher sagte er, er müsse ohne Verzug seinen Herrn sprechen, er möge nur Titus Manlius, den Sohn des Diktators, melden.

Sogleich wurde er vorgelassen, denn der Tribun glaubte, der Jüngling sei gekommen, um gegen seinen Vater zu zeugen. Nach gegenseitiger Begrüßung erklärte Titus, er habe mit dem Tribun etwas unter vier Augen zu besprechen. Auf einen Wink des Hausherrn entfernten sich die Anwesenden. Nun aber zog Titus Manlius seinen Dolch hervor, zückte die Waffe mit furchtbarer Gebärde gegen Markus Pomponius und knirschte drohend: »Du hast Schmach über das Haupt meines Vaters gebracht, hast ihn vor Gericht gefordert und ihn auch beschuldigt, daß er mich grausam behandelt. – Wer hat dich, Markus Pomponius, zum Richter über das gesetzt, was zwischen Vater und Sohn geschieht? Habe ich dich etwa zu meinem Anwalt berufen? Ich erkläre, daß du meinen Vater verleumdet hast, und werde dich auf der Stelle niederstechen, wofern du nicht schwörst, daß du die Anklage fallen lassen und keine Volksversammlung mehr in dieser Sache berufen willst. Schwöre den Eid oder stirb!«

Zitternd vor Angst schwur der Tribun den verlangten Eid und rettete sein Leben. Lucius Manlius ging frei aus, aber sein Ankläger erklärte öffentlich, nur die Gewalttat des Titus habe ihn genötigt, die Sache aufzugeben.

Mit Unwillen, Verwunderung und Staunen hörte das Volk, was geschehen war. Daß der grausame Diktator straflos blieb, bedauerte jedermann, aber die Tat seines Sohnes fand überall Lob und Beifall. »Wie?« fragte man sich. »Mit solcher kindlichen Liebe tritt dieser Jüngling für seinen Vater ein, von dem er doch nur Härte und Zurücksetzung erfuhr? Und einen Sohn so ritterlicher Art mißachtete der stolze Lucius Manlius so sehr, daß er ihn aus seinem Hause entfernte und unter die Knechte und Sklaven stieß? Ist ein junger Mann von so edler Gesinnung nicht vielmehr der höchsten Ehre wert?«

So urteilte das Volk über Vater und Sohn, und Titus Manlius, der doch sonst gar keine Verdienste aufzuweisen hatte, war mit einem Schlag zu Ansehen und Ehren gekommen.

Und bald sollte dieser Jüngling, der bisher als Knecht unter Knechten gelebt hatte, Gelegenheit finden, auch vor dem Feind zu zeigen, daß ein Heldenherz in seinem Busen schlug und daß er wahrlich der höchsten Ehre würdig sei.

Ein neues Gallierheer kam gegen Rom herangezogen und schlug jenseits des Flusses Anio, dicht vor der Brücke, ein Lager auf. Dem Feinde zog der römische Feldherr Titus Quinktius Pennus mit einer starken Kriegsmacht entgegen und lagerte sich diesseits des Flusses. Zwar spannte sich die Brücke zwischen den Heerlagern hüben und drüben, aber niemand wagte vorerst, sie zu betreten.

Eines Tages zeigte sich ein riesiger gallischer Krieger auf dem Steg, schritt waffenklirrend bis zu dessen Mitte und schrie zu den Quiriten hinüber: »Hat einer Mut, mit mir zu streiten, so trete er vor. Der Ausgang des Kampfes soll entscheiden, welches der beiden Völker das stärkere ist.«

Eine geraume Weile blieb es still auf der Seite der Römer. Dann endlich sagte der Feldherr: »Es ist einer unter uns, dessen Zunge schwer und unbeholfen ist. Doch weiß er auch nicht mit der Rede umzugehen, mit dem Gebrauch des Schwertes ist er dafür um so besser vertraut.«

Titus Manlius verstand die Aufforderung. Stolz trat er vor den Feldherrn hin und begann: »Ich . . . ich . . .« Damit brach er ab, denn wieder war dieses entsetzliche Stammeln und Stottern über ihn gekommen. Aber was brauchte es jetzt der Worte? Zur Brücke stürzte er hin, auf der ihn der Barbar mit höhnisch herausgestreckter Zunge erwartete. Als der Riese den Jüngling vor sich sah, faßte er sein Schwert mit beiden Händen, wirbelte es furchterregend über seinem Kopf, um es schließlich mit einem scharfen Hieb auf den Römer herabsausen zu lassen. Doch jetzt verging dem Barbaren das Lachen. Denn Titus Manlius wich geschickt aus, und der Stahl bohrte sich in das Bohlenholz der Brücke. Wutschnaubend riß es der Gallier wieder heraus, aber nur, um im nächsten Augenblick schon in ein furchtbares Gebrüll auszubrechen. Der Römer hatte ihm das zweischneidige Kurzschwert zwischen die Ringe des Kettenpanzers gejagt! Der Riese sprang vor Schmerz auf den Balken so heftig auf und nieder, daß der ganze Steg in ein unheimliches Schwanken geriet. Aber die Joche hielten, und als der Gallier sein Leben ausgehaucht hatte, bliesen die Tuben der Römer Viktoria. Die Barbaren waren von der Heldentat des Jünglings tief beeindruckt, brachen ihr Lager ab und zogen sich in die Poebene zurück. Der Sieger behielt sich als Beute nur die Halskette des Getöteten, die er um seinen Nacken legte. Mit dem Ehrennamen »Torquatus«, das heißt der »Bekettete«, ist er in die Geschichte eingegangen.

In einem späteren Kriege ereignete sich ein ähnlicher Vorfall. Beide Heere lagerten in einer Ebene einander gegenüber, als plötzlich ein gallischer Krieger hervortrat, vor allen ausgezeichnet durch seine riesige Körpergröße und seine goldstrotzende Rüstung. Er trommelte wild auf seinen Schild, und nachdem er sich Gehör verschafft hatte, forderte er die Römer auf, ihm einen Gegner zum Zweikampf zu stellen. Ein Jüngling namens Markus Valerius erklärte sich freiwillig bereit, zu dem ungleichen Fechten anzutreten. Manches in harten Schlachten mitleidlos gewordene Soldatengesicht zuckte schmerzvoll zusammen, als Valerius sein Schwert aus dem Gehänge nahm. Denn man hielt den Tapferen für verloren. Und richtig, Markus Valerius geriet gleich zu Beginn des Kampfes in schwere Bedrängnis. Denn hageldicht fielen die Hiebe des gewaltigen Barbarenkämpen auf das Helmdach des Römers. Wäre dieses nicht aalglatt geschmiedet gewesen und der Stahl daher an ihm abgeglitten, der quiritische Jüngling hätte den ersten Gang des Kampfes nicht überstanden. Schweratmend hielt der Gallier einen Augenblick inne, um gleich darauf mit wilden Stößen gegen den Brustpanzer seines Gegners das Ringen wieder aufzunehmen. Doch da geschah ein Wunder! Vom Himmel herab flatterte ein Rabe und setzte sich auf die Helmzier des Römers. Der Barbar lachte wild auf und suchte den Vogel mit flachem Klingenschlag zu verscheuchen. Doch dieser gab eine wütende Antwort. Mit Schnabel und Krallen schlug und hackte er auf den Gallier ein, daß dem rohen Gesellen schwarz vor den Augen wurde. In seiner Benommenheit vermochte er einem furchtbaren Hieb des Römers nicht rechtzeitig auszuweichen. Mit aufgeschlitzter Rüstung wich der Gallier taumelnd zurück. Der kühne Vogel zeigte sich auch jetzt noch nicht befriedigt, flatterte abermals auf den Riesen zu und hackte ihm mit einem kräftigen Schnabelhieb ein Auge aus. Nun vermochte der Halbblinde dem Todesstoß nicht mehr zu entgehen. Der Rabe aber entflog mit Siegesgekrächze in die Lüfte.

Dieser wunderbare Sieg bildete für die Quiriten das Signal, sich auf den Feind zu stürzen und ihm eine vernichtende Niederlage beizubringen. Die Gallier verschwanden nun für lange Zeit aus dem Gesichtskreis der römischen Macht. Als sie dann viel später wieder einmal auftauchten, hatten sie für das gewaltig erstarkte Rom ihren Schrekken verloren. Markus Valerius erhielt den Beinamen »Korvus«, was so viel bedeutete wie »der Rabe«. Korvus und Torquatus waren aber noch zu großen Aufgaben berufen.

MARKUS KURTIUS

In dem Jahr, als der junge Titus Manlius so tapfer für die Ehre seines Vaters eintrat, setzte ein grausiger Vorfall die Römer in Schrecken. Eines Tages sank die Hälfte des Forums in die Tiefe. Dort, wo sich sonst das Volk zu fröhlichem Treiben oder die Staatsmänner zu ernstem Geschäft zu versammeln pflegten, gähnte jetzt ein furchtbarer Abgrund. Lähmendes Entsetzen ergriff die Bevölkerung. Mußte man das Geschehnis als Vorbote des Unterganges der ganzen Stadt deuten? Könnte der klaffende Schlund wieder geschlossen werden, dachten die Römer, so dürfe man hoffen, daß der Himmel es dennoch gnädig mit der Stadt des Gottes Quirinus meine. Mit fiebernder Hast gingen Männer und Frauen daran, das schwarze, unergründlich tiefe Loch mit Erde auszufüllen. In Körben und Wagen wurden ganze Berge von Kies und Sand, Ackerkrume und Steine herangebracht und in den Abgrund geschüttet. Doch alles war vergeblich. Das finstere Ungeheuer verschlang die gewaltigen Erdmassen und blieb dennoch bodenlos wie zuvor. Wollte etwa der Gott Vulkanus da unten eine neue Werkstatt errichten? Angst fiel über die Menschen, daß vielleicht noch Dampf und Flammen aus der Tiefe emporsteigen und alles Lebendige vernichten würden. In solcher Not wandten sich die Priester an die Götter und empfingen diesen Orakelspruch: »Will Rom sich vor dem Untergang schützen, dann muß es das Kostbarste, das es besitzt, dem Krater opfern.«

Neues Rätselraten setzte ein. Was durfte als kostbarster Besitz Roms betrachtet werden? Tage und Nächte berieten die Priesterkurien, die Konsuln und der Senat, ohne hinter den Sinn des Geheimnisses zu kommen. Da trat eines Tages ein Jüngling vor die Väter hin und sprach: »Was rätselt ihr herum, Ehrwürdige? Roms größter Schatz ist doch gewiß seine Tapferkeit. Diese muß in den Abgrund geschleudert werden – und die Tapferkeit, Väter, bin ich!«

Ein Raunen ging durch die Versammlung, und es erhoben sich Stimmen, die fragten: »Wie sollen wir begreifen, was du meinst? Wir haben noch nichts gehört von dir, Jüngling, und können daher nicht verstehen, mit welchem Recht du dich tapfer nennst.« Voll freudigen Mutes erwiderte der junge Römer: »Mein Name ist Markus Kurtius. Ich focht schon in mancherlei Schlacht, aber ich konnte nicht tapferer sein als die vielen Tapfersten; nun aber darf ich euch zeigen, wie ich es meine.« Damit schritt er zu seinem abseits angepflockten Pferd und ließ sich eine goldschimmernde Rüstung reichen. Diese schnallte er um, warf sich auf den Rücken des Hengstes und sprengte vor den Augen der Väter und einer vieltausendköpfigen Menschenmenge an den Rand des Abgrunds. Dort hielt er an und rief. »Ihr allmächtigen Götter, nehmt Markus Kurtius als Abbild höchster römischer Tugend zum Opfer an. Gnade und Heil der ewigen Mutter Rom!«

Nachdem der Jüngling so gesprochen hatte, spornte er das Pferd und stürzte sich in den gähnenden Krater. Ein Entsetzensschrei gellte über den Platz. Die Menschen drängten zum Schlund hin. Mit Tränen in den Augen warfen Frauen und Mädchen, Kinder und Greise Blumen in die Tiefe, die zum Grab des Helden geworden war. Und siehe, ein Wunder begab sich da. Die Römer hörten aus dem Abgrund ein Brausen und Rauschen dringen, das wie die Stimmen der Najaden und Nymphen klang. Schließlich konnten sie sehen, wie sich der Schlund mit Wasser zu füllen begann. Langsam stieg die silberne Säule höher, und zugleich verengte sich das gähnende Loch. Da die Flut schließlich den Rand der Kluft erreichte, hatte sich diese so zusammengeschoben, daß ein Wasserbecken, nicht größer als ein Brunnen, übrigblieb. Heute noch sieht der Wanderer den »Lakus Kurtius«, den »Kurtischen See«, auf dem Forum. Ein dreieckiger Platz mit einer Brunneneinfassung aus grauem Tuffstein bezeichnet die Stelle, die durch den Opfertod des Markus Kurtius geheiligt ist.

DIE SAMNITER

Nach der Vertreibung der Gallier erstreckte sich der Machtbereich Roms zunächst auf die engere Umgebung der Stadt diesseits des Tiber. Jenseits des Stromes gehörten die südetrurischen Länder, einst der Besitz von Veji und Falerii, zu Rom. Die klugen Eroberer nahmen das Land fest in die Hand. Sie bauten Straßen, errichteten ein Netz gut gesicherter Stützpunkte und zogen dann ihre Siedler nach. In einem kurzen, aber mit großer Leidenschaft geführten Krieg fiel mit Tarquinii eine weitere Säule des etrurischen Reiches unter die Botmäßigkeit der Tiberstadt. Auch im Süden gelang dieser bald eine wichtige Bereinigung der Grenze. Die Volsker, geschwächt durch die vielen Kämpfe mit ihren Nachbarn und bedrängt von den in den ostwärts gelegenen Bergen siedelnden Samnitern, mußten große Teile ihres Landes den Römern überlassen. Damit kamen diese zum erstenmal in Berührung mit dem stolzen samnitischen Bergvolk.

Wir hörten schon früher, daß die Samniter immer tiefer in die Abruzzentäler hineinwanderten. Als sich die Sippen zu sehr vermehrten, brauchten sie neues Land. So lösten sich einzelne Schwärme aus ihrem Volksverband und drangen in die fruchtbare Kampania ein, jenes dreimal im Jahr Ernte spendende Gebiet nord- und südwärts der Griechensiedlung Neapel. Die in die Ebene hinabgestiegenen Samniter eroberten die alte tuskische Kolonie Kapua, den Mittelpunkt Kampaniens. Doch war Kapua eine wüstem Wohlleben verfallene Stadt und verdarb bald die Sitten seiner Eroberer. Samniter und tuskische Kolonisten vermischten sich zu einem neuen Volk, den Kampanern.

Ein Jahrhundert war über dem ersten Auftauchen der Samniter in Kampanien und ihrer Vermengung mit den Etruskern dahingegangen, als sich plötzlich neue Samniterschwärme in Bewegung setzten und in dieses Paradies der Fruchtbarkeit hinabstießen. Die Kampaner hatten ihre Abstammung von den Samnitern schon längst vergessen und setzten sich gegen die Eindringlinge aus den Bergen zur Wehr. Doch sahen die verweichlichten Kampaner bald ein, daß ihre Kraft nicht ausreichte, den genügsamen und harten Bergmenschen auf die Dauer erfolgreich Widerstand leisten zu können.

Der Ruf Roms drang zu dieser Zeit schon über ganz Italien, und so entschlossen sich die Kampaner, bei der Siebenhügelstadt um Hilfe zu bitten. Der Senat konnte sich aber nicht so ohneweiteres bereitfinden, einen Krieg mit Samnium heraufzubeschwören, und gebrauchte zunächst die Ausflucht, daß Rom keinen fremden Städten, sondern nur eigenen Bürgern Unterstützung zu leihen gedenke.

Da warfen sich die Gesandten zu Boden und flehten, das mächtige Rom möge Kapua unter seine Fittiche nehmen und als sein Eigentum betrachten. Noch immer aber zögerten die Väter, und einer von ihnen sagte: »Sie denken, daß Rom weit ist und sie in ihren Schlemmereien nicht stören wird. Doch sollen wir wirklich dafür zu Felde ziehen, daß sie weiter mit Muscheln und Schnecken, Pastetchen und Trüffeln ihre Gaumen kitzeln? Sollen wir mit den Tuben der Legionen die Tafelmusik machen und ihren Frauen zum Tanz aufspielen?« Ein andrer warf dagegen ein: »Wenn wir der quiritischen Sendung treu bleiben wollen, dürfen wir niemandem wehren, freiwillig unser Untertan zu werden. Römer sein, heißt, der Welt die römischen Gesetze, Gesittung und Frieden zu geben.« Diese Mahnung wirkte. Kapua wurde der römischen Oberhoheit unterstellt.

Der Senat sandte Boten nach Samnium und forderte die Einstellung der Feindseligkeiten. Die Samniter empfingen Roms Gesandte freundlich, als sie aber ihre Herausforderung hörten, gerieten sie in Harnisch und erklärten den Quiriten den Krieg. Sie seien stark genug, den Kampf mit Römern und Kampanern aufzunehmen und siegreich zu Ende zu führen.

So begann der furchtbare Waffengang, der in drei schrecklichen Kriegen den italischen Boden verheerte.

PUBLIUS DECIUS MUS

Die trotzige Antwort von den Bergen Samniums fand ebenso trotzigen Widerhall in den Mauern Roms. Ohne Säumen wurde zum Krieg gerüstet, und bald darauf zogen zwei Heere gen Süden, eins unter dem ruhmreichen Konsul Valerius Korvus, das andere unter Führung des Feldherrn Kornelius Kossus. Letzterer begab sich nach Samnium, um den Feind in seinem eigenen Lande anzugreifen, Valerius hingegen wandte sich nach dem bedrohten Kampanien und bezog ein Lager am Gebirge Gaurus, nicht fern von der Stadt Kumä. Ihm sollte die Ehre des ersten Kampfes zuteil werden; denn schon nahte das feindliche Heer; davon zeugten die hochaufwirbelnden Staubwolken gen Sonnenaufgang.

»Seht ihr die Bergklimmer und Ziegenhirten Samniums heranrücken?« fragte Valerius mit lachendem Spott seine Soldaten. »Wahrlich, ihre Helme und Schilde glänzen von Silber und Gold, und sie reiten und schreiten so stolz, als wären sie schon die Herren Italiens. Und doch weiß ich von keinen großen Heldentaten, die sie vollbracht hätten; glauben denn die Toren, sie vermöchten ein Heer zu besiegen, das die Sabiner, Etrusker, Latiner, Volsker, Herniker, Äquer und Gallier niedergeworfen hat? Wie dünkt euch ihre Prahlsucht, meine Braven?«

Da schüttelten die tapfern Soldaten mit kühn blitzenden Augen ihre Lanzen und riefen kampfesmutig: »Ha! Sie sollen heute römische Hiebe kennenlernen, die vermessenen samnitischen Ziegenmelker! Sie sollen alsbald erfahren, daß die Söhne Roms aus härterem Holz geschnitzt sind als die Jünglinge Kampaniens!«

Valerius nickte stolz und froh. Kein anderer Feldherr Roms stand mit seinen Soldaten auf so vertrautem Fuß, keiner wurde von ihnen so geliebt und verehrt wie er. Dieser tapfere, ruhmbekränzte Patrizier kannte keine Überhebung, keinen verletzenden Stolz; heitern Sinnes teilte er mit seinen Leuten alle Leiden und Freuden des Krieges, nahm teil an allen soldatischen Spielen und erachtete es als keinen Abbruch seiner Würde, wenn er von einem wackern Gegner besiegt wurde. So von Herzen freundlich und milde, übertraf ihn doch niemand an Treue im Amt und Kühnheit im Kampf. Daher grenzte die feurige Regsamkeit und Tatlust, mit der die Legionen auf den Ruf dieses Feldherrn in die Schlacht gingen, ans Unglaubliche. –

Das Treffen hub an, und siehe: die verspotteten Krieger von den Bergen Samniums zeigten sich als waffengeübte, unerschrockene, tapfere Kämpfer! So heldenhaft die römische Linie auch focht, ein Vordringen hier, ein Zurückweichen dort war nirgends zu bemerken. So stand die Schlacht lange auf demselben Fleck; es war ein heißes, blutiges, schier hoffnungsloses Ringen.

Da ließ Valerius die Reiterei ins Vordertreffen sprengen, und frisch und scharf hieben die wackern Rossetummler auf die Feinde ein. Aber die feindliche Linie wankte nicht; Lanzenstiche und Schwerthiebe schreckten die Pferde; sie bäumten sich empor, überschlugen sich, warfen die Reiter ab und rannten schnaubend und wiehernd auf dem engen Raum wild durcheinander.

Alles das sah der Feldherr, und mit weithin schallender Stimme befahl er den Geschwadern, den Platz in der Mitte zu räumen und nach rechts und links zu reiten und die Flügel der Linie einzunehmen. Dann sprang er vor den Augen seiner Legionen vom Pferde, zog sein Schwert und rief: »Soldaten, dies Stück Arbeit war uns Fußkämpfern vorbehalten. Auf! Folgt mir gegen den Feind! Wie ihr seht, daß ich dreinschlage und mir mit dem Schwert Bahn breche, so tut auch ihr! Dort, wo ihr die emporstarrenden feindlichen Lanzen blinken seht, finden unsere Klingen reiche Ernte. Drauf, meine Freunde!«

Markus Korvus stürmte allen voran wider die feindliche Linie vor. Ihm nach folgten seine Legionen, und von neuem hub ein heißes Ringen an. Mit seinem Schwerte schuf sich der Feldherr eine Gasse in den dichtesten Haufen der Feinde, und dem Beispiel ihres tapfern Führers folgten seine Braven: wie Halme unter den Sicheln der Schnitter fielen die vordersten Reihen der Samniter; in die Lücken aber sprangen die Hintermänner und leisteten hartnäckigsten Widerstand; schon neigte sich die Sonne zum Untergange, und noch immer standen die verspotteten Ziegenhirten fest wie eherne Mauern. Da steigerte sich der Grimm der römischen Kämpfer bis zu flammender Wut; wie die Löwen stürmten sie vorwärts, schlugen alles vor sich nieder und trieben die feindlichen Haufen in die Flucht. Bis in die Berge verfolgten sie den Feind und versprengten die Fliehenden in alle Winde. Erst die Dunkelheit der Nacht machte der wilden Jagd ein Ende. Als der siegreiche Feldherr später gefangene Samniter nach der Ursache ihrer Flucht fragte, antworteten die Leute: »Herr, wir sahen Feuerflammen aus den Augen deiner Streiter sprühen. Wir glaubten nicht mehr gegen Menschen zu fechten. Das setzte uns so in Furcht und Schrecken, daß wir davonliefen.«

Kampanien war vom Feinde befreit, und mit Jubel wurden die Sieger überall in den Städten des reichen Landes begrüßt.

Während so auf dem einen Kriegsschauplatz den Legionen ein voller Erfolg zuteil wurde, entging auf dem anderen das zweite römische Heer nur durch die Tapferkeit und Umsicht eines einzigen Mannes einer furchtbaren Niederlage. Als die Legionen schon tief in Samnium bei der Ortschaft Satikula durch ein Waldtal vorrückten, sahen sie plötzlich den Weg gesperrt. Ein Hagel von Wurfgeschossen schlug den Spitzenmanipeln entgegen. Zugleich tauchten auf den Hügeln zu beiden Seiten der Vormarschstraße, dann aber auch im Rücken der Römer samnitische Abteilungen auf, die mit Baumstämmen, Felsbrocken, ja sogar Erzstücken den wütenden Kampf eröffneten. Ein Durcheinander von sich widersprechenden Befehlen machte die Legionen völlig kopflos. »Zurück!« riefen hier die Zenturionen, dort schrie ein Kriegstribun »Vorwärts!« wieder andere Unterführer suchten nach den Flanken hin Luft zu bekommen, und inzwischen rissen die Wurfgeschosse schwere Lücken in die Reihen der Quiriten. In diesem Chaos behielt nur der Kriegstribun Publius

Decius Mus seine fünf Sinne beisammen. Einen Hang aufwärts klimmend, erkundete er sorgfältig das Gelände. Und wirklich entdeckte er eine vom Feind unbesetzte Höhe, die nach seinem erfahrenen Urteil das Gelände zu beherrschen schien. Er eilte in den Hexenkessel des Waldtales zurück und wandte sich an seinen Feldherrn: »Gib mir eine Kohorte ›principes‹ (*Schwerbewaffnete*) und eine Kohorte ›hastati‹ (*Speerträger*). Mit diesen will ich jene Bergkuppe dort besteigen und auf diese Weise die Hauptmacht des Feindes an mich ziehen. Während ich euren Rückzug decke, magst du die Legionen aus dieser Falle heraus in unser verlassenes Lager von gestern nacht führen.«

Dieser Plan wurde unverzüglich ausgeführt. Kaum hatte Decius Mus die beherrschende Höhe erreicht, erkannten die Samniter die ihnen drohende Gefahr und umzingelten den Berg. Ein erster Versuch, seine Kuppe im Sturm zu nehmen, scheiterte am tapferen Widerstand der beiden Kohorten. Indes erreichten die Legionen den am Eingang der Schlucht gelegenen Wiesenplan, den sie am Morgen dieses heißen Tages verlassen hatten. Endlich brach die Nacht herein und beendete das blutige Ringen.

Decius Mus aber beschloß, sich durch die feindlichen Linien hindurchzuschleichen und wieder zum Hauptheer zu stoßen. Er baute darauf, daß die Samniter mit dem Einsetzen der Dunkelheit sich zur Ruhe legen würden, denn außer den Römern sicherte kein italisches Volk ein Kriegslager während der Nacht.

Die Rechnung ging auf. Nach dem Gelingen des Unternehmens trat Decius Mus dafür ein, allsogleich aufzubrechen, um beim Morgengrauen die locker um den Berg verteilten Samniter anzugreifen. Und so geschah es. Die aufgehende Sonne leuchtete über ein Morden ohnegleichen. Die verwirrten, schlaftrunkenen Männer aus den Bergen sanken reihenweise unter dem erbarmungslosen Schwert aus Rom. Die Waldtäler hallten schaurig wider von dem Geschrei der zu Tode Getroffenen, von den wilden Kampfrufen der Quiriten, von dem Krachen des Erzes, das wider Erz schlug. Dreißigtausend Tote bedeckten das Schlachtfeld, auf dem der Oberbefehlshaber sogleich nach Beendigung des Kampfes dem tapferen Decius Mus den goldenen Lorbeerkranz aufs Haupt drückte. Später bekam er noch hundert Rinder und einen weißen Stier mit vergoldeten Hörnern. Auch die Männer seiner beiden Kohorten wurden reich belohnt: jeder erhielt einen Stier, das doppelte Maß an Getreide und zwei wollene Röcke. Beim Triumphzug in Rom durften sie die grünen Graskränze als Ordenszeichen tragen.

Doch damit war das Ringen mit Samnium noch nicht zu Ende. Es bedurfte erst einer dritten Schlacht, um die kühnen Bewohner des Gebirgs für einen Frieden reif zu machen. Diese wurde nach Vereinigung der Heere der beiden Konsuln bei Suessula geschlagen. Hierüber berichtet die Sage nur, daß die Samniter, durch Hunger gezwungen, ihr Lager verließen und dadurch in einen römischen Hinterhalt gerieten. Nach einer mörderischen Schlacht bedeckten vierzigtausend Schilde gefallener oder geflüchteter Samniter und einhundertsiebzig Feldzeichen die Walstatt. Nun konnte endlich Frieden geschlossen werden.

Die siegreichen Feldherren erlebten in ihrer Heimat einen herrlichen Triumph. Von ihren Mitbürgern stürmisch gefeiert, zogen sie auf der Siegesstraße in Rom ein. Hinter ihnen schritt der Kriegstribun Decius Mus. An diese drei reihte sich der endlose Zug der Legionäre, Waffen schwenkend und Siegeslieder singend.

Die Welt aber horchte auf. Viele Völker hörten damals den Namen Rom zum erstenmal. Sie sandten Glückwünsche und Ehrengeschenke von weither. Sogar aus Afrika kam eine Gesandtschaft und legte namens des Senats von Karthago einen goldenen Kranz im Jupitertempel nieder. Ahnten die dunkelhäutigen Söhne der phönizischen Pflanzstadt, daß ihre Nachkommen dereinst die gleichen Straßen in Ketten würden durchschreiten müssen? Preis sei den Göttern dafür, daß sie die Zukunft in Dunkelheit hüllen!

TITUS QUINKTIUS

Eine halb ernste, halb heitere Episode reihte sich an den ersten samnitischen Krieg. Die in Kapua verbliebene Besatzung lernte bald die Feste der Kampanier schätzen. Als ruchbar wurde, daß sie abgelöst werden sollte, fiel der Abschied den Quiriten schwer auf die Seele. So verabredeten sie insgeheim, von hier nicht mehr fortzugehen und die Unabhängigkeit der Stadt auszurufen.

Den Konsuln kam dies zu Ohren, doch gedachten sie nicht viel Aufhebens von der Sache zu machen, sondern diese vielmehr mit leichter Hand zu bereinigen. Sie begaben sich also nach Kapua und versammelten die Offiziere um sich. Dann sprachen die Konsuln: »Ihr Tapferen zeigt noch immer die deutlichen Spuren von Ermüdung aus den großen Schlachten. Rom kann es nicht verantworten, euch noch weiter in so einem schweren Dienst, wie ihr in Kapua zu leisten habt, zu belassen. Darum sei euch allen Heimaturlaub gewährt. Ihr dürft sofort abreisen, eure Soldaten aber sollen folgen, wenn Ersatz eingetroffen ist.« Die Offiziere empfanden den Spott, der in diesen Worten steckte, sehr peinlich, aber da ihre Verschwörung noch nicht über den Anfang hinaus gediehen war, besaßen sie keine andre Wahl, als gute Miene zum bösen Spiel zu machen.

So blieben also die Mannschaften ohne Führung in Kapua zurück. Da sagte eines Tages ein Legionär: »Die Stunde, in der auch wir von hier Abschied nehmen müssen, rückt immer näher. Ich halte es für das beste, unseren alten Plan zu verwirklichen.« Doch die Kameraden erwiderten: »Wenn es uns schon gelingt, die Herrschaft in Kapua zu übernehmen, so sind wir doch gewiß nicht imstande, sie ohne Führer auch zu behaupten. Denn du kannst dich darauf verlassen, daß uns die Strafe der Konsuln sehr bald ereilen wird.« Der schlaue Quirite antwortete: »Ihr habt sicher recht, meine Freunde. Doch will ich euch einen Ausweg vorschlagen. Fern von Rom lebt auf einem kleinen Landgut bei Tuskulum ein trefflicher alter Invalide. Einst führte er als Kriegstribun eine Legion, bis er einmal in einem Feldzug gegen die Gallier so schwer verwundet wurde, daß davon sein rechtes Bein gelähmt blieb. Nun mußte er seinen Abschied nehmen und pflegt seither der Ruhe und der Erinnerung an seinen Ruhm. Ihn, Titus Quinktius mit Namen, wollen wir bitten, unser Führer zu sein.« Abermals meldeten sich Zweifler, die zu bedenken gaben, daß der invalide Offizier sich wohl kaum dazu hergeben würde, an die Spitze einer Rotte von Meuterern zu treten. Doch der Legionär, von dem der tolle Vorschlag ausgegangen war, verstand alle Bedenken zu beschwichtigen, indem er mit dem Brustton der Überzeugung sagte: »Laßt mich nur machen. Wenn sich mir noch einige Kameraden anschließen, dann bringe ich euch nach zehn Tagen Titus Quinktius als euren Anführer hieher.«

Nunmehr fand der Plan allseitige Zustimmung, und eine Abordnung der Meuterer begab sich sofort zum Landsitz des Veteranen bei Tuskulum. Sie umstellten das Haus und pochten dann den ehemaligen Kriegstribunen aus dem Schlaf. Als er, verwundert über die Störung, aus seiner Haustür trat, fielen die Legionäre über ihn her und eröffneten ihm, daß er nur die Wahl besitze, an die Spitze der Verschwörer von Kapua zu treten oder zu sterben. Weil diese Begebenheit so sehr an jene erinnert, da die schwäbischen Bauern dem Ritter mit der eisernen Hand auf Burg Jagsthausen ihr »Sei unser Feldobrist oder sei des Todes« entgegenschleuderten, gewöhnte sich die deutsche Geschichtsschreibung an, Titus Quinktius den »römischen Götz von Berlichingen« zu nennen.

Der Befehlshaber wider Willen zog also mit seinen Soldaten nach Kapua. Titus Quinktius hatte bei jenem Überfall den Männern versprochen, sie gegen Rom zu führen, um bei den Konsuln zu erwirken, daß sie als dauernde Besatzung in Kapua belassen würden. Wenn ein so alter Veteran sein Offizierswort gibt, dann hält er es. Und alsbald setzte sich der ganze Haufe der Meuterer unter dem Kommando von Titus Quinktius nach der Siebenhügelstadt in Marsch. Die Konsuln beriefen bei der Kunde von dem Nahen der Verräter einen starken Truppenverband unter die Fahnen und sperrten ihnen den Weiterweg. Doch da sie um den inneren Zwiespalt des Veteranen wußten und um die Treue des alten Mannes, dem ein gegebenes Versprechen heilig war, beschlossen sie, so zu tun, als ob sie den ganzen Aufmarsch mißverständen. Wie die beiden Heere nun in Schlachtordnung einander gegenüberstanden, riefen die Konsuln Titus Quinktius vor die Reihen seiner Krieger und sagten: »Wir wissen, daß deine Männer weiter am Feind bleiben und nicht nach Hause zurückkehren wollen. Aber da wir mit Samnium Frieden geschlossen haben, gibt es für lange Zeit keinen Feind mehr. Um ihren guten Willen anzuerkennen, sollen deine Männer den doppelten Sold erhalten, denn in der Tat, die Löhnung der Legionäre ist zu schlecht.«

Tränen stürzten da Titus Quinktius aus den Augen, aber auch die ungetreuen Soldaten waren tief gerührt, als sie die Rede der Konsuln vernahmen. »Oh«, so riefen sie, »wie töricht war es doch, uns von der großmütigen Mutter Roma trennen zu wollen.«

Und anders als die traurige Geschichte vom Ritter Gottfried mit der eisernen Hand* endete die seines römischen Vorläufers. Die Legionäre der Konsuln und die Männer des Titus Quinktius fielen

* Ritter Gottfried mit der eisernen Hand = Götz von Berlichingen.

sich gegenseitig in die Arme und weinten vor Glück, daß alles so gut ausgegangen war. Ganz Rom aber freute sich über das gelungene Satyrspiel, das dem blutigen Ernst des Krieges mit Samnium folgte, und dankte insgeheim den klugen Konsuln, die mit Feingefühl und Humor tapferen Soldaten den Henker erspart hatten.

DER LATINISCHE KRIEG

Nicht immer freilich ging ein Aufstand im römischen Heer so harmlos aus wie bei dem Zwischenfall mit der Besatzung von Kapua. Die Tragödie des Titus Manlius spricht eine andere, erschütternde Sprache. Bald nach dem ersten samnitischen Krieg sah sich Rom in einen neuerlichen Waffengang verwickelt. Dieser entstand aus dem letzten Versuch der latinischen Gemeinden, wenigstens nach außen hin ihre Unabhängigkeit zu erhalten, und wird daher der »latinische Krieg« genannt.

Den Oberbefehl führten die Konsuln Publius Decius Mus, der Held von Satikula, und Titus Manlius Torquatus, der einst den Beleidiger seines Vaters getötet hatte. Sie rückten in Eilmärschen durch Kampanien vor und trafen am Fuße des Vesuv auf den Feind. Die Feldherren befahlen dort den Legionen, Schanzen auszuheben und ein Lager zu errichten.

Der Sohn des Konsuls Titus Manlius, der den gleichen Namen wie sein Vater trug, kommandierte im Heer eine kleine Reiterabteilung. Häufig wurde er ausgeschickt, teils um die Gegend zu erkunden, teils um den Feind zu beunruhigen. Dabei erinnerten ihn die Feldherren an das uralte Gebot, nach dem Einzelkämpfe ohne Erlaubnis des Befehlhabers nicht ausgetragen werden durften. Im latinischen Krieg war es den Konsuln um die peinlichste Befolgung dieser Anordnung besonders zu tun, weil zwischen Latinern und Römern viele verwandtschaftliche Bande bestanden. Man wollte die künftigen Beziehungen der Siebenhügelstadt zu seinen engsten Nachbarn nicht durch Haß und Blutrache belasten.

Schaudervoll verschlang nun die furchtbare Schicksalsgöttin die Fäden: der Sohn eben jenes Mannes, der einst seinem Vater den höchsten Gehorsam erwiesen hatte, verging sich gegen die Anordnung der Konsuln, die für ihn gleichzeitig auch einen väterlichen

Befehl darstellte. Bei einem Erkundungsritt stieß der jüngere Titus Manlius auf einen tuskulanischen Reiterposten, dessen Anführer aus einem edlen Geschlecht stammte. Dieser rief dem Römer höhnisch zu: »Seit Tagen schon lachen wir Latiner darüber, wie uns die quiritischen Späher aus dem Weg gehen. Gewiß erinnern sie sich noch an den Regilus-See, wo wir Latiner die Römer besiegten.« Titus Manlius' Zornader schwoll: »Halte deinen losen Mund. Wir meiden einen Zusammenstoß mit euch nicht aus Furcht, sondern kraft eines Befehls.« Der Latiner versetzte spöttisch: »Deine Ausreden, Titus Manlius, sind billig wie Brombeeren.«

Der römische Jüngling fragte erstaunt: »Wie, du kennst mich?«

Der Herausforderer entgegnete: »Gewiß – bis jetzt nannte man dich den kühnen Titus Manlius zum Unterschied von deinem Vater, dem ›Beketteten‹. Willst du in Zukunft der feige Titus Manlius heißen? Ich biete dir den Kampf an. Mein Geschlecht ist so alt wie die Stadt Tuskulum. Du wirst mit keinem Unwürdigen deine Klinge kreuzen.«

Die Furcht, als Feigling dazustehen, und die Erregung des Augenblicks rissen den unglückseligen Jüngling hin. Er senkte die Lanze zum Zeichen, daß er die Herausforderung annehme. Die übrigen Reiter bildeten einen Kreis um die Kämpfer. Das blutige Schauspiel konnte beginnen. Die Helden sprengten aufeinander zu. Titus Manlius' Speer traf auf den Helm seines Gegners und stieß ihn dem Mann vom Kopf. Der Latiner aber, der auf den Hals des feindlichen Pferdes gezielt hatte, stach vorbei. Nun schwenkten die Rosse herum, erneut brausten die beiden Kämpfer gegeneinander los. Beim zweiten Anritt stach der Römer seinen Herausforderer aus dem Sattel.

Mit der Rüstung des Gefallenen in den Händen trat Titus Manlius vor seinen Vater und rief: »Sieh, hier bringe ich dir eine stolze Trophäe. Wie du einst den riesigen Gallier auf der Aniobrücke fälltest, so habe ich heute im Zweikampf einen der vornehmsten Latiner erschlagen.« Doch der Feldherr wies seinen Sohn von sich: »Zwischen meiner Tat und der deinen besteht ein großer Unterschied. Mein Kampf geschah auf Befehl meines Feldherrn, deiner aus eigenem Antrieb.« Da fiel blitzartig der Siegesrausch von dem Jüngling ab. Jetzt erst kam ihm zu Bewußtsein, daß er das Gebot der Konsuln verletzt hatte.

Der Konsul befahl den Truppen, in Reih und Glied anzutreten, dann wandte er sich an seinen Sohn: »Du hast einen herrlichen Sieg erfochten, dafür gebührt dir der höchste Lohn.« Er winkte und ließ sich den Lorbeerkranz reichen, den er dem Jüngling ins Haar drückte. Und nun geschah das Schreckliche. Der Feldherr gab ein zweites Zeichen, und daraufhin ward im Angesicht des ganzen Heeres ein Pfahl in den Boden gerammt. Mit blitzendem Beil nahm davor der Henker Aufstellung. Die Tausende hielten den Atem an. Sie hätten herausschreien mögen in ihrer Herzensnot: »Halt ein, halt ein!« doch das eiserne Gesetz des Gehorsams preßte ihnen den Mund zu. Der Konsul Titus Manlius Torquatus fuhr fort: »Mit dem herrlichen Sieg, mein Sohn, hast du aber gleichzeitig das Gebot der Unterwerfung verletzt, das Rom groß werden ließ. So muß ich den Lorbeer in dein eigenes Blut tauchen. Damit magst du erfahren, daß nichts herrlicher ist als die Tat ohne Befehl, aber nichts bitterer als ihr Ende.«

Die Knechte ergriffen den Jüngling und banden ihn an dem Pfahl fest. Hochaufgerichtet stand er da, den Kopf an das Holz gelehnt. Sein Blick ging über die Kuppe des Feuerberges hinweg in die Bläue unendlicher Fernen. Mit unbarmherziger Gewalt traf der sausende Stahl sein Ziel. Titus Manlius' Seele stieg hinab zu den Manen der Unterwelt, sein Name jedoch flog zu den Sternen und leuchtet über die Zeiten.

Die jungen Krieger des Heeres warfen sich auf den Leib des Toten, bedeckten ihn mit Küssen und überhäuften ihn mit Blumen. Und später, als der eiserne Konsul seinen Triumphzug in Rom abhielt, weigerten sich diese Soldaten mitzumarschieren, und die ganze Jugend Roms verwünschte den Beketteten, solange er lebte.

Aber noch ein zweites Menschenopfer verlangten die Götter, ehe sie Rom das Recht zuerkannten, über die stammverwandten Latiner zu herrschen. Am Tage vor der Schlacht am Vesuv erschien dem Konsul Titus Manlius Torquatus und seinem Mitkonsul Publius Decius Mus das gleiche Traumgesicht. Ein überirdisches Wesen nahte sich den Schlummernden und verkündete ihnen, daß von den beiden einander gegenüberliegenden Heeren das eine zum Untergang bestimmt sei, während das andere nur den Oberbefehlshaber den dunklen Göttern des Schattenreichs zu weihen habe. Bei den Führern liege die Entscheidung der Schlacht: wer von ihnen sich selbst dem Tod weihe, der ziehe das feindliche Heer in den Strudel des Verderbens hinab und sichere so seinem Vaterland den Sieg.

Die Konsuln riefen die Priester, und diese erklärten, daß der Befehlshaber des linken Flügels durch seinen Tod die Göttin Viktoria an die Seite der Quiriten zu rufen vermöge. Den linken Flügel aber sollte nach dem schon aufgestellten Schlachtplan Publius Decius Mus kommandieren.

Kein Zweifel konnte darüber bestehen; der Himmel forderte die Seele des Mannes, an dessen Namen sich der Sieg des zweiten römischen Heeres im Samniterkrieg knüpfte. Der Tapfere zögerte auch nicht, den Überirdischen zu gehorchen. Bevor die Schlacht begann, sprach er über einem Speer die Todesformel: »Janus, Jupiter, Vater Mars und geliebter Quirinus, vor euch weihe ich mich der Mutter Erde und der Unterwelt. Nicht mehr als ein Irdischer soll ich unter meinen Soldaten kämpfen, sondern als ein furchterregendes Wesen aus dem Schattenreich. Von jetzt ab bin ich ein Abgeschiedener, ein den Lemuren Geweihter. Schaufelt mir an dieser Stelle das Grab, in das ihr mich nach der Schlacht im Angesicht des Berges und des fernher glänzenden Meeres legen sollt.«

Und wirklich, von diesem Augenblick an wirkte der Feldherr auf die Feinde wie der Geist des Verderbens. Da die Tuben schmetternd den Beginn der Schlacht anzeigten und Publius Decius Mus an der Spitze seiner Legionen sich auf die Latiner stürzte, wichen diese zurück, als würden ihr Mut und Heldensinn von einer grauenhaften, unerklärlichen Furcht gelähmt. Nicht einmal die Offiziere vermochten sich dem Bann zu entziehen. Nur eine Reihe von kampanischen Bogenschützen, die weitab am Hang des Vesuv aufgestellt und dadurch der geisterhaften Ausstrahlung des Todgeweihten entzogen waren, schnellten ohne Unterlaß das Verderben von den gespannten Sehnen. Rom erfocht an diesem Tag einen glänzenden Sieg. Die Leiche des Decius Mus fand man am nächsten Morgen, mit Pfeilen durchsiebt, unter einem Hügel latinischer Gefallener.

Die Reste des latinischen Heeres zogen sich fluchtartig zurück. Konsul Titus Manlius erreichte sie nach rastloser Verfolgung bei Suessula, ebendort, wo schon im ersten samnitischen Krieg die

Legionsadler triumphierend über die Stätte erschlagener sabellischer Jugendkraft emporgestiegen waren. Zu den alten Gräbern gesellten sich neue Hügel, denn nur wenige Latiner sahen die Heimat wieder.

Die Schlacht bei Suessula beendete den Krieg auf offenem Felde zwischen Rom und Latium. Nur in einzelnen Städten noch wurde Widerstand geleistet. Bei den meisten von ihnen gelang es der Verhandlungskunst der Konsuln, sie von der Aussichtslosigkeit ihres Kampfes zu überzeugen und sie durch Verträge zum Niederlegen der Waffen zu bewegen. So gelangten rasch hintereinander Gabii, Präneste und Tuskulum in römische Hand. Antium, die Hauptstadt des Volskerlandes, stritt dagegen bis zum bitteren Ende.

LUCIUS PAPIRIUS KURSOR UND QUINTUS FABIUS RULLIANUS

Der Friede mit den Samnitern währte nicht lange; das trotzige, kraftvolle Bergvolk erhob sich bald wieder von seiner Niederlage, und Rom sah sich genötigt, von neuem ein Heer wider diesen hartnäckigen Feind auszurüsten. Feldherr in diesem Kriegszuge war der Diktator Lucius Papirius Kursor, sein Unterfeldherr Quintus Fabius Rullianus.

Papirius war ein Mann vom Schlag des großen Gallierbezwingers Furius Kamillus, ebenso ausgezeichnet durch festen Willen, Geisteskraft und Heldenmut wie durch Körperstärke. Er war außerordentlich schnell zu Fuß, was ihm auch seinen Zunamen *Kursor*, Läufer, eingebracht hatte; nicht einer seiner Zeitgenossen soll ihn im Laufen übertroffen haben. Sein Körper war wie von Eisen, nicht leicht konnte ihn eine Anstrengung ermüden, keine Arbeit war ihm zu schwer; daher mutete er auch seinen Untergebenen sehr viel zu, und die Soldaten hatten unter ihm einen schweren Dienst. Vor allerm forderte er unbedingten Gehorsam, und wehe, wer seinen Befehl nicht genau befolgte!

Beliebter bei den Legionen war der Unterfeldherr Quintus Fabius. Er war der Sproß jenes glorreichen Fabiergeschlechts, das im freiwilligen Kampf für das Vaterland den Heldentod gestorben war. Zwischen ihm und seinem strengen Vorgesetzten sollte es in diesem

Kriege zu einem Zerwürfnis kommen, das ganz Rom in die größte Aufregung versetzte.

Als das Heer bereits in Samnium eingerückt war und dort ein festes Lager bezogen hatte, mußte der Oberfeldherr auf kurze Zeit nach Rom zurückkehren, weil man glaubte, daß bei seiner Wahl zum Diktator ein Fehler begangen worden sei und die Götter deshalb zürnten. Vor seinem Weggang gab er Fabius den Befehl, im Lager zu verbleiben und unter keinen Umständen den Feind anzugreifen, es sei denn, daß die Samniter sein Lager stürmten.

Nun erfuhr Fabius durch Kundschafter, daß jetzt das feindliche Heer sich in einer Stellung befinde, wo er es leicht überwinden könne, und durch die gewisse Aussicht auf Sieg und Ruhm ließ er sich verlocken, das Lager zu verlassen, gegen den Feind zu marschieren und ihn anzugreifen. Das Glück war ihm hold: im ersten Ansturm warf er die samnitische Schlachtordnung über den Haufen, und seine Reitergeschwader hieben so wacker drein, daß zwanzigtausend Feinde unter ihren Streichen fielen, die andern aber in wildester Flucht auseinanderstoben. Die ungeheure Menge der erbeuteten Waffen ließ Fabius zuhauf tragen und durch Feuer vernichten; darauf schrieb er einen Siegesbericht an den Senat und sandte ihn durch schnelle Boten nach Rom.

Der Diktator Papirius hatte gerade den Senat zu einer Beratung berufen, als der Brief seines Unterfeldherrn ankam. Auf der Stelle beurlaubte er die Versammlung, stürmte zum Rathaus hinaus und murmelte zornerfüllt: »Wehe dir, Quintus Fabius! Dein Ungehorsam gegen meinen Befehl soll dir teuer zu stehen kommen. Was gilt mir dein Sieg, da du dich wider die soldatische Zucht vergangen hast? Bliebest du unbestraft, so fände dein schlimmes Beispiel wohl bald Nachahmung, und Rom wäre unrettbar verloren.«

Ohne Säumen rüstete sich der grimme Löwe zur Rückkehr auf den Kriegsschauplatz. Doch die Freunde des unglückseligen Fabius waren rascher als er: auf windschnellen Rossen jagten sie nach Samnium, um den Bedrohten vor dem heraufziehenden Ungewitter zu warnen.

Fabius erschrak; was sollte er beginnen, um sich vor der Wut des gewaltigen Mannes, der als Diktator Macht über Leben und Tod besaß, zu schützen? – Von einem Fehler verfiel er in den andern: in seiner Not berief er das Heer zusammen, berichtete, was ihm drohte, und bat und beschwor die Legionen, die er zum Siege geführt hatte, ihn vor der Grausamkeit des Diktators in Schutz zu nehmen.

Da schlugen die Soldaten auf ihre Schilde und riefen: »Fürchte dich nicht, Quintus Fabius! Solange es noch römische Legionen gibt, soll niemand wagen, Hand an dich zu legen!«

Bald darauf kam der Oberfeldherr im Lager an, ließ die Trompete blasen, durch den Herold Ruhe gebieten, setzte sich, von den Rutenbündeltragenden Liktoren umgeben, auf den Richterstuhl und forderte durch den Mund des Herolds Quintus Fabius vor sein Angesicht. Wer hätte es wagen dürfen, dem gewaltigen Mann in der Ausführung seines Amtes hindernd entgegenzutreten? Solche Kühnheit besaß nicht einer von den vielen Tausenden, die in atemloser Stille umherstanden. In edler Haltung trat der Sohn eines glorreichen Heldengeschlechts und selbst ein sieggekrönter Held vor die Schranken. Sein Antlitz war bleich, aber sein Auge richtete sich fest und ruhig auf den gestrengen Richter.

»Quintus Fabius«, hub der Diktator mit erzwungener Ruhe an, »hatte ich dir nicht verboten, dich mit dem Feind in einen Kampf einzulassen? Auf diese Frage antworte mir, außerdem aber laß dir kein Wort entschlüpfen!«

Fabius erwiderte, er habe den Feind geschlagen, und man könne ihm wohl das Leben nehmen, nimmermehr aber die Ehre seiner Tat.

»Herbei, ihr Häscher!« rief da Papirius in aufflammender Wut. »Reißt dem Schuldigen die Kleider vom Leib und peitscht ihn mit Ruten!«

Die Schergen traten herzu, um den Befehl zu vollziehen. Fabius aber entwand sich ihren Händen, rief die Hilfe der Legionen an und flüchtete in ihren Schutz. Zugleich erhob sich ein Murren des Unwillens in den Reihen der Krieger, das immer mehr anschwoll, wie das Brausen der Wogen, wenn ein Sturm über das Meer fährt. Die Offiziere erhoben ihre Hände und flehten den Diktator an, Gnade walten zu lassen und mit seinem Führer nicht das ganze Heer für schuldig zu erklären. Andere mahnten die Sache bis zum nächsten Tage ruhen zu lassen; es sei nicht gut, im Zorn ein Urteil über Leben und Tod zu sprechen; des Fabius jugendliches Ungestüm sei ohnehin schon hart genug bestraft, habe sich doch die Siegesfreude in Leid und Angst verwandelt.

Allein der eiserne Mann blieb unerschütterlich; auch durch das drohende Gebaren und das Geschrei der Legionen ließ er sich nicht schrecken, sondern gab dem Herold Befehl, Ruhe zu gebieten. Aber das Getöse verstummte nicht, es steigerte sich nur immer mehr, so daß zuletzt der Diktator seine eigene Stimme nicht mehr hören konnte.

So brach die Nacht herein, und da Fabius fürchtete, daß die Soldaten ihn vor der Wut des grimmen Mannes nicht würden schützen können, verließ er auf geheimen Wegen das Lager und entwich nach Rom.

Als am folgenden Tage seine Flucht bekannt wurde, warf sich Papirius aufs Pferd und folgte dem Flüchtling. Er traf den Schuldigen vor dem Senat, wo Fabius Klage wider die unerhörte Grausamkeit des Diktators erhob. Als nun dieser plötzlich in den Saal trat, verstummte der Redner vor Schrecken, und auch die Senatoren saßen betroffen und sprachlos auf ihren Stühlen. Sogleich gab Papirius den Häschern Befehl, seinen Ankläger zu verhaften. Ehe das aber geschehen konnte, trat der Vater des Bedrohten, Markus Fabius, ein hochangesehener Patrizier, schützend vor seinen Sohn und sprach mit eindringlicher Stimme: »Da du, Lucius Papirius, durch keine Vorstellungen und Bitten zu bewegen bist, deinen tapferen Unterfeldherrn, der einen ruhmvollen Sieg über die Feinde Roms errungen hat, zu schonen, so wende ich mich an das Volk, über meinen Sohn zu richten!«

Papirius antwortete: »Der Diktator, das weißt du wohl, Markus Fabius, steht über dem Volk, und dein Schritt widerspricht dem Gesetz; doch sei es drum, ich will mich diesmal fügen.«

Nun begaben sich alle aus dem Rathaus in die Volksversammlung. Dort ließ Papirius den Schuldigen in die Schranken treten, mit ihm zugleich aber trat auch sein ehrwürdiger Vater in den Kreis. Und der alte Mann nahm das Wort und verteidigte die Handlungsweise seines Sohnes mit so beredtem Mund, daß die Herzen der Quiriten tief bewegt wurden.

Dann aber hob sich der Diktator und erklärte felsenfest, er werde die Rechte seines hohen Amtes nimmermehr schmälern lassen. Denn wohin solle es führen, wenn im Krieg der Soldat seinem Hauptmann, der Hauptmann dem Obersten, der Oberst dem Legaten, der Legat dem Konsul und der Konsul dem Diktator nicht mehr

Gehorsam leisten wolle? Dann sei es vorbei mit der ruhmreichen römischen Kriegszucht, und Rom sei unrettbar dem Untergange geweiht.

Die Wahrheit dieser Worte leuchtete jedem ein; betroffen standen die Richter und wußten nicht, was sie tun sollten. Nun aber fing die Menge des Volkes an, für den Sünder um Gnade zu flehen, auch die Tribunen erhoben ihre Hände und riefen: »Du hast recht, Lucius Papirius, er ist schuldig, aber wir bitten dich, laß Gnade walten und schone sein Leben!«

Als nun auch die beiden Fabier, Vater und Sohn, dem unerschütterlichen Mann zu Füßen fielen und baten, nicht länger zu zürnen, da ging es wie ein warmer Sonnenstrahl über das finstere Antlitz des Diktators, und er gebot mit einem Wink seiner Hand Stille und rief mit heller Stimme: »Glück auf, Quiriten! Die Kriegszucht hat obsiegt, ihr beugt euch unter die Macht des Diktators und gebt den Schuldigen in meine Hände! Nun denn, es sei ihm verziehen! Denn nicht meine Person hat er gekränkt, sondern meine Feldherrngewalt. So behalte denn das Leben, Quintus Fabius, und danke dies große Geschenk der Fürbitte des Volkes! Lebe und vergiß nimmermehr, daß der römische Soldat im Frieden und im Krieg dem Befehl seines Vorgesetzten unweigerlich zu gehorchen hat!«

Ein tosender Beifallssturm erhob sich nach diesen herrlichen Worten. Die glücklichen Fabier und der großherzige Diktator wurden von der jauchzenden Menge umringt und im Triumph nach ihren Wohnungen geleitet.

DAS KAUDINISCHE JOCH

Der weitere Fortgang des zweiten samnitischen Krieges brachte den Römern viele und bedeutende Erfolge. Die Samniter erlitten Niederlage um Niederlage, immer fester wurde der Würgegriff um die Kehle des tapferen Bergvolks gelegt. Die sich für sie immer mehr verschlechternde Kriegslage bewog die Samniter, den Römern Frieden und Freundschaft anzubieten. Doch zu diesem Zeitpunkt stand am Tiber bereits der Entschluß fest, den Feldzug bis zur Vernichtung Samniums fortzusetzen. Der Senat wies daher die Gesandten des Bergvolks ab. Da rafften sich die Samniter zu verzweifeltem Widerstand auf. Alle Männer, vom Greis bis zum Jüngling, riefen sie unter die Waffen. Mit der Führung der Truppen betrauten sie den tüchtigen Feldherrn Gajus Pontius.

Der neue Mann sah ein, daß in Kampanien für ihn nichts mehr zu holen war. Ein mächtiges römischer Heer, befehligt von den Konsuln Veturius Kalvinus und Spurius Postumius, schützte den Austritt der wichtigsten Straße aus dem Gebirge in die Ebene. Nur in den mit tiefen Wäldern bedeckten Hügeln Samniums bestand Aussicht, die im Bergkrieg unerfahrenen Feinde zu überwinden. Um sie dorthin zu locken, machte sich der Samniter den Umstand zunutze, daß die erwähnte Straße durch eine Reihe von Schluchten, genannt »die Kaudinischen Pässe«, führte. Sie stellte die kürzeste Verbindung von Kampanien nach der Stadt Luceria dar. Diese Stadt hatte mit den Römern einen Freundschaftsvertrag geschlossen. Pontius wählte nun zehn Soldaten aus seinem Heer, die sich als Hirten verkleiden mußten. Er befahl ihnen, mit ihren Herden in die Nähe des römischen Lagers zu ziehen und dort die Kunde zu verbreiten, daß Luceria von einem samnitischen Belagerungsheer bedrängt wäre und unmittelbar vor dem Fall stünde. Zugleich stellte er seine Truppen versteckt in den Wäldern von Kaudium, rings um die Pässe, auf.

Die Konsuln versäumten, die erhaltenen Nachrichten auf ihre Richtigkeit zu überprüfen. In ungewohnter Hast brachen sie zum Marsch nach Luceria auf. Wie ein endloser, vieltausendgliedriger Wurm wälzte sich die römische Armee über die Straße zur Adria dahin. Beladen mit einem unvorstellbar großen Gepäck konnten die marschierenden Legionen nur sehr schwer einen Kampf mit dem Gegner aufnehmen. Dazu unterließen es die Konsuln in leichtfertiger Weise, das Gelände zu erkunden und zu sichern.

Durch ein düsteres Felsentor traten die Römer in die Schluchten der Kaudinischen Pässe ein. Es war ein strahlender Sonnentag, und der kühlende Schatten im engen Tal erquickte die erschöpften Soldaten. Alles schien so ruhig und friedlich, muntere Quellen rauschten neben dem Weg, und die Vögel sangen in den Zweigen. Glücklich durchschritt die Spitze des Heeres den ersten Paß, überquerte einen lieblichen Wiesengrund und trat dann in den zweiten Paß ein. Zu dieser Zeit befanden sich die Schlußmanipel schon im

Hohlweg, so daß die Armee mit Mann und Maus in der Falle saß.

Mit einemmal – es ging schon gegen den späten Nachmittag – stießen die vordersten Soldaten auf eine Straßensperre aus riesigen Felsblöcken und Baumstämmen. Noch ehe sie darangehen konnten, das Hindernis fortzuräumen, tauchten überall auf den Hängen, auf der Sperre selbst und am Ende des Heereszuges samnitische Krieger auf. Tödliches Entsetzen erfaßte die Kolonnen: es gab kein Vorwärts und Rückwärts mehr, und nichts schien gewisser als der Tod. Jeden Augenblick erwarteten die Römer das Losbrechen des Vernichtungsangriffs. Doch nichts geschah. Gespensterhaft huschten die samnitischen Krieger zwischen den Bäumen und Felsblöcken umher, den Römern die Hoffnungslosigkeit ihrer Lage vor Augen führend.

So brach die Nacht herein. Die Legionäre warfen sich dort auf den Boden hin, wo sie gerade standen. Mit dem Leben hatte jeder abgeschlossen. Ein neuer Morgen kam herauf. Es änderte sich nichts. Die Hänge blieben weiter vom Feind besetzt, vom Angriff auf die in der Falle sitzenden Quiriten nahm er jedoch Abstand. Die Konsuln standen vor einem Rätsel. Tage vergingen, die Lebensmittel der Eingeschlossenen begannen zur Neige zu gehen. »Sie wollen uns aushungern«, dämmerte es in den Gehirnen der Römer, »doch lieber wollen wir fechtend untergehen.« Mehrere Legionen schickten Sprecher ins Quartier der Befehlshaber, um sie zu bitten, das Heer zum Angriff antreten zu lassen. Die Konsuln aber glaubten zu begreifen, was in Wahrheit vor sich ging: Samnium schien die Rache Roms zu fürchten, wenn die Legionen in den Kaudinischen Pässen dahingemetzelt würden.

Und in der Tat – das war es, was die Samniter schwankend machte. In wildem Ringen kämpften der Feldherr Pontius und sein Vater um einen Entschluß. »Töte sie Mann für Mann«, schrie der Alte. »Ist deine Kraft so lahm geworden und so dünn dein Blut, daß du nicht mehr den Mut zur Entscheidungstat besitzest?« Hartnäckig versetzte der Sohn: »Vater, begreife doch, der Krieg ist verloren, auch wenn wir hier nicht einen einzigen Römer lebend entkommen lassen. Der Adler hält das Mittelmeer in seinen Krallen, er hockt an der Adria. Nur mehr ein schmales Band verbindet uns mit Etrurien. Wir, das ganze Volk der Samniter, sitzen in der gleichen Falle wie hier nur ein einzelnes Römerheer. Ihrer vermag die Stadt des Quirinus noch ein Dutzend aus dem Boden zu stampfen. Wir müssen versuchen, den Vorteil, den wir hier erlangten, durch Verhandlungen auszubauen, nicht durch Mord.«

Der Alte schüttelte den Kopf: »Es mag wahr sein, was du sagst, mein Sohn. Aber ebenso wahr ist es, daß die Römer niemals ablassen werden, uns zu bekriegen, bis selbst unser Name aus dem Bewußtsein der Menschheit ausgetilgt ist. Verhandlungen? Verträge? Sohn, sie haben Sinn unter Gleichstarken. Kann die Maus den Löwen durch Verträge hindern, sie zu schlucken? Zermalme dieses Heer, Pontius, mein vielgeliebter Sohn, dann aber stürze dich hinab in Kampaniens Ebenen, ziehe weiter nach Rom, sende Botschaft den Etruskern, sie sollen sich mit uns vereinen zu Sieg oder Untergang!«

So rangen Vater und Sohn viele Tage und Nächte. Jeder hatte recht auf seine Art – und beide hatten sie dennoch unrecht. Es gab keine Rettung mehr für Samnium, so oder so. Das ist die Wahrheit jener Tragödie im Wald bei Kaudium. Als der Greis schließlich einsah, seinen Sohn nicht umstimmen zu können, schied er aus dem Lager und ging in die Berge. Nie wieder hat ihn ein Mensch gesehen.

Der Feldherr Pontius schickte nun Unterhändler ins römische Lager, um die Konsuln zu Verhandlungen zu laden. Diese erschienen unverzüglich bei den Samnitern, und dort eröffnete ihnen Pontius seine Absichten: »Ihr werdet erkannt haben, daß euer eingeschlossenes Heer rettungslos verloren ist. Es steht ganz in meinem Belieben, es auszulöschen oder am Leben zu lassen. Ich möchte nun durch eine hochherzige Tat zwischen Rom und Samnium Frieden stiften, denn die Gelegenheit dazu scheint von den Göttern gesandt worden zu sein.« Die Konsuln nickten stumm und forderten den Sprecher mit einer Handbewegung auf, fortzufahren. Pontius erklärte: »Das römische Heer, Konsuln, soll frei abziehen dürfen, wenn ihr durch einen Vertrag Rom verpflichtet, Frieden mit meinem Volk zu halten, die Zwingburgen an der Grenze Kampaniens zu schleifen und das geraubte Land zurückzugeben.«

Erbleichend warfen die Römer ein: »Viel für das bißchen Leben, das da unten in der Schlucht atmet.« Pontius drang weiter in seine Gegner: »Ein bißchen Leben nennt ihr die Blüte der römischen Jugend? Man wird euch den Tarpejischen Felsen hinabwerfen, wenn ihr ohne eure Männer nach Rom zurückkehrt.« Die Konsuln erwiderten: »Wir werden es vorziehen, unter unseren Soldaten zu sterben.« Pontius aber schrie: »Eure Soldaten würden es sicher vorziehn, mit euch in Rom zu leben.« Hin und wider ging die Rede, bis schließlich Pontius die letzte seiner Bedingungen stellte: »Natürlich kann ich euch die Demütigung nicht ersparen, die jeden Besiegten trifft. Ihr müßt unter dem Joch hindurchschreiten.« Alles Blut wich aus dem Antlitz der Römer. Die Beugung unter das Joch bedeutete die größte Schande in jener Zeit. »Niemals«, schrien daher die Konsuln und entfernten sich. »Einen Tag gebe ich euch Frist zur Überlegung«, rief der Samniter ihnen nach.

Als die Konsuln wieder in die Schlucht hinabgelangten und durch die endlosen Kolonnen der Männer schritten, da krampfte sich ihnen das Herz im Leibe zusammen. Schien es wahrhaftig nicht besser, dieses herrliche Heer der großen Mutter am Tiberstrom zu erhalten? Durfte man für diesen Preis nicht die Entehrung in Kauf nehmen? Die Konsuln ließen den Truppen vom Angebot des gegnerischen Feldherrn Mitteilung machen. Die Männer sanken ihren Offizieren zu Füßen und beschworen sie, ihnen die Schmach zu ersparen. Niemand dachte in diesem Augenblick an sein Leben, niemand an Väter und Mütter, Weiber und Kinder. Ein einziger Aufschrei gellte durch das Tal: »Laßt uns kämpfen und sterben.«

Doch die Konsuln beschlossen anders. Lang vor Ablauf der Frist sandten sie Pontius eine Botschaft, daß seine Bedingungen angenommen seien. Jetzt rückte dieser mit der Forderung heraus, daß er auch Geiseln nehmen müsse, und zwar sechshundert Krieger aus den vornehmsten Familien. Auch dies wurde bewilligt. Neuerliches Wehklagen erhob sich unter den Legionen, als man die Jünglinge auswählte, die den Samnitern als Pfand dafür dienen sollten, daß die getroffenen Abmachungen auch eingehalten würden. Dann aber schlug die Stunde der tiefsten Erniedrigung für ein römisches Heer seit dem düsteren Tag an der Allia. Zwei Pfosten wurden von den Siegern aufgestellt und darüber ein Balken, das Joch, gelegt. Unter diesem Tor mußte Mann für Mann hindurch, die gemeinen Soldaten bis auf das Untergewand entkleidet, die Offiziere nach Entfernung ihrer Rang- und Ehrenzeichen. Mit Schmährufen sahen die samnitischen Krieger diesem Schauspiel zu und stießen ab und an einen Zögernden auch mit rohen Hieben und Tritten unter das Joch. Entlang des ganzen

Weges durch die Schlucht standen noch samnitische Scharen, um beim Anblick der römischen Schmach ihre Rachegefühle für so viele erlittene Niederlagen zu stillen. Wer die Pässe verlassen hatte und in die weite Landschaft um Kaudium hinaustrat, der dünkte sich der Unterwelt entronnen zu sein.

Nun befanden sich die Unglücklichen im hellen Tageslichte, waren frei, gerettet aus Todesnöten, und doch mochten sie nicht um sich schauen, denn wie sah dies Heer aus? Waren diese halbnackten Menschen noch römische Krieger? Glichen sie nicht vielmehr elenden Bettlern und verwahrlosten Landstreichern? Wehe, wehe der Schmach und Schande! Nie zuvor hatte die Sonne römische Soldaten in so großem Elend und Jammer gesehen. Wo sollten sie nun bleiben, wohin sich wenden und flüchten, um ungesehen nach Rom zu gelangen? Ach, in die Erde hätten sie kriechen mögen vor Scham und Scheu, von ehrsamen Menschen erblickt und verhöhnt zu werden!

So wanderten die Römer unsicher und schweigend dahin, und obwohl sie vor Anbruch der Nacht die befreundete, reiche Stadt Kapua noch hätten erreichen können, wagten sie doch nicht, bis in ihre Nähe zu gehen, sondern warfen sich angesichts der Mauern und Türme hungernd und dürstend auf den Erdboden nieder, um zu rasten und im Schlaf alle Schrecken zu vergessen.

Allein das Gerücht von dem Schicksal der Unglücklichen und ihrem Lager draußen vor den Toren gelangte noch vor Beginn der Dunkelheit in die Stadt, und Erbarmen und Mitleid ergriff die Herzen der Bürger Kapuas. In hochherzigem Eifer sandte die Obrigkeit den Konsuln und Befehlshabern Kriegsgewänder, Waffen und alle Abzeichen ihrer Würde, und das Volk beeilte sich, den Soldaten Kleider und Lebensmittel hinauszuschaffen. Bald erschienen im Lager die Senatoren und führten das ganze Heer in die Stadt, um es gastfreundlich zu bewirten und zu verpflegen. Jedoch alle Beweise der Güte, alle freundlichen Tröstungen und Ermutigungen der edlen Wirte konnten den Unglücklichen keine frohen Worte entlocken – so groß war ihre Niedergeschlagenheit.

Am andern Tage geleiteten adlige Jünglinge Kapuas das Heer bis an die Grenze Kampaniens, und nach ihrer Rückkehr berichteten sie dem Senat: Die Soldaten seien ihnen auf dem Zug noch trauriger vorgekommen als in der Stadt; still und stumm wären sie dahingegangen; der alte römische Hochsinn sei zu Grabe getragen; mit den Waffen habe der Feind den Kriegern auch den Mut geraubt; sie grüßten niemand, erwiderten keinen Gruß, sondern schritten mit niedergeschlagenen Augen dahin, gleich als trügen sie auf ihren Nacken in der Tat das Joch, unter welchem sie hindurchgezogen waren; die Samniter hätten nicht bloß einen vollkommenen, sondern auch einen bleibenden Sieg errungen, denn sie hätten zwar nicht Rom erobert, aber die römische Tapferkeit, den römischen Heldenmut, gebrochen.

Auf diesen Bericht der jungen Adligen erwiderte ein alter, weiser Senator: Die Sache verhalte sich doch ganz anders: gerade diese tiefe Scham, dieser wortlose Ingrimm der römischen Soldaten verrate ein brennendes Ehrgefühl und einen Mannessinn, der keinen Schimpf ungerächt hinnimmt. Aus diesem düsteren Schweigen der Legionen würden Stürme hervorbrechen, die alle Samniter samt ihren Jochgalgen und Stadtmauern über den Haufen blasen würden. –

Und wie nahm Rom die Trauerkunde auf? – Ehe das Heer noch in seinen Grenzen anlangte, verbreitete sich in der Stadt schon das Gerücht von der Schmach, die bei Kaudium geschehen war. Da entrang sich ein Wehschrei den Herzen aller Quiriten, vom vornehmsten Patrizier bis zum niedrigsten Plebejer. Die Verkaufsbuden auf dem Markt wurden geschlossen; von seinem Stuhle stand der Richter auf und entließ Kläger und Beschuldigte; man entfernte die Purpurverbrämung von den Mänteln und legte die Goldringe von den Fingern ab; heiliger Zorn bemächtigte sich aller Gemüter: Zorn auf die Konsuln und Kriegsobersten, Zorn aber auch gegen die Soldaten, und allerorten hörte man die Drohung: man solle den Entehrten die Tore der Stadt verschließen und sie ihrem elenden Schicksal überlassen!

Aber wie erschienen sie vor den Pforten ihrer Heimat? – Wahrlich nicht wie Krieger, die ein freundliches Willkommen erwarteten, sondern als Kranke und Gefangene, die Mitleid in allen fühlenden Herzen erweckten. Heimlich und unbemerkt suchte jeder in die Stadt und in sein Haus zu schleichen, und an den folgenden Tagen wagte niemand, sich auf dem Markt oder an anderen Plätzen sehen zu lassen. Auch die beiden unglücklichen Feldherrn vergruben sich in der Stille ihrer Häuser; an ihrer Statt wurden zu Konsuln gewählt Quintus Publilius Philo und Lucius Papirius Kursor, die berühmtesten Heerführer Roms zu ihrer Zeit.

Diese beiden beriefen ihre schuldbeladenen Amtsvorgänger vor den Senat, damit sie Rede und Antwort stünden über das Unheil, das sie über ihr Vaterland heraufbeschworen hatten. Zuerst wurde der einst so stolze Spurius Postumius aufgefordert, sich zu verantworten. Der unglückliche Mann trat vor seine Richter und sprach: »Ich bekenne mich schuldig, der nötigen Vorsicht vergessen zu haben, indem ich die Legionen durch den Engpaß führte. Den schmählichen Vertrag mußte ich unterschreiben, um das Heer zu retten. So rate ich: sendet mich, meinen Mitkonsul und alle, die den Vertrag mit ihrer Unterschrift bestätigt haben, gefesselt an Gajus Pontius, damit wir mit unserm Leben für die Bürgschaft, die wir notgedrungen auf uns genommen haben, büßen. Dann ist das römische Volk des Vertrages frei und ledig und kann seine Heere zum Rachekriege wider Samnium führen.«

Alle schuldigen Befehlshaber waren gleichen Sinnes und erklärten sich bereit, mit ihrem Leben für ihr Vergehen einzustehen. Und der Senat beschloß, diesen Weg einzuschlagen: entkleidet und gefesselt wurden die unglücklichen Heerführer durch die Bundespriester dem samnitischen Feldherrn überliefert und damit der Vertrag von Kaudium für null und nichtig erklärt.

Aber mit Entschiedenheit wies Gajus Pontius die Opfer zurück und sprach: »Auf diesen Handel gehe ich nimmermehr ein! Steht dem römischen Volke der Vergleich nicht an, den seine Feldherren mit ihrer Unterschrift besiegelt haben, nun, so mögen die Legionen in das Tal des Todes zurückkehren! Dann werde ich mit Eisen und Blut einen neuen Vertrag schreiben.«

Der Samniter ließ den Gebundenen ihre Fesseln lösen und sandte sie nach Rom zurück. Hier wurden nun ohne Säumen zwei Heere ausgerüstet; die neuen Konsuln stellten sich an die Spitze der Legionen und marschierten nach Samnium. Publilius wandte sich nach der Stadt Kaudium, stieß dort auf einen feindlichen Heerhaufen und schlug ihn nach kurzem Kampf in die Flucht. Der andere Feldherr, Papirius Kursor, zog nach Apulien; denn er hatte Kundschaft erhalten, daß vor der Stadt Luceria, in deren Mauern die sechshundert römischen Geiseln gefangen gehalten wurden, Gajus Pontius ein Lager aufgeschlagen habe.

Die Nachricht bestätigte sich; mit ingrimmiger Freude erblickten die römischen Legionen den Feind, schüttelten drohend ihre Waffen und knirschten: »Die Stunde der Vergeltung ist gekommen, heute wollen wir uns die verlorene Ehre wiedererobern!«

Auf den Anruf des schnellen Papirius stürmten Fußvolk und Reiter mit wildem Ungestüm in die Schlacht und hieben alles vor sich nieder. »Ha!« riefen sie in grimmiger Erbitterung, »hier ist kein Engpaß, kein unwegsamer Wald, kein Kaudium! Hier gilt nur die Tapferkeit, die kein Wall, kein Graben aufzuhalten vermag!«

Das Lager wurde im Sturm genommen, Tausende sanken in den Tod, der Rest entfloh hinter die schützenden Mauern der Stadt.

Gajus Pontius sah nun wohl ein, daß er dem Feind nicht lange zu trotzen vermöchte, und er schickte Gesandte an den römischen Feldherrn und ließ ihn fragen, ob er gegen Herausgabe der Geiseln die Belagerung der Stadt aufheben wolle.

Der strenge Lucius Papirius antwortete den Sendboten: »Kehrt zurück und meldet eurem Herrn: Waffen, Gepäck, Lasttiere und alles, was unbewehrt ist, soll in den Mauern bleiben; die Soldaten, an ihrer Spitze der Feldherr, sollen entwaffnet und halb entkleidet aus dem Tor herauskommen und unter dem Jochgalgen hindurchschreiten.«

Mit diesem harten, aber, wie die samnitischen Männer an der strengen Miene des mächtigen Römers wohl erkannten, unerbittlichen Bescheid kehrten die Gesandten in die Stadt zurück.

Siebentausend Krieger, an ihrer Spitze der Feldherr mit den Obersten, zogen unter dem Jochgalgen hindurch: die kaudinische Schmach war gerächt. Mit reicher Beute und wehenden Fahnen kehrte das Heer nach Rom zurück und brachte als kostbarsten Siegespreis die heldenmütig eroberte römische Soldatenehre wieder.

DECIUS MUS, DER SOHN

Langsam neigte sich das Heldenlied des samnitischen Freiheitskampfes seinem Ende zu. Der letzte Waffengang, bekannt geworden unter dem Namen »Der dritte samnitische Krieg«, wurde ausgelöst durch den Abschluß eines Bündnisvertrages Roms mit Lukanien, jenes aus sabinischem Geblüt erwachsenen Staates, der die südliche Adriaküste Italiens beherrschte. Die Samniter griffen wieder zu den Waffen und versuchten sich Lukaniens zu bemächtigen. Das

Unternehmen mißlang. Nun vereinigten sich die Samniter mit den Etruskern und Galliern zum Kampf gegen die Stadt des Quirinus.

Als in Rom der volle Umfang des feindlichen Planes erkennbar wurde, erschrak man. Ein riesiges Heer wurde aufgestellt, das von den Chronisten auf sechzigtausend Mann geschätzt wurde. Die Konsuln Decius Mus und Fabius Maximus teilten sich in den Oberbefehl. Decius Mus war der Sohn jenes Mannes gleichen Namens, der mit seiner Todesweihe die Schlacht am Vesuv entschieden hatte. Es sollte sich aber nicht nur der Name des Vaters, sondern auch dessen Schicksal im Sohn wiederholen . . .

Bei Sentinum kam es zur Schlacht zwischen den Römern und ihren samnitisch-gallischen Gegnern. Als die beiden Heere einander zum Kampf gegenüberstanden, lief aus dem nahen Gebirge eine Hirschkuh, die von einem Wolf verfolgt wurde, über den Feldstreifen, der die Gegner trennte. Der Wolf wandte sich zu den Römern, die Hirschkuh zu den Galliern. Aber während die quiritischen Glieder sich öffneten, um den Wolf durchzulassen, erstach ein Gallier die Hindin mit einem Speer. Dieses Schauspiel beobachtete ein römischer Priester und sprach: »Blut und Tod wird sich ausbreiten, wo das heilige Wild der Diana erlegt wurde. Dort aber, wo man das Tier des göttlichen Mars schonte, wird Heil und Sieg sein!«

Dann begann der Kampf. Die Konsuln befahlen ihren Männern, den Feind vorerst anrennen zu lassen. Sie sagten: »Die jetzt tollkühn sind wie die Löwen, werden am Abend matter als Fliegen sein.« Bis Mittag ging alles gut, unzählige feindliche Sturmläufe zerbrachen an der römischen Phalanx. Dann aber schien sich der Sieg den Galliern zuzuneigen. Doch im letzten Augenblick retteten die bereitgestellten Reserven den bedrohten linken Flügel.

Indes verlief das Treffen auf dem rechten Flügel, dem die Samniter gegenüberstanden, glücklicher dank einer heldenmütigen Tat des Feldherrn Decius Mus. Nachdem sich die Feinde in immer erneut vorbrechenden Sturmwellen stark verblutet hatten, schritten die Quiriten zum Gegenangriff. Dieser blieb zunächst aber stecken. Da erhob der Konsul in Befolgung des väterlichen Beispiels seine Hände gegen Himmel und rief: »Ich weihe mich euch, ihr schrecklichen Lemuren der Unterwelt, auf daß mein Vaterland im strahlenden Licht lebe.« Zugleich nahm der beim Heer weilende Pontifex maximus die nötigen Opferzeremonien vor, um der Todesweihe Gültigkeit zu geben. Dann warf sich der Feldherr an der Spitze seiner Truppen in die Schlacht. Es ging, wie es damals im latinischen Krieg am Fuße des Vesuvs gegangen war: ein panisches Entsetzen ergriff die Feinde, und, wie von dem Eingriff einer überirdischen Macht gelähmt, ließen sie sich von den quiritischen Legionen zusammenhauen. Die Lähmung sprang noch auf die gallischen Heerhaufen hinüber, die sich dem römischen Schwert beinahe willenlos ergaben. Decius Mus ereilte das von ihm freiwillig gewählte Schicksal.

DAS ENDE SAMNIUMS

Nach dem großartigen Sieg in Umbrien wandten sich die Römer unverzüglich wieder nach Süden. Die Konsuln des neuen Jahres übernahmen den Oberbefehl, nachdem man die alten mit einem glänzenden Triumphzug verabschiedet hatte.

Die Samniter rafften ein neues Heer zusammen. Sein Kern bildete eine Legion der Kühnsten, die von dem Obersten Priester Mann für Mann vereidigt wurde. Diese feierliche Weihe fand in einer mit Leinwandtüchern bedeckten Hütte statt, wovon die Krieger den Namen »Weißröcke« trugen. Auf ihnen ruhte nun die ganze Hoffnung Samniums. Die besten und schönsten Waffen wurden ihnen anvertraut, und die in Gold und Silber getriebenen Schilde der Weißröcke wurden noch nach Jahrhunderten auf römischen Märkten in Schaubuden gegen Eintrittsgeld gezeigt. Denn das Schicksal fragt nicht nach Schwüren und Hoffnungen. Die Römer erwiesen sich stärker als die schimmernden Schilde der Weißröcke, ja stärker selbst als die Götter.

Seltsames weiß die Sage zu berichten. Das römische Heer, das sich bereit machte, die Weißröcke zu besiegen, schlug bei der Stadt Aquilonia sein Lager auf. Nicht weit davon versammelten sich auch die Samniter, und nach dem Entschluß der Konsuln sollten die Legionen am nächsten Morgen angreifen. Mit Schaudern gewahrten da aber die Wächter der heiligen Hühner – man hatte die Tiere zur Deutung der Zukunft mit ins Feld genommen –, daß diese das Fressen verweigerten, was als sicheres Zeichen für ein bevorstehendes Unglück angesehen wurde. Schnell sandten die Hühnerwächter einen Boten in das Zelt der Konsuln, um ihnen ans Herz zu legen, von der geplanten Schlacht Abstand zu nehmen und diese auf einen günstigeren Zeitpunkt zu verschieben. Der Abgesandte aber, ein Jüngling von brennendem Mut, fand es gar nicht nach seinem Sinn, daß die Legionen weiter stillsitzen sollten. Und die Wahrheit in ihr Gegenteil verkehrend, erzählte er den Feldherren, daß die heiligen Hühner eine solche Freßlust entwickelten wie noch nie. Voll Vertrauen auf dieses gute Vorzeichen ließen die Konsuln am nächsten Morgen in der Tat zur Schlacht blasen.

Die Hühnerwärter, die dem Priesterstand angehörten, schlugen vor Entsetzen die Hände über dem Kopf zusammen, als sie die Truppen durch die Lagertore hinauseilen sahen. »Alles ist verloren«, jammerten sie, »und verflucht sei der Mann, der sich dem Götterbefehl widersetzte.« Doch siehe, dem Volk der Samniter gelang auch an diesem Tag nichts, den an ein nie gesprochenes Götterwort Glaubenden alles. Wohl wogte der Kampf erst auf des Messers Schneide. Die Weißröcke fochten mit Todesverachtung, keiner wich von dem Platz, wo er stand, und die Römer vermochten vorerst nicht in die wie zu einem einzigen Guß verschmolzene Masse einzubrechen.

Da geschah es, daß ein kleines Häuflein von lukanischen Bundesgenossen, das schon seit einigen Tagen beim Hauptheer erwartet wurde, reichlich verspätet auf einer Straße heranrückte, die geradewegs in die Flanke der samnitischen Weißröcke führte. Der Befehlshaber der Abteilung hatte sich zum Schutz vor feindlichen Überfällen ein besonderes Mittel ausgedacht: er ließ von den Packeseln des Trosses dicht belaubte Zweige hinter sich herschleppen und täuschte durch die Aufwirblung großer Staubwolken den Marsch eines starken Truppenverbandes vor. Diese Erscheinung löste nun eine doppelte Wirkung aus: die Samniter glaubten sich angesichts der neuen Bedrohung verloren und ließen verzweifelt ihren Mut sinken, die Römer hinwiederum wurden mit frischen Kräften erfüllt und warfen sich mit unwiderstehlicher Gewalt auf den Feind. Von den Weißröcken überlebte keiner den heißen Tag. Zum Dank für den Sieg ließ der eine der beiden Konsuln aus einem Teil des erbeuteten Waffenerzes eine Statue des Jupiter, aus dem Rest eine Büste von sich gießen und die zwei Standbilder nebeneinander auf dem Forum aufstellen. So erschien zum erstenmal in Rom ein Mensch neben die Gottheit gerückt als Lehre der Stunde, daß ein Sieg erfochten ward entgegen dem Rat der Himmlischen.

Nun nahte die unwiderruflich letzte Schlacht in dem beinahe fünfzig Jahre währenden Krieg zwischen Rom und Samnium. Nach dem Untergang der Weißröcke stampfte das Bergvolk noch einmal ein Aufgebot aus dem Boden. Die Samniter übertrugen dem zum Greis gewordenen Sieger in den Kaudinischen Pässen, Gajus Pontius, der wegen seiner damals geübten Milde in Ungnade gefallen war und abseits stehen mußte, den Oberbefehl. So stand auch über dieser Maßnahme das Wort »Zu spät«. Der müde gewordene Feldherr wurde aufs Haupt geschlagen und von den Römern auf dem Schlachtfeld hingerichtet.

Ein neuer Konsul namens Manius Kurius Dentatus lud die Samniter zum Abschluß eines Friedensvertrages ein. Die Gesandten aus den Bergen trafen den Staatsmann in seiner einfachen Wohnung am Herde stehend und Rüben kochend an. Dieser Anblick von Ärmlichkeit verlockte sie zu dem Versuch, dem Konsul durch Bestechung bessere Bedingungen zu entlocken. Doch Kurius Dentatus wies sie mit Würde ab: »Ihr hofft, daß ich euch gegen Geld gefügig sein könnte, weil ich arm bin. Ich mag lieber über reiche Leute herrschen, als selbst reich zu sein!« Da erkannten die Samniter die ganze Größe des Gegners, dem sie erlegen waren.

KÖNIG PYRRHUS

An einer schönen blauen Bucht des Adriatischen Meeres lag die üppige griechisch-italienische Stadt Tarent. Vor ihren Toren waren Roms Waffen noch nicht erklungen; aber schon scholl von den Bergen Samniums das Echo des Kriegsgetümmels herüber, eine rauhe Musik, die den feinen griechischen Ohren der Tarentiner ein Greuel war. Bisher hatten sie mit den Römern in Frieden, aber nicht in Freundschaft gelebt; sie sahen in ihnen, wie in allen Völkern lateinischer Zunge, Barbaren, und um sie von ihren Grenzen fernzuhalten, hatten sie sie schon vor langer Zeit durch einen Vertrag gebunden, der ihren Schiffen die Einfahrt in den Golf von Tarent verbot.

Nun geschah es, daß eine römische Flotte, vom Sturm überfallen, in der Bucht Schutz suchte und im Hafen der Stadt vor Anker ging. Darob erhob sich heftiger Unwille in der romfeindlichen Bürgerschaft; es entstand ein Volksauflauf; der Pöbel stürzte sich auf die fremden Schiffe, eroberte fünf Fahrzeuge und versenkte sie in den Fluten, tötete die Mannschaft und verkaufte die Gefangenen als Sklaven. Auch der römische Befehlshaber fiel im Kampf. Der Rest der Flotte segelte nach Rom zurück und berichtete, was im Hafen von Tarent geschehen war.

Die Empörung der Quiriten ob dieser Gewalttat war groß; das Volk schrie nach Rache, auch ein Teil des Senats wollte den Frevel mit Blut gesühnt haben; allein die Friedenspartei in Rom gewann die Oberhand; man beschloß, eine Gesandtschaft nach Tarent gehen zu lassen. Sie sollte die Entlassung der Gefangenen, Auslieferung der Urheber des Überfalles der Flotte und Rückgabe der Stadt Thurii, die die Tarentiner sonder Kriegsrecht der römischen Besatzung entrissen hatten, fordern.

Spurius Postumius, der Gesandte Roms, wurde mit seiner Begleitung von den wohlgebildeten Tarentinern zwar höflich empfangen, als er aber vor der versammelten Volksmenge die Forderungen des Senats vorbrachte, verlachte ihn der Pöbel, ja, ein Geselle hatte die Frechheit, sich an den stolzen Römer heranzudrängen und sein Kleid mit Schmutz zu bewerfen. Postumius verlor trotz seiner Entrüstung seine Fassung nicht, er hob nur sein Gewand auf und zeigte der Versammlung, was ein Elender ihm angetan hatte. Mit Recht erwartete er, daß die Tarentiner den Bubenstreich brandmarken würden, allein statt dessen brach die zuchtvergessene Menge in ein unbändiges Spottgelächter aus, und selbst die Senatoren fanden kein Wort der Entschuldigung, obschon sie wohl wußten, daß in jedem gesitteten Land der Gesandte eines fremden Volkes unverletzlich ist.

In gerechter Entrüstung ob solcher Entartung rief nun Postumius: »Zur Unzeit lacht ihr jetzt, bald kommt der Tag, da ihr bitter weinen werdet! Dann soll der Schandfleck auf meinem Gewand mit eurem Blute abgewaschen werden.«

Unverrichteter Sache kehrten die Sendboten in ihr Vaterland zurück, und bald darauf rückte ein römisches Heer in das tarentinische Gebiet ein, verwüstete einige Äcker und Landhäuser und trieb die feindlichen Söldnerhaufen zu Paaren; die Gefangenen wurden jedoch ohne Lösegeld freigelassen.

Die Tarentiner fühlten sich nicht stark genug, dem mächtigen Feinde entgegenzutreten, und in ihrer Not wandten sie sich an den ruhmreichen König Pyrrhus von Epirus in Griechenland und baten ihn um Hilfe. Pyrrhus, dessen Heldenseele nach Ruhm dürstete und der ein zweiter Alexander der Große zu werden trachtete, nahm nach einigem Zaudern den Ruf an und schiffte sich mit seiner Kriegsmacht nach Italien ein. Sein Heer bestand aus zwanzigtausend spießtragenden Fußsoldaten, zweitausend Bogenschützen, dreitausend Reitern und zwanzig Elefanten. Aber die Überfahrt verlief stürmisch, und einige Schiffe gingen zugrunde.

Sobald der König in Tarent gelandet war, hieß er die waffenfähige tarentinische Mannschaft sich zum Krieg rüsten, übernahm den Oberbefehl über die vereinigte Macht und marschierte dem römischen Feldherrn Publius Lavinius entgegen, der jenseits der Meeresbucht, in der Nähe der Stadt Heraklea, ein Lager bezogen hatte.

Mit einem hitzigen Reiterangriff begannen die Römer den Kampf. Pyrrhus warf sich ihnen entgegen, stürzte aber im Gefecht, und seine Reiter, durch das Verschwinden ihres tapfern Führers bestürzt, gerieten in Verwirrung und räumten den feindlichen Schwadronen das Feld.

Indessen hatte der König sich aufgerafft, stellte sich rasch an die Spitze seines Fußvolkes und führte die wackern Streiter in die Schlacht. Furchtbar war der Zusammenstoß der griechischen Spießkämpfer mit den römischen Legionen; siebenmal wiederholte sich der wuchtige Anprall, aber die Linien wankten nicht. Einer der besten griechischen Feldherrn, Megakles, der an diesem heißen Tage die Rüstung des Königs trug, fiel im Kampf. Man glaubte, Pyrrhus selbst sei gefallen, und ein Schrecken ging durch die Reihen der Seinen. Das bemerkte der römische Feldherr, und er warf seine Reiterei mit Macht auf den schreckgelähmten Feind und brachte ihn zum Wanken. Nun aber eilte Pyrrhus entblößten Hauptes durch die Reihen seines Fußvolkes und belebte mit lauten Zurufen den Mut seiner Braven. Gegen die feindlichen Reitergeschwader ließ er die Elefanten vorführen. Mit dröhnenden Trompetenstößen kamen die gewaltigen Tiere so wild dahergestürmt, daß der Erdboden unter ihren Fußtritten bebte. Vor ihrem Anblick scheuten die Pferde, bäumten sich, warfen ihre Reiter ab und stürzten sich in jäher Flucht mitten unter die Legionen. Da ließ Pyrrhus seine thessalischen Reiter auf die bestürzten Feinde einhauen; mit großer Tapferkeit wehrten sich zwar noch einige Haufen der Römer; ein Soldat, mit Namen Gajus Muncius, verwundete einen Elefanten, der sich wie rasend gebärdete und große Verwirrung im Griechenheere anrichtete. Das rettete die Römer vor der völligen Niederlage; sie konnten sich über den Fluß zurückziehen und ein Lager errichten, aber die Schlacht hatten sie verloren; siebentausend Streiter waren tot oder verwundet, zweitausend gefangen.

Pyrrhus hatte gesiegt; als er aber nach dem heißen Kampf die gefallenen römischen Soldaten betrachtete, sah er, daß fast alle die tödliche Wunde auf der Brust hatten. Da sagte er zu seinem Gefolge: »Seht, wie tapfer diese Leute gekämpft haben! Mit solchen Soldaten wollte ich die Welt erobern.« – Und er ließ die Toten mit allen Ehren bestatten und behandelte die Gefangenen mit Schonung und Milde.

Nach dieser harten Schlacht sah der König wohl ein, daß es ihm nicht gelingen würde, das mannhafte römische Volk völlig zu bezwingen; daher beschloß er, Friedensverhandlungen anzuknüpfen, und sandte seinen Kanzler Kineas, einen Mann von großer Klugheit und Beredsamkeit, nach Rom. Mit der größten Achtung, wie Pyrrhus es ihm geheißen, trat der gewandte Unterhändler dem Senat entgegen und suchte durch Schmeicheleien und Versprechungen die stolzen Senatoren für die Pläne seines Herrn zu gewinnen. Es schien ihm zu gelingen, denn schon wurden einige der Ratsherrn schwankend und schenkten den Worten des schlauen Griechen Gehör. Aber gerade noch zur rechten Zeit erschien, in einer Sänfte hereingetragen, der weise, blinde ehemalige Konsul Appius Klaudius vor der Versammlung. Und der ehrwürdige Alte nahm das Wort und sprach: »Wie, meine Freunde, ihr wollt euch durch die lockenden Verheißungen dieses aalglatten Griechen zu einer verhängnisvollen Nachgiebigkeit hinreißen lassen? – Oft habe ich es beklagt, das Licht meiner Augen verloren zu haben, heute möchte ich fast wünschen, nicht bloß blind, sondern auch noch taub zu sein, damit mein Ohr solche unwürdigen Reden nicht hören muß. Nein, nimmermehr darf Rom sich zu Friedensverhandlungen herbeilassen, solange noch ein einziger griechischer Soldat auf italischem Boden steht!«

Diese Worte des Greises zündeten und gaben dem Senat den alten Römertrotz wieder, der ihm in harten Zeiten stets eigen gewesen. Kineas mußte sogleich die Stadt verlassen und seinem Herrn die Antwort bringen, die Appius Klaudius ihm gegeben hatte.

Mit Staunen vernahm Pyrrhus den Bescheid; er bewunderte den Stolz der Römer und fragte seinen Kanzler, wie ihm Rom gefallen habe. »Herr«, antwortete Kineas, »die Stadt erschien mir wie ein Göttertempel und jeder römische Bürger wie ein König.«

»Nun«, versetzte Pyrrhus, »so wollen wir uns dorthin auf den Weg machen, daß auch ich diese Stadt der Götter und Könige mit Augen schaue.«

Und er brach mit seinem Heer auf und zog gen Norden, um in das römische Gebiet einzudringen und Rom selbst zu bedrohen. Aber ihm folgten die feindlichen Legionen, und er wagte nicht, bis an den Tiber vorzugehen, sondern bezog acht Meilen von der Siebenhügelstadt entfernt ein Lager.

Eines Tages erschienen vor dem König Gesandte aus Rom, um mit ihm wegen Auswechslung der Gefangenen zu unterhandeln. Ihr Führer war der edle Senator Gajus Fabricius. Diesen ritterlichen Mann behandelte Pyrrhus mit der höchsten Achtung und suchte ihn für seine Friedenspläne zu gewinnen, wobei er es an Versprechungen und Hindeutung auf reiche Belohnung nicht fehlen ließ. Aber der stolze Römer blieb fest und wies alle Zumutungen, die sein Vaterland schädigen könnten, kurzerhand ab. Nun wollte der König den persönlichen Mut des Senators auf die Probe stellen, ließ einen Elefanten hinter einen Vorhang seines Zeltes verbergen und rief den Römer zu einer Unterredung. Auf ein gegebenes Zeichen streckte das Tier seinen Rüssel über die Achsel des ahnungslosen Gastes und stieß ein fürchterliches Gebrüll aus. Fabricius erschrak zwar, doch faßte er sich rasch und sagte lächelnd: »So wenig mich gestern dein Geld locken konnte, so wenig erschreckt mich heute dein Elefant.«

Pyrrhus verneigte sich und sprach: »Echten Mannesmut weiß ich auch in der Brust meines Feindes zu achten. Die Freiheit kann ich zwar euern Gefangenen nicht schenken, doch erteile ich ihnen Urlaub, mit dir nach Rom zu gehen, um dort das Fest der Saturnalien zu feiern. Nimmt der Senat meine Friedensvorschläge an, so sollen die Leute frei sein, wenn nicht, so kehren sie wieder in die Gefangenschaft zurück.«

»Wohl«, versetzte Fabricius, »es wird keiner von ihnen fehlen.«

Und so geschah es; der Senat verwarf die Friedensbedingungen des Königs, und die Gefangenen kehrten nach dem Fest wieder zu Pyrrhus zurück.

Pyrrhus wagte es nicht, weiter vorzudringen; er löste vielmehr sein Lager auf und zog nach Tarent, um dort den Winter über zu verbleiben.

Im nächsten Jahre rückte er mit seinem Heer in Apulien ein. Er führte jetzt siebzigtausend Fußsoldaten, achttausend Reiter und neunzehn Elefanten in den Kampf. Bei der Stadt Askulum trat ihm das römische Heer entgegen; es war an Zahl der Streiter dem seinen gleich, und zur Abwehr der gefürchteten Elefanten führte es eine Art Streitwagen heran, die an eisernen Stangen nach den Seiten Feuerbecken hatten. Auch erhoben sich auf ihnen Masten mit Stacheln, die man zum Niederschlagen herabfallen lassen konnte. Mit diesen Feuerwagen hofften die Römer die gefährlichen Dickhäuter abzuschrecken; allein sie hatten sich verrechnet.

Zwei Tage wütete die Schlacht; auf beiden Seiten wurde mit größtem Heldenmut gestritten; Pyrrhus selbst, der wie immer im dichtesten Getümmel kämpfte, wurde verwundet, indem ein Wurfspieß seinen Arm durchbohrte. Die römische Linie wankte nicht, bis endlich die Elefanten, auf deren betürmten Rücken Pfeilschützen und Steinschleuderer standen, daherstürmten. Ihnen entgegen fuhren die brennenden Streitwagen; aber sie gerieten in Unordnung; die Tiere rasten an ihnen vorbei und warfen sich auf die feindliche Linie. Zugleich kamen die thessalischen Reiter herangesaust und hieben so furchtbar um sich, daß die Legionen der Wucht des Aufpralls nicht standzuhalten vermochten und die Flucht ergriffen.

Wohl hatte Pyrrhus wiederum die Schlacht gewonnen, aber seine Verluste waren so groß, daß er ausrief: »Noch ein solcher Sieg, und ich bin verloren!«

Er kehrte nun nach Tarent zurück, um sich nach der Insel Sizilien zu begeben, da die Stadt Syrakus seine Hilfe gegen die Karthager anrief. Ehe er sich einschiffte, erschien bei ihm ein Sendbote des römischen Konsuls Gajus Fabricius, jenes ritterlichen Mannes, der ihm durch seine unerschütterliche Rechtschaffenheit und seinen felsenfesten Mut schon einmal Hochachtung und Bewunderung abgenötigt hatte. Der Bote überreichte ihm einen Brief des königlichen Leibarztes an Fabricius, worin der elende Mensch sich erbot, gegen eine hohe Belohnung seinen Herrn zu vergiften. Als Pyrrhus das nichtswürdige Schreiben gelesen hatte, stand er erschüttert und rief aus: »Es wäre wohl eher möglich, die Sonne von ihrer Bahn als

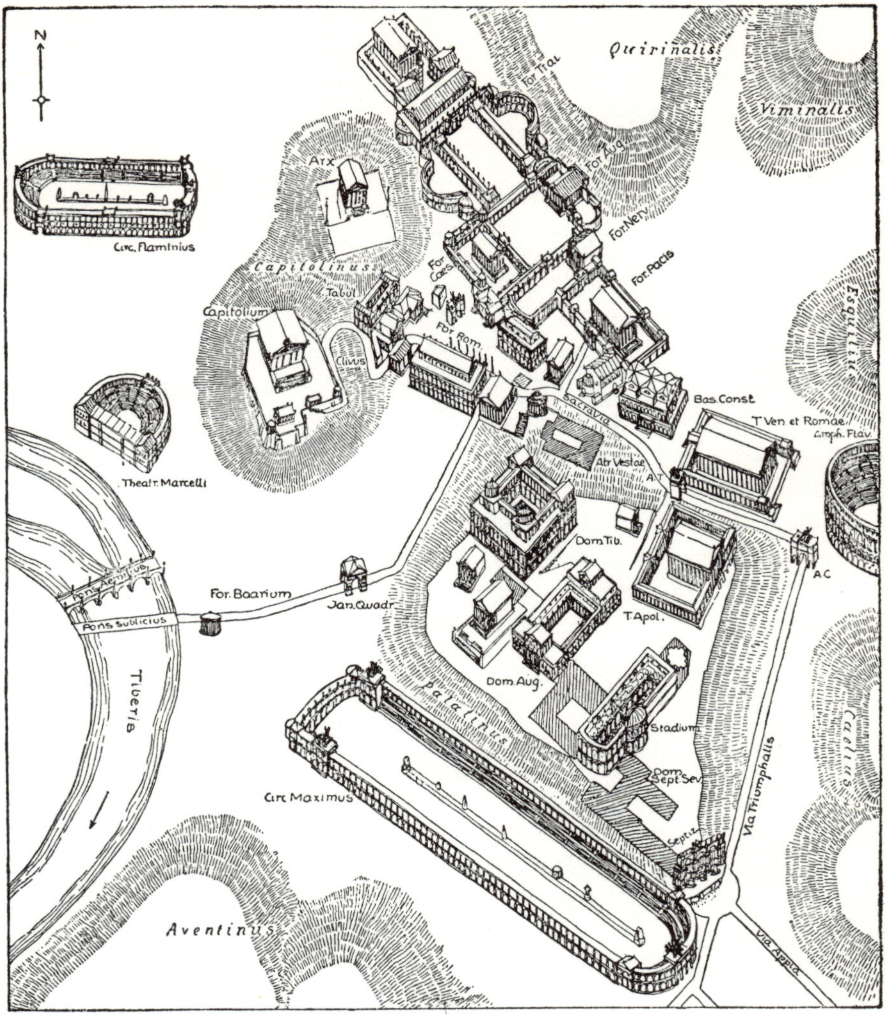

ROM IN DER KAISERZEIT

Fabricius vom Weg der Rechtschaffenheit abzulenken! Nimmer kann ein Staat untergehen, der solche Männer besitzt!«

Bezwungen durch den Edelmut dieses Mannes, sandte er seinen Kanzler abermals nach Rom und bot dem Senat die Hand zum Frieden. Es war vergebens; Kineas verließ unverrichteter Sache Rom und brachte seinem Herrn denselben Bescheid wie das erstemal. –

Von Sizilien nach Tarent zurückgekehrt, zog Pyrrhus mit seinem Heere nach der Stadt Benevent in Samnium, wo der römische Konsul Manus Kurius mit seinen Legionen kampfbereit stand. Dieser Feldherr war ein Muster von Mäßigkeit, Schlichtheit und freiwilliger Armut. Er hatte den Frieden mit den Samnitern geschlossen. Diesem schlichten Mann sollte es endlich gelingen, den fremden Eroberer zu schlagen.

Auf der ganzen Linie entbrannte der Kampf, und wiederum sollten die Elefanten die Entscheidung herbeiführen, aber diesmal zum Vorteil für die Römer. Manus Kurius ließ nämlich diese gewaltigen Turmträger mit Brandpfeilen beschießen, die mit Werg und Teer umwickelt waren. Davon wurden die Tiere scheu, gehorchten ihren Führern nicht mehr, sondern rasten in wilder Flucht gegen das griechische Heer zurück, das dadurch in die größte Unordnung und Verwirrung geriet. Diesen Augenblick benutzte der römische Feldherr, ließ seine Reiter und Legionen mit Macht vorstürmen und warf mit unwiderstehlicher Wucht den Feind über den Haufen.

Die Schlacht war gewonnen; zahlreiche Gefangene und vier Elefanten fielen dem Sieger in die Hände, die ersten Tiere dieser Art, die man in Rom sah.

Nach dieser Niederlage verzweifelte Pyrrhus an der Erfüllung seines erhabenen Traumes, dereinst Herr und Gebieter von Italien zu werden. Er kehrte nach Tarent zurück, befahl seinem Feldherrn Milon den Schutz der Stadt, schiffte sich mit dem größten Teil seines Heeres ein und fuhr von dannen. Und der Sieger in so vielen Schlachten sollte ein klägliches Ende nehmen: in einem Straßenkampf in der Stadt Argos traf ihn der Steinwurf eines Weibes und setzte seiner Heldenlaufbahn ein unrühmliches Ende.

Bald nach der Abfahrt des Königs von Tarent erschien ein römisches Heer von der Stadt und schickte sich an, sie zu stürmen. Da sank dem Befehlshaber Milon der Mut; er sicherte sich und der griechischen Besatzung freien Abzug und übergab die feste Burg und mit ihr die unglückliche Stadt an der blauen Meeresbucht dem römischen Feldherrn Lucius Papirius. Die siegreichen Legionen Roms ergossen sich durch die offenen Tore Tarents, und an der einst so stolzen und übermütigen Stadt erfüllte sich nun das Wort des beschimpften Gesandten Postumius: »Bald kommt wohl die Stunde, da ihr bitter weinen werdet!«

Auf Rom fällt nun das volle Licht der Geschichte. Der römische Staat tritt heraus aus dem Dunkel der Zeiten, als sich die Götter noch mit dem Menschengeschlecht verbanden und himmlische Boten und seltsame Zeichen die Herzen der Sterblichen mit Angst und Schrecken erfüllten. Die alten Götter verlangten Blut und Tränen, und damit ist der Boden Italiens getränkt von Anbeginn. In die poesievollen Sagen der Griechen von Philemon und Baucis, vom Raub der Proserpina, vom Gold des Königs Midas, vom Lorbeer der Daphne, tönen in Rom die Hörner des Kampfes und das Klirren der Schwerter. Freiheit, Mut und Ehre heißen die höchsten römischen Tugenden, und der Wille der Götter verwirrte Heere und Schlachten. Erst zu Beginn der Punischen Kriege wird die Sage verbannt von den Herdfeuern und Tempeln, und das römische Weltreich wird mit klarem Wägen geschaffen. Viele Namen klingen dann auf, seien es Römer, seien es Fremde, Hannibal, Gracchus, Sulla, Cäsar, die römischen Kaiser. Christus wird geboren in die grausame Welt der Antike. Er löst die alten Götter ab, und der Samen, den er säte, fiel auf jenen Boden, von dem dieses Buch kündet, und trug die schönsten Früchte in der Stadt, die ewig jung und alt ist, die Herrscherin des Abendlandes: ROM.

So ging die Verheißung in Erfüllung, die einst Äneas geworden war, und die *Vergil*, der große römische Dichter, mit den Worten preist:

EXCUDENT ALII SPIRANTIA MOLLIUS AERA
CREDO QUIDAM VIVOS DUCENT DE MARMORE VOLTUS,
ORABUNT CAUSAS MELIUS, CAELIQUE MEATUS
DESCRIBENT RADIO ET SURGENTIA SIDERA DICENT:
TU REGERE IMPERIO POPULOS ROMANE MEMENTO
HAE TIBI ERUNT ARTES — PACIQUE INPONERE MOREM
PARCERE SUBJECTIS ET DEBELLARE SUPERBOS!

ANDERE mögen das Erz lebendiger formen und zarter,
Sei es! beseelter dem Stein des Urbildes Züge entlocken,
Wirkungsvoller das Recht im Worte verfechten, der Himmel
Bahn abzirkelnd, genauer den Anfang kennen der Sterne:
Dir, o Römer, geziemt es der Welt mit Macht zu gebieten!
Künste wie dir sie geschenkt sind: Ordnung setzen und Frieden.
Schonen, was sich dir beugt, und zu Boden den Trotzigen zwingen!

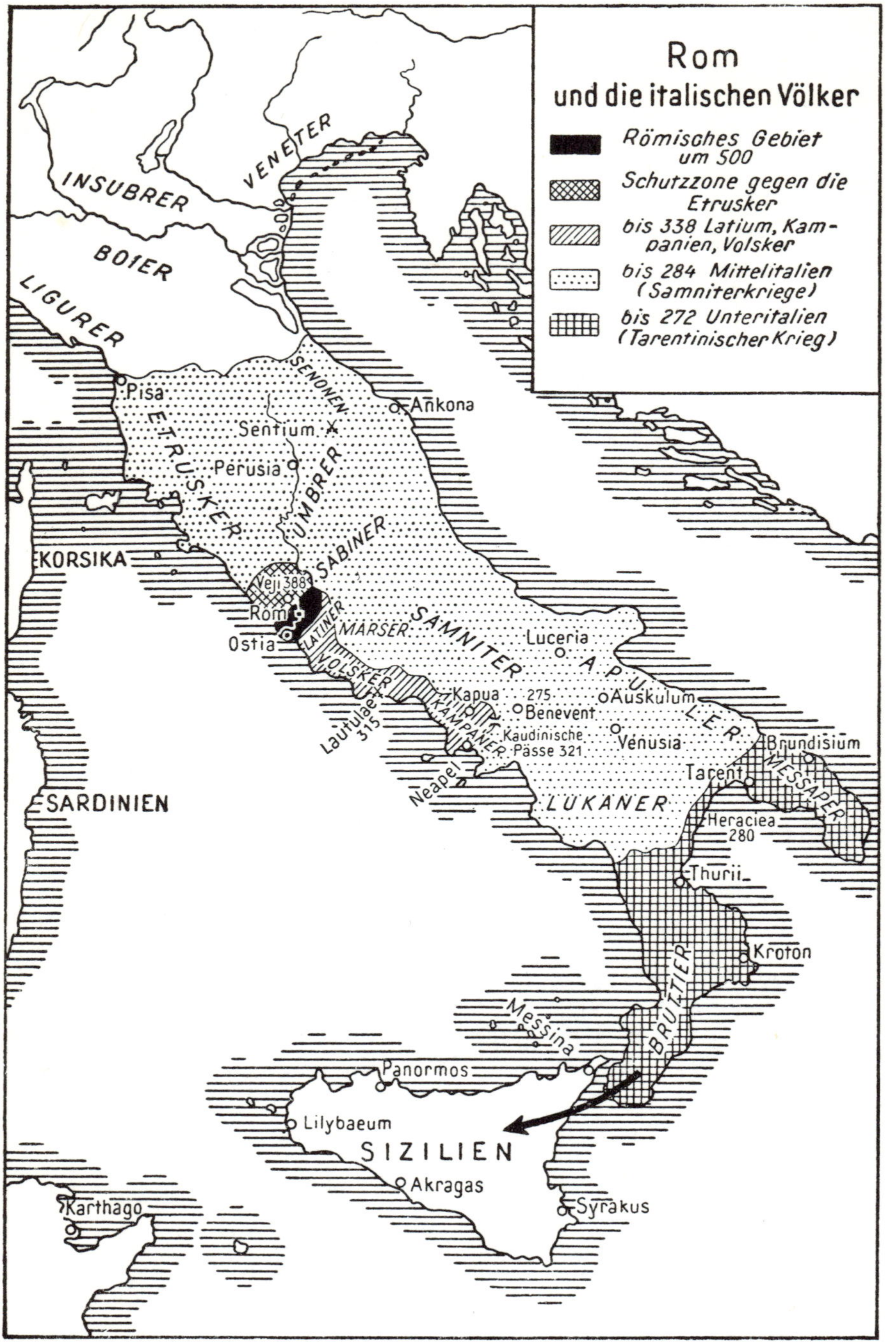
Rom
und die italischen Völker
Römisches Gebiet um 500
Schutzzone gegen die Etrusker
bis 338 Latium, Kampanien, Volsker
bis 284 Mittelitalien (Samniterkriege)
bis 272 Unteritalien (Tarentinischer Krieg)
INSUBRER
VENETER
BOIER
LIGURER
SENONEN
Pisa
Ankona
ETRUSKER
Sentium
Perusia
UMBRER
SABINER
KORSIKA
Veji 388
Rom
Ostia
LATINER
MARSER
SAMNITER
Luceria
APULER
VOLSKER
Kapua
275
Auskulum
Benevent
KAMPANER
Lautulae 315
Kaudinische Pässe 321
Venusia
Brundisium
Neapel
Tarent
MESSAPER
SARDINIEN
LUKANER
Heraciea 280
Thurii
Kroton
Messina
BRUTTIER
Panormos
Lilybaeum
SIZILIEN
Akragas
Karthago
Syrakus

ZEITTAFEL

(Die Zeitangaben der frühesten Epoche sind nur als beiläufig zu betrachten)

ROM IN DER KÖNIGSZEIT (750—510 v. Chr. Geburt)

750..... Gründung Roms
715—672 Numa Pompilius
672—640 Tullus Hostilius
640—614 Ankus Marcius
614—578 Tarquinius Priskus
578—534 Servius Tullius
534—510 Tarquinius Superbus
510..... Vertreibung des Tarquinius Superbus

ROM ALS REPUBLIK (510—31 v. Chr. Geburt)

509..... Krieg gegen Porsenna – Horatius Kokles – Mucius Scävola
496..... Schlacht am Regillussee
486..... Auszug der Plebejer auf den Heiligen Berg
477..... Untergang der Fabier
458..... Cincinnatus besiegt die Äquer
452—449 Dezemvirat – Zwölftafelgesetz – Sturz des Appius Klaudius
405—396 Kamillus erobert Veji
390..... Niederlage der Römer an der Allia gegen die Gallier – Die Gallier in Rom – Vertreibung der Gallier durch Kamillus
343—290 Die Samniterkriege, der latinische Krieg, die Kriege gegen Etrusker und Umbrer – Unterwerfung ganz Mittelitaliens und großer Teile Süditaliens
280—275 Krieg gegen König Pyrrhus
133—131 Übergang Roms von der republikanischen Verfassung zur Monarchie

DIE RÖMISCHE KAISERZEIT (31 v. Chr.—476 n. Chr. Geburt)

Schließlich ab *417 n. Chr. Geb.* Umwandlung Roms in eine christliche Stadt. Germanische Reiche auf römischem Boden

SACHREGISTER

Personennamen scheinen nur auf, wenn ihre Träger später als Götter verehrt wurden.

Ädil .... *Gehilfe der Volkstribunen. Später höherer Gemeindebeamter, dem das Polizeiwesen unterstand. Im kaiserlichen Rom gab es vier Polizeidistrikte.*

Ägis .... *griechisch, eigentlich Ziegenfell, Symbol der Wetterwolke, Attribut Jupiters. In der bildenden Kunst der Schuppenpanzer der Minerva (Ägisschild).*

Agylla .... *später Cäre, eine der zwölf Bundeshauptstädte Etruriens.*

Akka Larentia ..... *Ziehmutter des Romulus und Remus. Sie wurde später als Göttin und Mutter der Laren verehrt. Ihr Fest (Larentalia) fiel auf den 23. Dezember.*

Alba Longa .... *Stadt am Rande des Albanersees, uralte Siedlung, der Sage nach von Äneas' Sohn Julus gegründet. Mutterstadt Roms. Lange Zeit Oberhaupt des Bundes der latinischen Gemeinden. Von Rom zerstört, doch ist der genaue Zeitpunkt der Zerstörung unbekannt, der Sage nach geschah sie unter König Tullus Hostilius. Reste sind nicht mehr vorhanden. Später befanden sich dort Villen der reichen Römer.*

Albanergebirge .... *Vulkangebirge in der latinischen Ebene (heute Campagna di Roma). Höchste Erhebung Monte Cavo, neunhundertundneunundvierzig Meter. Auf ihm die Reste des latinischen Bundesheiligtums. Bekannteste Orte heute Frascati (Tuskulum), Rocca di Papa und der Sommersitz des Papstes Castel Gandolfo.*

Albanersee .... *Umfang zehn Kilometer, Tiefe einhundertsiebzig Meter. Der See ist vulkanischen Ursprungs; der von den Römern 396 v. Chr. angelegte Abzugskanal entwässert ihn auch heute noch.*

Allia .... *Bach, zwölf Kilometer nördlich von Rom in den Tiber mündend. Heutiger Name »Fossa della Bettina«. Niederlage der Römer gegen die Gallier im Jahre 390 v. Chr.*

Amazonen .... *sagenhaftes Volk kriegerischer Frauen, in der griechischen Landschaft Kappadokien beheimatet.*

AMBROSIA .... *Götterspeise, bei den meisten Schriftstellern der Antike das gleiche wie Nektar bedeutend. Durch ihren Genuß können Sterbliche unsterblich werden.*

AMPHORE .... *zweihenkeliger Krug. Auch Flüssigkeitsmaß, in Griechenland neunzehn Ganze vierundvierzig Hundertstel Liter, in Rom sechsundzwanzig Liter.*

ANNA PERENNA ...... *altitalische nährende Frühlingsgöttin, die bald jung, bald alt erscheint. Daher eigentlich eine Mondgöttin.*

ÄNEAS .... *Sohn des Anchises und der Aphrodite (Venus). Nach dem Fall von Troja (ca. 1190 v. Chr.) flieht er nach Italien. Begegnung mit Dido bereits römische Sage. In griechischer Sage ist er ein Kriegsheld, bei den Römern der Mann des Friedens.*

ANIO .... *Nebenfluß des Tiber; Mündung dicht oberhalb Roms. Heutiger Name Aniene.*

ANTEMNÄ .... *sabinische Stadt an der Mündung des Anio in den Tiber. Verschmolz später mit Rom.*

ANTIUM .... *Hauptstadt der Volsker, südwärts von Rom am Meer gelegen. Im latinischen Krieg 340 v. Chr. zerstört.*

APOLLO .... *griechischer Gott Apollon, deutsch meist Apoll genannt, wird vielfach als echtester Olympier und Inbegriff des Hellenentums angesehen. In Rom setzt der Apollokult unter König Tarquinius Superbus ein. Höchste Blüte unter Kaiser Augustus. Schirmherr des Delphischen Orakels.*

ÄQUER .... *ein Volk sabinischer Stammeszugehörigkeit; am Mittellauf des Anio siedelnd. Häufige Feindseligkeiten mit Rom.*

ARDEA .... *Hauptstadt der Rutuler, nach der Sage von Danae gegründet. Im latinischen Krieg von den Römern 340 v. Chr. zerstört.*

ARKADIEN .... *Gebirgslandschaft in Griechenland, das Land der Unschuld.*

ARICIA .... *Stadt in Latium, fünfundzwanzig Kilometer südöstlich von Rom. In der Nähe, am berühmten Nemisee, lag das Heiligtum der Diana, von dem man vor kurzem Unterbauten freigelegt hat. Heutiger Name der Stadt Arricia.*

ASKULUM .... *Stadt in Apulien, Sieg des Königs Pyrrhus über die Römer 279 v. Chr. Heute die Bischofsstadt Ascoli in der Provinz Foggia.*

AS .... *römische Gewichts- und Münzeinheit, ungefähr dreihundert Gramm Kupfer. Ursprünglich ungeprägt verwendet. In späterer Zeit trat an Stelle des As der Denar zu vier Sesterzen.*

AUGUR .... *römischer Priester und Weissager. Er wahrsagte vornehmlich aus dem Gesang der Vögel und der Richtung ihres Fluges, ferner aus der Freßlust junger Hühner, die man in Käfigen hielt. Aber auch Donner und Blitz und das Verhalten großer Tiere (Ziege, Schaf, Wolf) dienten zur Weissagung.*

AUSONIEN .... *ursprünglich Unteritalien, später dichterisch als Bezeichnung ganz Italiens gebraucht. Die Ausoner galten als die Ureinwohner Unteritaliens.*

AVENTIN .... *einer der sieben Hügel Roms, von König Ankus Marcius ins Stadtgebiet einbezogen. Er trug einen von König Servius Tullius gestifteten Dianatempel und diente hauptsächlich der Plebs als Wohnsitz. Im Mittelalter erst verödet, später mit Klöstern bebaut. Jetzt ein Teil des modernen Rom.*

BACCHUS .... *griechisch Dionysos, Gott des Weines.*

BELLONA .... *sabinische Gottheit der Kriegsfurie.*

BONA DEA .... *Fauna oder Maja genannt. Gattin, auch Schwester des Faunus.*

CÄLIUS .... *oder auch Cölius, sagenhafter etruskischer Feldherr, der mit seinen Truppen zu Rom überging. Nach ihm wurde einer der sieben Hügel Roms benannt. Im Mittelalter verödete dieser, ist aber heute zum Teil wieder modern bebaut.*

CERES .... *römische Göttin des Ackerbaues. Nach ihr ist ein Planet benannt, davon das Metall Zer. Vergleiche auch das Wort Zerealien für aus Getreide gewonnene Lebensmittel.*

CELLA .... *siehe Tempel.*

CHIMÄRA .... *griechisches Fabelwesen, ein Ungetüm mit dreigeteiltem Leib, vorne Löwe, in der Mitte Ziege, hinten Schlange.*

DELPHI .... *griechischer Ort am Parnassosgebirge. Größtes Orakelheiligtum des Apollo. Der Gott spricht dort durch den Mund einer »Pyth« genannten Priesterin. Wichtigster Weissagungsort des Altertums. 1892 begonnene Ausgrabungen haben den ganzen heiligen Bezirk freigelegt.*

DEZEMVIR .... *Mitglied des Dezemvirat genannten Zehnmännerkollegiums, das ein geschriebenes Gesetz ausarbeitete (451 v. Chr.).*

DIANA .... *jungfräuliche Göttin der Jagd, der griechischen Artemis entsprechend. Auch als Mondgöttin verehrt. Tempel auf dem Aventin. Ihr Fest fiel auf den 13. August.*

DIKTAMNUM .... *nach dem Berge Dikte auf Kreta benanntes Heilkraut, dem man die Kraft zuschrieb, abgebrochene Pfeilspitzen aus der Wunde zu ziehen.*

Diktator .... *römische Magistratsperson, von den Konsuln in Kriegszeiten ernannten und mit unbeschränkten zivilen und militärischen Vollmachten ausgerüstet. Amtsdauer auf sechs Monate beschränkt. Der Diktator befehligte in der Schlacht das Fußvolk (magister populi=Heeresmeister) und ernannte den Reiterführer zu seinem Stellvertreter (magister equitum=Reitermeister). Auch die anderen latinischen Gemeinden kannten die Einrichtung des Diktators, der in Notzeiten einen Ersatz für den König darstellte. Im heutigen Sprachgebrauch ein Herrscher, der ohne Befragung des Volkswillens regiert.*

Dioskuren .... *Kastor und Pollux (griechisch Polydeukes) Zwillingssöhne des Jupiter (Zeus) und der Leda, der sich der Gott in der Gestalt eines Schwans genaht hat. Kastor stellte man sich als Faustkämpfer, Pollux als Rossebändiger vor.*

Egeria .... *Quellnymphe, Gattin des Numa Pompilius.*

Eheschliessung ..... *es gab drei Arten der Eheschließung: die religiöse, die zivile und die faktische, bewirkt durch ein ohne vorangegangenes Zeremoniell stattfindendes Zusammenleben von Mann und Frau. Die Scheidung war bei allen drei Ehearten möglich. Ehe zwischen Bürgern und Freigelassenen hieß Konkubinat; ihre Rechtsfolgen waren besonders hinsichtlich der Stellung der Kinder beschränkt.*

Erbrecht .... *das römische Erbrecht ist zum Vorbild der Erbrechte aller Staaten der westlichen Welt geworden. Das Testament mußte vor Zeugen abgelegt werden. Ohne Hinterlassung einer letztwilligen Verfügung erbten die Kinder oder nahen Verwandten, der Ehegatte ging leer aus.*

Esquilin .... *einer der sieben Hügel Roms. Jetzt modern bebaut.*

Etrusker .... *auch Tusker genannt (ihr Land heißt Etrurien oder Tuszien), waren staatsrechtlich in einem losen Bund von zwölf Städten organisiert und bewohnten ein Gebiet, das ungefähr die heutige Landschaft Toskana umfaßt; doch besaßen die Tusker auch Kolonien in Unteritalien. Ausgrabungen der jüngsten Zeit beweisen den hohen Stand ihrer Kultur, die griechischen Elemente mit orientalischen (Eingeweideschau, Menschenopfer, grausame Fechterspiele) verband. Ihre Sprache ist nur in zwei noch nicht übersetzbaren Dokumenten erhalten, so daß nicht feststeht, ob sie überhaupt indogermanischen Ursprungs war. Das etruskische Wesen hat, völlig im lateinischen untergehend, größten Einfluß auf die kulturelle Entwicklung Roms gehabt. Höhepunkt der etruskischen Macht zwischen 600 und 475 v. Chr., Niedergang ab der Niederlage in der Seeschlacht bei Kumä gegen den syrakusischen Tyrannen Hieron, 475 v. Chr., Untergang in der Schlacht am Vadimonischen See gegen die Römer 310 v. Chr.*

EVANDER .... *oder Euander, griechische Sagengestalt, den absolut guten Menschen symbolisierend. Kommt aus Arkadien nach Latium, bringt die Schrift mit und regiert eine Zeitlang auf dem Palatin.*

FALERII .... *Stadt im südlichen Etrurien, die Einwohner heißen Falisker. Heute Civita Castellana. Viele Reste der römischen und vorrömischen Stadt erhalten. Wichtiger Fundort für etruskische Grabmäler.*

FASCES .... *Rutenbündel, in dem Beile steckten. Von den Liktoren als Zeichen der Staatsmacht getragen. Aus Etrurien nach Rom gekommenes Symbol.*

FAUNA .... *Schwester, auch Gemahlin des Faunus, Enkelin Saturns. Göttin der Fruchtbarkeit und der Natur. Vgl. das Wort Fauna als Bezeichnung der Tierwelt eines Landes oder einer Region.*

FAUNUS .... *Enkel Saturns, Vater des Königs Latinus, altitalischer Gott der freien Natur, Beschützer der Hirten und Bauern, als Wolfstöter auch Luperkus genannt. Das Fest für Faunus, die Luperkalien, fielen auf den 15. Februar. Die Attribute »Bocksfuß« und »Bockshorn« entstanden erst in der bildenden Kunst der Renaissance durch Verwechslung mit den Satyren.*

FETIALEN .... *Priester, die die Abfassung der Staatsverträge überwachten. Später war ihre Tätigkeit wohl nur mehr rein zeremoniell.*

FIDENÄ .... *Stadt, acht Kilometer nördlich Roms gelegen. Latinische Gründung, von den Etruskern erobert und als Brückenkopf am linken Tiberufer ausgebaut. Von den Römern 426 v. Chr. erobert. Unter Kaiser Tiberius Schauplatz des größten Unglücks der Antike, eines Tribüneneinsturzes mit fünfzigtausend Toten. Heute keine Spuren der Stadt mehr vorhanden.*

FIDES .... *Göttin der Treue, zu ihr wurde bei der Gewährung eines Kredits geschworen.*

FLAMINES .... *Priester, die für den Dienst in den einzelnen Tempeln verantwortlich waren. Auch die Kurien der Patriziergeschlechter besoldeten Flamines als eine Art von Seelsorgern.*

FLORA .... *alte sabinische Gottheit der Blüten und Nahrung spendenden Pflanzen.*

FORTUNA .... *Glücksgöttin, der griechischen Tyche verwandt. In der Zeit des Verfalls wurde sie von den Kaisern als allmächtige Staatsgöttin eingesetzt, denn man vertraute in dieser Periode des Untergangs dem blinden Zufall mehr als der Tüchtigkeit.*

FORUM .... *genauer Forum Romanum (denn jede italische Stadt besaß ein Forum), ursprünglich Markt, später Mittelpunkt des öffentlichen Lebens. In der jüngsten Zeit wurden seine grandiosen Trümmerreste (Tempel, öffentliche Gebäude usw.) freigelegt und bilden seitdem ein von den Touristen vielbewundertes antikes Schaustück.*

FURIEN .... *griechisch Erinnyen, Rachegöttinnen, die mit ihren Schlangenhaaren furchterregend aussahen. Bei den Römern auch Göttinnen des Rechts. Es gab drei Furien: Allekto, Teisiphone und Megaira. Vgl. das Wort Megäre für böses Weib.*

GALLIER .... *oder Kelten, indogermanischer Volksstamm, erst nördlich der Alpen hauptsächlich auf dem Gebiet des heutigen Frankreich siedelnd. Schwärme gingen über die Alpen und ließen sich in der Poebene nieder. Von hier aus stießen sie bei Rom vor. Staatsbildende Kraft besaßen sie kaum, waren aber tapfer und geistreich. Durch die Siege von Julius Cäsar und die von Kaiser Augustus geschaffene Militärgrenze kamen sie endgültig unter die römische Oberhoheit. Teile ihres Bluterbes übernahmen die heutigen Franzosen, auch bei den Alpenvölkern will man vielfach noch gallische Erbelemente feststellen.*

GAURUS .... *Berg in der Nähe der heutigen Stadt Pozzuoli bei Neapel. Schlachtort im ersten Samniterkrieg 343 v. Chr. Heutiger Name: Monte Gauro.*

HARPYIEN .... *häßliche Mischwesen der griechischen Sage: halb Vogel-, halb Mädchenleib.*

HARUSPEX .... *etruskische Priester, die aus der Beschaffenheit der Eingeweide (Größe, Farbe) der Opfertiere Weissagungen herauslasen. Auch in Rom kamen um die Mitte der Königszeit nach etruskischem Vorbild die Haruspices auf.*

HERKULANUM .... *von den Römern ungefähr 340 v. Chr. am Fuß des Vesuv gegründete Garnisonsstadt. 79 n. Chr. bei dem großen Vesuvausbruch verschüttet und in moderner Zeit teilweise wieder ausgegraben.*

HERKULES .... *griechisch Herakles, Sohn des Jupiter bzw. Zeus, ein mit ungeheuren Kräften ausgestatteter Halbgott, der auf Grund eines Orakelspruches zwölf schwere Arbeiten ausführen muß. Die in diesem Buch erwähnte Erbeutung der Rinder in der Gegend der zwei Säulen war die zehnte Arbeit.*

HERA .... *siehe Juno.*

HERNIKER .... *wörtlich Felsbewohner, kleiner latinischer Volksstamm.*

HESPERIEN .... *wörtlich Abendland, dichterischer Ausdruck für Italien.*

HESTIA .... *siehe Vesta.*

IDA .... *1. Berg bei Troja. Seine Fichtenwälder lieferten das Holz für die Flotte des Äneas. 2. Berg auf der Insel Kreta.*

IMPERIUM .... *Die Macht, die der König, die Konsuln oder der Diktator ausüben.*

INQUISITOR .... *Leiter der Voruntersuchung im Kriminalprozeß. Dieser Titel trat an die Stelle des früher für dieses Amt verwendeten Quästortitels.*

ITALER .... *oder auch Italier und Italiker, heißt eigentlich »Bewohner des Rinderlands«. Die Ureinwohner Italiens setzten sich aus drei Gruppen, den Etruskern, dem sabinisch-samnitisch-umbrischen Stamm und den Latinern (Römer, Volsker, Rutuler, Herniker u. v. a.) zusammen. Doch waren letztere beiden Stämme nahe verwandt. Die Einwanderung ist im Zuge der frühindogermanischen Wanderung erfolgt. Vorindogermanische Besiedlung Italiens wurde bisher keine festgestellt.*

JANIKULUM .... *Hügel am rechten Tiberufer, von manchen auch als siebenter Hügel Roms bezeichnet. Angeblich schon von Romulus besetzt, wurde er von Ankus Narcius zu einem Brückenkopf ausgebaut.*

JANUS .... *altitalischer Gott der Tordurchgänge, im übertragenen Sinn Gott des Anfangs und Endes. Ohne griechisches Gegenstück.*

JUNO .... *altitalische Gottheit; nach ihr ist der Monat Juni benannt. Der griechische Herakult wurde auf sie übertragen. Göttermutter, Schutzherrin der Ehe und des kleinen Kindes, Gattin Jupiters. Staatsheiligtum für Juno auf dem Kapitol neben dem Jupitertempel.*

JUPITER .... *Oberster Himmelsherr, alter italischer Gott des Himmels und der Lichterscheinungen, des Rechtes und der Treue. Er hemmte die Flucht als Jupiter Stator und verlieh den Sieg als Jupiter Victor. Sein schönster Tempel stand auf dem Kapitol. Schon in alter Zeit als Schutzgott des latinischen Bundes verehrt, besaß er ein uraltes Heiligtum auf dem albanischen Berg. Erst später ganz im griechischen Zeus aufgegangen.*

JUTURNA .... *Oberste Quellennymphe, von der Sage bald zur Gattin des Janus, bald zur Geliebten Jupiters gemacht.*

KAKUS .... *Sohn des Götterschmieds Vulkanus, ein gewaltiger Riese, der im Aventin haust und von Herkules erschlagen wird.*

KAMPANIA .... *deutsch Kampanien, die auch heute noch so genannte, nordostwärts von Neapel gelegene fruchtbare Ebene, nördlich etwa begrenzt durch den Fluß Volturno, südlich vom Vesuv. Einstiger Hauptort Kapua, das heutige Caserta. Die Eroberung der Kampania während der Samniterkriege schuf die wichtigste Grundlage für die Macht Roms. Nicht zu verwechseln mit der Campagna die Roma, der heutigen Umgebung Roms.*

KAPITOL .... *einer der sieben Hügel Roms. Auf ihm lag die Stadtburg und die großartigen Tempel Jupiters und Junos. Viele Reste noch vorhanden.*

KAPUA .... *Hauptort der antiken Kampania. Heute S. Maria di Capua. Das heutige Capua steht an Stelle des alten Kasilinum. Etruskische Gründung, dann von den Samnitern erobert. Die Eroberer verschmolzen aber mit den Ureinwohnern zu einem neuen Volk. Zu Beginn der Samniterkriege freiwillig unter die Herrschaft Roms getreten. Galt als eine Stadt des Luxus und Wohllebens.*

KARTHAGO .... *Hauptstadt des gleichnamigen Reiches in Nordafrika, über das einst die Königin Dido herrschte. Die Karthager wurden auch Punier genannt, weil sie angeblich von den Phöniziern abstammten.*

KAUDIUM .... *Stadt in Mittelitalien, heute Montesarchio. In der Nähe die berühmten Kaudinischen Pässe, Demütigung eines römischen Heeres 321 v. Chr.*

KASTOR .... *siehe Dioskuren.*

KENTAURE .... *griechisch, Fabelwesen mit menschlichem Oberkörper und Unterleib eines Pferdes.*

KLIENT .... *Schutzbefohlener. Neu zugewanderte Bürger begaben sich vielfach unter den Schutz einer Adelsfamilie und hießen dann Klienten. Sie durften Eigentum erwerben, besaßen aber keine politischen Rechte. Nur in der Frühgeschichte Roms von Bedeutung.*

KLUSIUM .... *eine der zwölf Bundeshauptstädte Etruriens. Heute die Stadt Chiusi in der Toskana.*

KLOAKA .... *Kanal und Kloaka maxima – Hauptkanal des römischen Stadtentwässerungssystems, geschaffen von König Tarquinius dem Älteren. Heute noch erhalten und zu besichtigen.*

KOHORTE .... *ursprünglich loser Truppenverband, später Untergliederung der Legion (siehe dort).*

KONKORDIA .... *Göttin der Einigkeit. Spielte eine untergeordnete Rolle im römischen Kult.*

KONSULN .... *die zwei auf ein Jahr gewählten Oberhäupter der römischen Republik. Wörtliche Bedeutung »Die Zusammenspringer«, weil die Konsuln immer gemeinsam auftraten und es auch keine Aufteilung der Macht zwischen ihnen gab; eine in der Weltgeschichte einmalige staatsrechtliche Konstruktion. Neuwahl stets am 1. März.*

KORIOLI .... *ursprünglich volskische Stadt am Fuß des Albanergebirges.*

KUMÄ .... *von chalkidischen Griechen 1050 v. Chr. am heutigen Golf von Neapel gegründete Stadt. Im Altertum berühmt durch seinen Orakelkult (Sibylle). Die gewaltigen Ringmauern der Akropolis (Burg) von Kumä sind noch teilweise erhalten.*

KURIEN .... *Geschlechterverbände des Patriziats. Verfassungsrechtliche Bedeutung anfangs groß (Wahl der Könige, Stellung der Senatoren, Gesetzesinitiative), später absinkend.*

KURULISCHER STUHL . *der aus Etrurien stammende elfenbeinerne Stuhl, in dem die höchsten Würdenträger Roms bei feierlichen Amtshandlungen saßen. Daher wurden die wichtigsten Staatsämter auch kurulische Ämter genannt.*

LAREN .... *die abgeschiedenen Geister der Familie. Schutzgöttin des Herdes.*

LATINER .... *Bewohner von Latium. Die gleiche Sprache redend und in etwa dreißig selbständigen Gemeinden siedelnd, machten sie bis zu ihrer staatsrechtlichen Verschmelzung mit der römischen Republik die gleiche kulturelle und politische Entwicklung durch wie deren Bürger.*

LATINISCHER BUND ... *Verband der etwa dreißig freien latinischen Gemeinden, zu dem auch die oft genannten rutulischen und volskischen Städte gehörten. Bundeshauptstadt war ursprünglich Alba Longa, dann Rom. Der Bund wurde als Folge des römischen Sieges im latinischen Krieg 340 v. Chr. aufgelöst, das Gebiet wurde römisches Staatsgebiet.*

Latium .... *die kleine Ebene bei Rom, der heutigen Campagna entsprechend, aus der die Weltherrschaft des lateinisch-römischen Geistes erwuchs. Die einstige Fruchtbarkeit des Bodens ist verlorengegangen, heute nur mehr dürftiges Weideland. Die Grenzen waren nicht genau fixiert und entsprechend den politischen Entwicklungen fließend. Der Ursprung des Wortes liegt in »latus«, lat. = Seite, und »platus«, griech. = platt, deutet also auf die Ebene hin. Die Ableitung Vergils von »tutus latuisset«, also »bergendes Land« ist dichterische Vision.*

Laurentum .... *der Sage nach von König Pikus gegründete Stadt. Heute das unbedeutende Dorf Pratica, dreiundzwanzig Kilometer südlich von Rom.*

Lavinium .... *der Sage nach von Äneas gegründete Stadt. Eines der wichtigsten Mitglieder des latinischen Bundes. Während der römischen Kaiserzeit verfallen.*

Legion .... *ursprünglich die gesamte Streitmacht Roms, später ein Unterverband, der modernen Division entsprechend. Mannschaftsstärke von viertausendzweihundert Mann ansteigend bis zu zehntausend Mann in der Kaiserzeit. Gliederung in dreißig Manipel, deren jede ein Feldzeichen führte. Reiterei ursprünglich selbständig, später der Legion zugeteilt. In der Zeit der Könige und der jungen Republik trat die Legion geschlossen zum Kampf an, sich vielfach der Phalanx bedienend. Kamillus führte die berühmte Manipularordnung ein, in der auf je zwei Manipel in der Front eine weiter hinten postierte als Reserve kam (Schachbrettordnung). Diese drei Manipel bildeten zusammen eine Kohorte, der also nur taktische Bedeutung zukam. Kamillus erhöhte die Elastizität und Schlagkraft der Legion auch dadurch ungemein, daß er die Kohorte mit großen Abständen zu den Nachbarverbänden in der Schlacht operieren ließ. Taktisch zerfielen dann Legion und Manipel weiter noch in drei Treffen: die Schwerbewaffneten oder Vorkämpfer (Principes), die Leichtbewaffneten oder Speerträger (Hastati) und die Schleuderer (Triarii). Die Hauptwaffe bildete seit den Samniterkriegen das breite spanische Schwert und das gefürchtete Pilum der Schleuderer, eine mit Stacheln besetzte Eisenkugel. In seiner Blütezeit verfügte Rom über siebzig Legionen, eine Streitmacht, die bereits der Größenordnung eines modernen Heeres gleichkommt.*

Lemuren .... *oder Larven, die Geister der Abgeschiedenen, die wegen ihrer schlechten Taten auf Erden keine Ruhe finden.*

LIKTOR .... *von dem lateinischen Wort licere = laden. Königsbote, Königsherold. Später Herold und Diener der Konsuln. Auch Urteilsvollstrecker.*

LUCERA .... *römische Stadt in der Nähe der Adriaküste. Heute Lucera in der Provinz Foggia.*

LUKANER .... *Volksstamm sabinisch-samnitischer Herkunft, im östlichen Unteritalien siedelnd.*

LUNA .... *römische Mondgöttin, der griechischen Selene entsprechend. Oft auch mit Diana gleichgesetzt.*

LUPERKUS........... *siehe Faunus.*

LUSTRUM .... *ein Zeitraum von fünf Jahren, auch heute noch in gleichem Sinn gebräuchlich.*

MAGISTRAT .... *lateinisch »Magistratus«, bezeichnete bei den Römern jedes obrigkeitliche Amt wie dessen Träger. Die Macht, die dem Magistrat zukam, wurde »potestas« genannt, nur die höchste ausführende und befehlende Gewalt des Königs bzw. der Konsuln oder des Diktators hieß Imperium. Die Magistrate wurden gewählt, in der Republik grundsätzlich jährlich am 1. März. (Nur die Zensur besaß eine Geltungsdauer von eineinhalb Jahren.) Die Magistrate in ihrer Gesamtheit nennt man Magistratur. In das moderne öffentliche Leben ist der Begriff Magistrat als Bezeichnung der Gesamtverwaltung einer Stadtgemeinde eingegangen.*

MAHLZEITEN .... *die ursprüngliche Einfachheit der römischen Mahlzeit, die in der Hauptsache aus einem »Puls« genannten Mehlbrei bestand, wich bald luxuriösen Bedürfnissen. So gab es bereits in der frühen Republikzeit drei Hauptmahlzeiten täglich, und zwar: das Frühstück (»Jentaculum«), bestehend aus Brot, Oliven und getrockneten Weintrauben, das Mittagessen (»Prandium«) mit den gleichen Speisen wie das Frühstück und der Abendmahlzeit (»Cäene«), die sich aus einem Vorgericht (»Gustus«) und zahlreichen Fleisch- und Süßspeisen zusammensetzte. Die Männer lagen beim Essen, die Frauen saßen. Man aß mit den Fingern. Die Speisen wurden vorgeschnitten.*

MANEN .... *die guten Geister der Abgeschiedenen in der Unterwelt.*

MANIA .... *Großmutter der Laren und Manen, später durch die Proserpina in den Hintergrund gedrängt und zum Schreck der Kinder geworden.*

MANIPEL .... *Untergliederung der Legion.*

MARS .... *altitalischer Gott des Todes und des Krieges, aber auch des Wachstums und der Felder und Herden. Seine heiligen Tiere sind der Wolf und der Specht. Oberster Schutzherr der Stadt Rom, Vater von Romulus und Remus. Der erste Monat des damaligen Jahres, der März, war ihm geweiht. Erst nach dem Zusammenfließen mit dem griechischen Ares wurde Mars hauptsächlich der Gott der Schlachten.*

MARSFELD .... *weite Ebene vor den Toren Roms mit einem ehrwürdigen Altar des Gottes. Dort übte sich die römische Jugend in kriegerischen Spielen. Auch die großen Heeresversammlungen fanden auf dem Marsfeld statt.*

MEDUSA .... *eine der drei Gorgonen, dämonische Spukgestalten mit Schlangenhaaren und furchtbaren Zähnen. Der Blick der Medusa läßt jeden, auf den er fällt, zu Stein werden. Gehört der griechischen Mythologie an.*

MEILE .... *die römische Meile maß tausend Schritt zu je fünf Fuß und entsprach eintausendvierhundertundzweiundsiebzig und einen halben Meter. Berühmt sind die Meilensteine der römischen Straßen, von denen viele noch an heutigen Straßen in West- und Südeuropa stehen.*

MERKUR .... *Gott des Handels und Verkehrs, dem griechischen Hermes entsprechend. Auch als Götterbote und Geleiter der abgeschiedenen Seelen betrachtet; wird daher mit Flügelschuhen und Reisehut abgebildet.*

MINERVA .... *römische Göttin, wie Janus, nicht auf griechische Vorbilder zurückgehend. Ihr Kult kam wahrscheinlich aus Etrurien nach Rom. Ihre Gleichsetzung mit Athene fällt erst in spätere Zeit. Göttin der Kunst und des Handwerks.*

MISENUM .... *Vorgebirge am Golf von Neapel. Heute Cap Miseno.*

MUSEN .... *neun Töchter des Zeus, die die Wissenschaften und die schönen Künste betreuen. Von Rom übernommen.*

NEAPOLIS .... *wörtlich Neustadt, das heutige Neapel, von Kumä aus erfolgte griechische Gründung. Im zweiten Samniterkrieg nach der Eroberung der Schwesterstadt Paläopolis durch Rom begibt sich Neapolis freiwillig in den römischen Staatsverband.*

NEPTUN .... *römischer Gott des Meeres, dem griechischen Poseidon entsprechend.*

NEREIDEN .... *die fünfzig Töchter des griechischen Meeresgottes Nereus. Liebliche Meeresjungfrauen.*

NYMPHEN .... *griechische Göttinnen der freien Natur, Töchter des Zeus. Ihre Kultstätten waren Bäume, Quellen und Grotten. In dem von den Römern übernommenen Nymphenkult spielten besonders die Quelljungfrauen eine große Rolle, eine Folge des auch schon im alten Italien herrschenden Wassermangels.*

Olymp .... *höchster griechischer Berg, zweitausendneunhundertachtzehn Meter. Auch nach römischem Glauben Sitz der Götter.*

Ops .... *römische Göttin der Fruchtbarkeit, Gattin des Saturnus, Mutter Jupiters.*

Orkus .... *römischer Todesgott, aber auch das unterirdische Reich, in dem die abgestorbenen Seelen ein Schattendasein führen. Den griechischen Begriffen des Tartaros, Hades und Erebos entsprechend.*

Padus .... *Fluß in Oberitalien. Heute Po.*

Palatin .... *einer der sieben Hügel Roms. Beginn und Kern der Weltstadt. Im frühen Mittelalter haben Odoaker und Theoderich auf dem Palatin gewohnt. Die Reste der antiken Bebauung wurden aus den Trümmern mittelalterlicher Festungsanlagen freigelegt.*

Pallanteum .... *sagenhafte Stadt der latinischen Vorzeit, von König Evander gegründet. Sie verfiel, und an ihre Stelle trat Jahrhunderte später Rom.*

Panazeenkraut .... *griechisches Zauberkraut, dem man die Wunderwirkung, alle Krankheiten zu heilen, zuschrieb.*

Patriziat .... *der Adel Roms, nach vierhundert Jahre langen Kämpfen von der Plebs der Macht beraubt. Name kommt von »Patres«, Väter, die Romulus in den Rat berief.*

Patron .... *Patrizier in seiner Eigenschaft als Schutzherr der Klienten (siehe dort).*

Phalanx .... *von den Griechen entwickelte Schlachtordnung des schweren Fußvolks, zwischen acht und sechzehn Glieder tief, die mit sechseinviertel Meter langen Stoßlanzen bewaffnet waren. In der Frühgeschichte Roms von Bedeutung, später durch die Manipularordnung der Legion und der Taktik des Schwertkampfs abgelöst.*

Penaten .... *freundliche Schutzgeister des Hauses.*

Pikus .... *Sohn des Saturnus; von der Zauberin Circe in einen Specht verwandelt. Altitalische Gottheit der Natur.*

Plebs .... *das gemeinsame Volk Roms, den Reihen der Zugewanderten entstammend. Ursprünglich wurden reich gewordene Plebejer in den Adel übernommen, später entwickelte sich die Plebs als eigener Stand, der infolge seiner zahlenmäßigen Überlegenheit schließlich die Macht an sich riß.*

PLUTO .... *Gott der Unterwelt, dem griechischen Hades entsprechend, Gemahl der Proserpina.*

POLLUX............. *siehe Dioskuren.*

POMPEJI .... *nach dem latinischen Krieg ca. 350 v. Chr. gegründete Stadt, am Fuß des Vesuv gelegen. 79 n. Chr. durch einen Ausbruch des Vulkans verschüttet. Im 18. Jahrhundert begann die Wiederfreilegung, und heute ist Pompeji eine der größten Sehenswürdigkeiten Italiens.*

PONTIFEX .... *wörtlich Brückenbauer, ursprünglich Priester, später Mitglied des höchsten Priesterkollegiums. Der Oberste Priester Roms war der Pontifex maximus.*

PAMONA .... *latinische Göttin der Gärten und Fruchtbäume.*

POPULUS .... *das römische Volk, vielfach auch im Sinn von Heer gebraucht. (Vgl. Fußvolk u. ä.)*

PORTUNUS .... *römischer Hafengott.*

PRÄNESTE .... *uralte Stadt in Latium. In der Kaiserzeit römische Sommerfrische. Auf ihren Trümmern erhebt sich das heutige Palestrina.*

PRÄTOR .... *zweithöchstes Amt nach den Konsuln, geschaffen nach dem vollen Sieg der Plebs. Besaß zuerst nur Justizbefugnisse, später auch militärische Macht.*

PRATA MURCIA ...... *Murzische Wiese, genannt nach dem Volkshelden Mucius Scävola.*

PRIAMOS .... *letzter König von Troja (siehe dort), daher auch »Priamos' Feste«.*

PROLETARIAT .... *letzte Klasse der Plebs mit Bürgern ohne Vermögen.*

PYTHAGORAS .... *griechischer Philosoph (540—500 v. Chr.), Begründer der sogenannten Italischen Schule. Sein berühmtester Lehrsatz lautet, daß im rechteckigen Dreieck das Quadrat der Hypothenuse gleich ist der Summe der Quadrate der beiden Katheten.*

QUÄSTOR .... *ursprünglich Kriminalbeamter, z. B. »quaestor paricidii« = Mordspürer. Später Verwalter der Staatskasse. Aber auch für andere wichtige Ämter wird der Titel verwendet. Zum Beispiel wurden die Kommandanten der Küstenverteidigung »Flottenquästoren« genannt.*

QUIRINALIS .... *einer der sieben Hügel Roms. Nach 1870 Sitz des italienischen Königs.*

QUIRINUS .... *Name des römischen Stadtgründers Romulus als Gottheit.*

Quiriten .... *ursprünglich Name der Einwohner der sabinischen Stadt Kures. Nach deren Verschmelzung mit Rom Name für Römer schlechthin. In der Kaiserzeit neuerlicher Bedeutungswandel zu Militärveteranen. Die Herkunft des Wortes ist dunkel, vielleicht bedeutete es einmal »Lanzenmänner«, möglicherweise hängt es aber auch mit Mars oder Kures zusammen.*

Regillussee .... *einstiger See in der Nähe Roms, später ausgetrocknet. Entscheidender Sieg der römischen Republik über den letzten König Tarquinius Superbus 496 v. Chr.*

Rhea Silvia .... *Mutter von Romulus und Remus, Gattin des Flußgottes Tiberinus.*

Rogation .... *Gesetzesvorschlag, auch Anklage im Strafprozeß. Heute nur mehr im Sinn von Bittgang gebraucht.*

Romaner .... *davon Rom, Romulus usw. Ethymologische Herkunft des Wortes ist dunkel. Der deutsche Historiker Mommsen leitet es von »Ramnes« ab, eine der drei altrömischen Patriziertribus, und deutet es als »Leute vom Strom«.*

Rostra.............. *Rednertribüne auf dem römischen Forum.*

Rumina .... *altitalische Göttin, die dafür sorgte, daß Menschen- und Tiermütter genug Milch zum Säugen hatten. Vgl. Ruminalischer Feigenbaum in der Romulussage.*

Rutuler .... *alter Volksstamm der sabinischen Familie, südlich von Rom in Latium siedelnd. Hauptstadt Ardea.*

Sabeller .... *siehe Sabiner.*

Sabiner .... *einer der wichtigsten und begabtesten Stämme Mittelitaliens, mit den Latinern nah verwandt. Sagenhafte Herkunft von einem König Sabus. Auch Sabeller genannt.*

Sabinergebirge ..... *der Latium begrenzende Teil der Apenninkette.*

Salicia .... *die Salzflut, römische Göttin und Gemahlin Neptuns.*

Salier .... *einer der ältesten Geschlechterverbände Roms. Zu den Marsfesten führten sie Springtänze auf.*

Samniter .... *von den Sabinern abstammendes Volk in Unteritalien. Gilt mit den ihnen nahe verwandten Römern als das tüchtigste Volk des antiken Italien, besaß allerdings keine stadtbildende Kraft und wenig staatsrechtliches Denken. Von den Römern in drei furchtbaren Kriegen vernichtet, 343—290 v. Chr.*

Saticula .... *Schlachtort im ersten Samniterkrieg. Heute San Agata d'Gioti zwischen Capua und Benevento.*

Saturnalien .... *altrömischer Karneval vom 17.—19. Dezember, Fest zu Ehren des Gottes Saturn.*

SATURNIA .... *sagenhafte Stadt, von Saturnus begründet, deren Lage man sich auf dem späteren Kapitolinischen Hügel vorstellte.*

SATURNUS .... *altitalische Gottheit, Vater Jupiters, von diesem vom Thron gestürzt und nach Italien entkommen. Er wurde in ganz Italien mit besonderer Innigkeit verehrt als Gott der Fruchtbarkeit, des Ackerbaus und der Obstzucht. In vielem dem griechischen Gott Kronos ähnlich.*

SENAT .... *Ältestenrat. Nach der Verfassungsreform des Servius Tullius entwickelte sich der Senat zu einer Art Oberhaus. Zahl der Mitglieder dreihundert. Neuwahl auf Lebenszeit. Ursprünglich nur Patrizier zugelassen (mit der Anrede »Pater« = Vater), später auch Plebejer (mit der Anrede »Conscriptus« = Dazugeschriebener).*

SENTINUM .... *Ort am östlichen Abhang des Apennin, entscheidender Sieg Roms über die italische Koalition 295 v. Chr.*

SIKANER .... *auch Sikuler (davon Sikanien, Sikulien) angeblich einer der ältesten latinischen Volksstämme, der noch lange vor der Gründung Roms auswanderte und Sizilien bevölkerte.*

SILVANUS .... *Römischer Waldgott. Man stellte sich vor, daß jeder Wald seinen eigenen Silvan habe.*

SIRENEN .... *göttliche Mischwesen der griechischen Sage, halb Vogel-, halb Mädchenleib. Als Himmelssirenen erfüllen sie das All mit zauberischem Gesang. Bekannt das Schiffermärchen der Odyssee, in dem die Sirenen Schiffer anlocken und töten.*

SIZILIEN .... *siehe Sikaner.*

SKYLLA .... *Meerungeheuer der griechischen Sage, die mit der Charybdis zusammen die Meerenge bei Messina sperrt.*

SOL .... *römischer Sonnengott, dem griechischen Helios gleichgestellt. Tempel auch im Zirkus Maximus, da Sol als Schutzherr der Pferdegespanne galt, wird doch sein Himmelswagen von vier milchweißen Rossen gezogen. Kaiser Elagabal erhob Sol auf orientalischen Einfluß hin zum allmächtigen römischen Staatsgott.*

SOLON .... *größter griechischer Gesetzgeber, der eine Einteilung der Bürger nach ihrer Steuerkraft vornahm und ein Gesetzeswerk ausarbeitete, das in zwölf Tafeln eingegraben wurde (583 v. Chr.). Der Einfluß auf die servianische Verfassung Roms liegt nahe.*

S. P. Q. R. .... *Senatus Populusque Romanus = »Der Senat und das Römische Volk«, ständige Formel, mit der im Namen des*

Volkes Verwaltungs- und Rechtsakte gesetzt wurden. Die Buchstaben finden sich heute noch im Stadtwappen Roms.

SCHULWESEN .... *war in Rom keine öffentliche Angelegenheit. Die Familien unterhielten Privatlehrer. Hauptgegenstand Lesen, Schreiben, Rechtskunde und Geschichte. Alle übrigen künstlerischen und geistigen Disziplinen wurden vernachlässigt. Beim Sportunterricht stand Schwimmen an erster Stelle.*

SUESSULA .... *Kleiner Ort am Eingang zu den Kaudinischen Pässen. Mehrfacher Schlachtenort in den Samniterkriegen.*

SYRAKUS .... *Stadt in Sizilien, bedeutendste griechische Kolonie des Altertums. Seine Geschichte wird durch den Wechsel zwischen Alleinherrschern (Tyrannen) und Demokratie gekennzeichnet. 212 v. Chr. von den Römern erobert. Heute Siracusa, vornehmlich auf der Halbinsel Ortygia gelegen. Viele Reste der antiken Stadt erhalten.*

TARENT .... *bedeutende griechische Kolonie in Unteritalien, 272 v. Chr. von den Römern im Pyrrhuskrieg erobert. Stadt des Luxus und des Wohllebens. Heute Taranto mit einigen antiken Überresten.*

TARQUINI .... *eine der zwölf etruskischen Bundeshauptstädte, fünfundsechzig Kilometer nördlich von Rom, nahe am Meer gelegen und deshalb eines der wichtigsten Säulen der etruskischen Macht. 308 v. Chr. von Rom erobert. Heute Corneto. Die Begräbnisstätte der antiken Stadt ist erhalten und eines der wichtigsten Fundorte für Gegenstände der etruskischen Kultur (Corneto-Tarquinia).*

TEMPEL .... *lateinisch Templum, heißt eigentlich der von den Auguren in der vorgeschriebenen Weise mit dem Krummstab abgegrenzte Raum. Auf diesen Räumen entstanden die Tempelbauten. Das Herz des Tempels ist die Cella, an deren Westwand das verehrte Götterbild stand. Die Cella war bei größeren Tempeln mit einer Säulenhalle umgeben. Belichtet wurde die Cella durch eine Öffnung im Dach.*

TEUKRER .... *siehe Troja.*

TIBER .... *oder mit der lateinischen Endung Tiberius ist der Hauptstrom Italiens. Ursprünglicher Name Albula. Im Altertum schiffbar, heute infolge der starken Versandung (Wälderabholzung!) als Verkehrsader ohne Bedeutung.*

Heutige italienische Bezeichnung Tevere, die deutsche Sprache bedient sich aber weiter des lateinischen Namens.

TIBERINUS .... *Flußgott des Tiber. Seinen Sitz stellte man sich in einem See nahe der Mündung vor.*

TOGA .... *Gewand, das die römischen Bürger trugen, wenn sie ausgingen. Kein Kleidungsstück in unserem heutigen Sinn, sondern ein Überwurf aus Wolle, dessen Faltenlegung speziell in späterer Zeit sehr kompliziert war. Die dem menschlichen Körper angepaßte Maßkleidung kommt erst im Mittelalter auf. (Siehe auch Tunika.)*

TRIBUN .... *dreifache Bedeutung. 1. Führer der patrizischen Tribus, später der plebejischen Tribus, der Einteilung der Plebs nach Quartieren; 2. Kriegstribun. Entwickelte sich aus den alten Bezeichnungen eines Tribus celerxum = Führer der Schnellen, also Reiterführer, und Tribus militum = Führer des Fußvolks. Schließlich Legionsführer, von denen es sechs bei jeder Legion gab. Sie kommandierten nicht gleichzeitig, sondern lösten einander alle zwei Monate ab; 3. Volkstribun, jene interessante Institution Roms, die zwar selbst keine ausführende Macht besaß, aber gegen alle Beschlüsse der Zenturien, des Senats und der Konsuln ein Veto einlegen konnte, wenn sie die Rechte des Volkes mißachtet glaubte. Staatsrechtlich in dieser Form einmalig, auch später niemals nachgeahmt.*

TRIBUS .... *Teil des Volksganzen. Drei Tribus des Patriziats, dann bis zu vierunddreißig Tribus der Plebs.*

TRIUMPHZUG .... *wurde dem siegreichen Feldherrn zu Ehren Jupiters gestattet. Durch die nur zu diesem Zweck geöffnete Triumphpforte auf dem Marsfeld betrat der Triumphator mit seinem Heer die eigentliche Stadtgrenze. Den Zug eröffneten der Senat und die Behörden, dann folgte die Musik, hierauf eine lange Reihe der Beutestücke. Hinter den weißen Opferstieren für Jupiter stand der Sieger auf einem vergoldeten Wagen, das Haupt mit Lorbeer geschmückt. Hinter ihm schritt das Heer. Vor dem kapitolinischen Tempel angekommen, legte der Sieger den Lorbeer in Jupiters Schoß und brachte das feierliche Opfer dar.*

TROJA .... *auch Ilios oder Ilion (Einwohner: Troer, Trojaner und auch Teukrer nach dem ersten König Trojas namens Teukros genannt), berühmte Stadt in Kleinasien. Im zehnjährigen Trojanischen Krieg von den Griechen zer-*

stört (etwa um 1200 v. Chr.). Der Krieg wurde von Homer in dem Epos »Ilias« dichterisch gestaltet. Ausgrabung der Reste der Stadt auf dem heutigen Hügel Hissarlik durch die Deutschen Schliemann und Dr. Dörpfeld 1871—1882.

TUBA .... *römische Kriegstrompete, unserer Posaune ähnlich. Die römischen Legionen besaßen meist eigene Abteilungen von Tubabläsern ähnlich den Musikzügen moderner Armeen.*

TUNIKA .... *römisches Kleidungsstück für Männer und Frauen, ein Hemd mit halblangen Ärmeln. Es wurde nur zu Hause getragen. Beim Ausgehen warfen die Männer die Toga (siehe dort) über die Tunika, die Frauen die Palla.*

TUSKULUM .... *Stadt im Albanergebirge. Kam nach dem latinischen Krieg (350 v. Chr.) zu Rom. In der Kaiserzeit berühmt als Villenvorort und Sommerfrische. Heute noch sagt man von einem friedlichen Ort »er sei ein Tuskulum«. Im Mittelalter in Gegnerschaft zu Rom und von dem römisch-deutschen Kaiser Heinrich VI. zerstört. Die vertriebenen Einwohner gründeten in der Nähe den Ort Frascati. Viele Reste des alten Tuskulum vorhanden.*

TYRANN .... *griechisch, ein Herrscher, der unter der Verletzung der demokratischen Gemeindeordnung zur Macht kommt. Den Sinn eines grausamen Herrschers, der seine Macht mißbraucht, bekam das Wort erst im Verlauf der Geschichte.*

TYRRHENISCHES MEER *jener Teil des Mittelmeers, der sich zwischen Genua und Sizilien erstreckt. Auch heute in gleichem Sinn gebräuchlich.*

UMBRER .... *den Latinern und Sabellern verwandter Volksstamm, der das Gebiet der heutigen italienischen Landschaft Umbrien (zwischen Tiber und römischen Apennin) bewohnte; von den Römern im dritten Samniterkrieg erobert (295 v. Chr.).*

USURPATOR .... *jemand, der widerrechtlich Macht oder einen Besitz ergreift. Im ursprünglich alten römischen Recht bedeutete Usurpation nur die Unterbrechung der Verjährung im Eigentumsrecht.*

VADIMONISCHER SEE .. *kleiner See nördlich von Rom. Sieg der Römer über die Etrusker 306 v. Chr., Ende des etruskischen Bundes. Heute Lago di Bassano.*

VEJI .... *eine der zwölf Bundeshauptstädte Etruriens, jahrhundertelanger Feind Roms. Die Zerstörung Vejis nach dem*

Krieg von 405–396 v. Chr. ist ein Markstein der Kriegs- und Weltgeschichte. Ort heute verödet. Wichtige Funde etruskischer Kultur wurden in letzter Zeit auf dem Basalthügel gemacht, wo die Stadt stand.

VENUS .... *allgemein als Göttin der Liebe bekannt. Doch war sie eigentlich eine altitalische Göttin des Frühlings und der Gärten. Erst die Hellenisierung des Venuskults und die Gleichsetzung mit Aphrodite ließ Venus zur Göttin der Liebe werden.*

VERTUMNUS .... *alter latinischer Gott der wechselnden Jahreszeiten.*

VESTA .... *römische Göttin des Herdfeuers. Griechische Hestia. Ihr Tempel am Fuß des Palatin enthielt kein Standbild, sondern nur den Staatsherd mit dem heiligen Feuer. Die Mythen und Legenden betreffen nicht die Vesta selbst, sondern ihre jungfräulichen Priesterinnen, die Vestalinnen hießen. Die Ruine des Gebäudes, wo die Vestalinnen wohnten, gehört heute zu den größten Sehenswürdigkeiten Roms.*

VESUV .... *Vulkan bei Neapel. Galt während des größten Teils der römischen Geschichte als erloschener Vulkan. Erster bekannter Ausbruch 79 n. Chr.*

VIKTORIA .... *Siegesgöttin, der griechischen Nike entsprechend. Die Künstler stellten sie mit ausgebreiteten Flügeln zur Erde herniederschwebend dar. Im Kult spielte sie keine Rolle.*

VIMINALIS .... *einer der sieben Hügel Roms. Ohne Reste antiker Bebauung.*

VIRGIL .... *römischer Dichter, 70 v. Chr.—19 n. Chr. Sein Hauptwerk ist die »Äneis«, eine auf genauen Quellenstudien beruhende dichterische Verarbeitung der Gründungssage von Alba Longa, der Mutter Roms.*

VOLSKER .... *bedeutender Volksstamm sabinischer Herkunft, südlich von Rom bis tief in die Kampania hinein siedelnd. Hauptstadt Antium; eine weitere wichtige Stadt war Kassinum, das heutige Cassino. Die Volsker kamen nach dem latinischen Krieg um 340 v. Chr. unter römische Herrschaft.*

VULKANUS .... *römischer Gott des Feuers und der Naturkräfte. Von den Etruskern übernommen und später dem griechischen Hephaistos gleichgesetzt. In seiner Schmiede im Vesuv verfertigt er mit seinen rußigen Gesellen die kunstreichsten Waffen, wie z. B. die herrliche Wehr des Äneas. Seine Gemahlin ist die Göttin Venus.*

WELTALTER .... *bei dem griechischen Schriftsteller Hesiod und anderen antiken Autoren werden vier bis fünf Weltalter unterschieden und nach Metallen benannt. Nach dem Goldenen, Silbernen, Ehernen Weltalter wird das Eiserne so lange bestehen, bis das Schamgefühl und die rächende Gerechtigkeit die Welt verlassen haben. Da ein gewisser Pessimismus im Mythos der vier Weltalter steckt, will man ihn auf orientalische Vorbilder zurückgehen sehen. Der römische Dichter Ovid hat sie in seinen »Metamorphosen« besungen.*

WOHNHAUS .... *ursprünglich ein Holzbau mit nur kleinem Vorraum (Vestibulum, vgl. Vestibül). Später kam in Rom das Wohnhaus nach griechischem Stil auf, mit dem Atrium als großen Gesellschaftsraum, vielen kleineren Gemächern, wie Schlaf- und Speisezimmern und zwei Höfen, in denen Springbrunnen sprudelten. Die Belichtung erfolgte durch verschließbare Löcher im Dach.*

ZENTURIE .... *ursprüngliche Einheit der Reiterei (später Turmä). In der Königszeit entwickelte sich aus diesen Reiterzenturien ein eigener Stand, die Ritter, die zwischen Patriziat und Plebs die Mitte hielten. Nach der Verfassungsreform des Servius Tullius waren die Zenturien Wahlkörper, die je einen Vertreter in die Zenturienversammlung, das Vorbild für das moderne Parlament, entsandten.*

ZENSOR .... *ursprünglich Steuerschätzer. Später eines der höchsten Verwaltungsämter mit Berechtigung zur Verwaltungsgerichtsbarkeit.*

ZEITRECHNUNG ...... *die Römer teilten ursprünglich das Jahr in zehn Monate ein (daher Dezember von decem=zehn, also der zehnte Monat), der erste Monat war der März. Numa Pompilius führte eine Kalenderreform ein, die das Jahr in zwölf Monate mit im ganzen dreihundertfünfundfünfzig Tagen zerlegte. Der Monat Januar (von Janus, dem Gott des Anfangs) wurde der erste Monat des Jahres. Diese Einteilung ging auf das Mondjahr zurück. Im Jahr 46 v. Chr. wurde dann der Julianische Kalender eingeführt, der das Jahr mit dreihundertfünfundsechzig Tagen festsetzt. Zum Ausgleich mit dem alten Kalender wurden dem Jahr 46 v. Chr. neunzig Tage hinzugefügt (Konfusions-*

jahr). Nach dem Julianischen Kalender wird noch in vielen osteuropäischen Ländern mit griechisch-orthodoxer Religion (z. B. Rußland) gerechnet, während die übrigen Völker zum Gregorianischen Kalender griffen, der durch die Einführung der Schaltjahre die Ungenauigkeiten des Julianischen Kalenders korrigierte.

ZEUS .... *siehe Jupiter*